북중남미 여행일기 1

피 닉 스

배인환 글

CONTENT

서문

미국 11개월, 중남미 5개월의 장기간 외국 여행을 다녀오게 되었다. 이러한 여행은 오늘날에는 보편화된 감이 있지만 그래도 나에겐 뜻있는 여행이었다. 이 여행은 순전히 소라를 만났기 때문이었다. 나는 팔자가 사나워 2002년 6월에 아이들 엄마를 하늘로 보내고 외로웠다. 2005년 가을에 아는 시인의 출판기념회에서 소라를 처음 만났다. 그 후 2008년 1월에 그녀를 다시 만났다. 그때부터 가까워져서 소라를 따라 미국에 갔다. 장기 여행이었다. 처음 미국에 간 2008년 8월부터 6개월 간 애리조나 주 피닉스에 거주하면서, 애리조나 · 뉴멕시코 · 캘리포니아 · 네바다 · 유다 · 콜로라도 주 등, 미국 서남부의 중요한 관광지를 돌아다녔다.

두 번째 미국에 간 2009년 9월부터 5개월 간은 미국의 동부 · 뉴잉글랜드 · 오대호 주변 · 애팔래치아 산맥 · 조지아 주 · 동남부 해안 · 플로리다 · 미시시피 · 루이지애나 · 텍사스 주를 두루 여행했다. 그 후 뉴멕시코 · 유다와 애리조나 주를 다시 둘러보았다.

그리고 2010년 2월 3일부터 멕시코 한 달, 3월 3일부터 브라질과 아르헨티나 40일, 4월 한 달은 칠레, 5월은 볼리비아, 6월은 이번 여행의 하이라이트인 페루 여행을 마치고, 7월 1일부터 한 주는 에콰도르의 키토에서 보내고 귀국했다.

여행에 관한 한, 나 같은 초급 수준인 사람에게는 장기간 여행은 즐겁기도 하고 힘이 들고 보람도 있고 위험하기도 했다. 또 경비와 시간이 많이 들었다. 그러면서도 경비와 시간의 부족을 절실히 느꼈다.

이 소중한 경험을 기록해 두기로 했다. 처음 생각은 단순한 여행기로 쓰려했으나 그게 쉽지 않았다. 단순한 기록으로 그칠 것 같았다. 그래서 내 생각이 쉽게 녹아 들어가는 느낌과 감상을 겸한 일기를 택했다.

일기가 딱딱한 여행기에 정감이 어린 정서를 끼워 넣을 수 있다고 판단

했기 때문이다. 그러나 원하는 대로 되지 않았다.

이 일기를 쓰면서 객관적인 정확성을 기하려고 많이 노력했다. 정확성을 기해야하는 사실에 대해서는 유적지의 선전문에 그치지 않고 지식의 보고인 위키 백과를 위시한 여러 자료를 참고한 점을 밝혀둔다. 여행기인 만큼 천연색 사진으로 하고 싶었으나 비용이 많이 들어 포기하고 흑백 사진으로 만족하기로 했다.

이 여행기는 4권으로 되어 있다.

1권은 책제목이 『피닉스』로 1차 미국서남부 여행기이다.
2권은 책제목이 『그라운드 제로』로 2차 미국 여행기이다.
3권은 책제목이 『마야와 잉카』로 중남미 여행기이다.
4권은 2009년 2월부터 8월까지 소라와 떨어져 있으면서 그녀에게 보낸 메일과 북남미를 여행하면서 쓴 수필 일부이다. 책제목이 『메일과 수필』이다.

여행을 다녀온 것이 2010년 7월초인데 시일이 너무 많이 걸렸다. 여행을 시작할 때부터 일기를 쓰기 시작했으니까 만 6년이 걸린 셈이다. 재주가 부족한 점을 통감했다. 언어의 장벽도 큰 장애요인이었다.

2014년 봄
진악거에서 글쓴이

✲ 2008. 8. 7 목요일 (한국)맑음 입추 칠석 〈미국으로〉

〈가족의 환송사진〉

〈인천공항에서 소라와〉

가족의 전송을 받으며 플랫폼을 빠져나갔다. 대합실에서 점심을 먹고 샌프란시스코 행 비행기에 탑승했다. 처음 하는 미국여행이라 창쪽 좌석을 원했다. 다행히도 앞날개 바로 뒤이긴 하지만 창 쪽이었다. 소라가 자리를 나에게 양보했다. 그녀는 이미 해외여행을 많이 했다. 이제야 그녀와의 여행이라는 실감이 났다. 마음이 몹시 설렜다.

방금 헤어진 가족들 얼굴이 떠오른다. 가족은 소중한 존재이다.

구름이 많이 끼어 그리운 고국의 산천을 볼 수 없었다. 이내 바다가 나타났고 동해를 지나 비행기는 태평양 횡단 항로를 달렸다. 망망대해, 태평양이 눈 아래 펼쳐졌다. 세계에서 가장 큰 대양! 그 넓이가 165,250,000km^2 이다. 이렇게 이야기하면 실감이 안 날 테니까. 좀 더 구체적으로 이야기하면, 아시아 주의 면적이 44,579,000km^2 이니 약 4배이다. 바다의 총면적은 361,000,000km^2 이다. 태평양의 넓이는 대서양 82,440,000km^2 과 인도양73,440,000km^2 을 합한 면적보다 넓다. 그 위를 비행기를 타고 가는 것이다.

이 어찌 놀라운 일이 아니겠는가! 구름의 바다도 원 없이 보았다. 어느

곳에서 보다 장엄한 해돋이와 해넘이를 보았다.

〈비행기에서 본 일출〉

비행기에서 소라에게 립스틱을 사주었다. 모두 3개가 들어있는 케이스이었다. 65달러를 주었는데 그녀는 참 좋아했다. 그녀도 여자이다.

13시간의 긴 비행 끝에 샌프란시스코 공항에 착륙했다. 언어와 사람들이 달라 다른 세계에 내던져졌음을 실감했다.

샌프란시스코 공항에 내리자 영어를 잘 하는 소라의 눈부신 활동이 두드러졌다. 그녀의 덕택으로 미국에서의 6개월 여행 일정이 허락된 것이다.

기분이 좋았다.

뉴멕시코 주 앨버커키(Albuquerque)로

소라는 맨 처음 뉴멕시코 주 앨버커키 위쪽에 있는 푸에블로Pueblos 인디언의 한 종족인 피크리스Picuris 마을에 가서 폴 클라이밍(Pole Climbing)을 보겠다고 말했다.

소라는 폴 클라이밍과 고양시 호미씻이 행사의 '조사 놀리기'와 비교 연구하기 위해서라고 말했다.

샌프란시스코에서 뉴멕시코 주의 앨버커키(Albuquerque)까지 가는 데는 1시간 이상 연착한 후 출발하였다. 중국에서도 비행기 연착은 다반사인데 큰 나라인 미국에서도 그랬다.

미국의 국내선 비행기는 은회색뿐만 아니라 붉은 색도 더러 있었다. 은회색 여객기만 보다가 이런 색의 비행기를 보니까 이상한 기분이 들었다. 우리가 탄 비행기는 붉은색 소형비행기이었다. 운 좋게 창 쪽에 자리를 잡았다. 옆 좌석에 예쁜 흑인 여자가 앉았는데 직업이 비행기 승무원이라고 말했다. 소라와 많은 이야기를 주고 받았다.

비행기가 시내를 벗어나자 농장이 나타났고 곧 이어서 끝없는 사막이 전개되었다. 황량한 모래벌판, 모래벌판의 사막을 처음 보았다. 사막을 보니

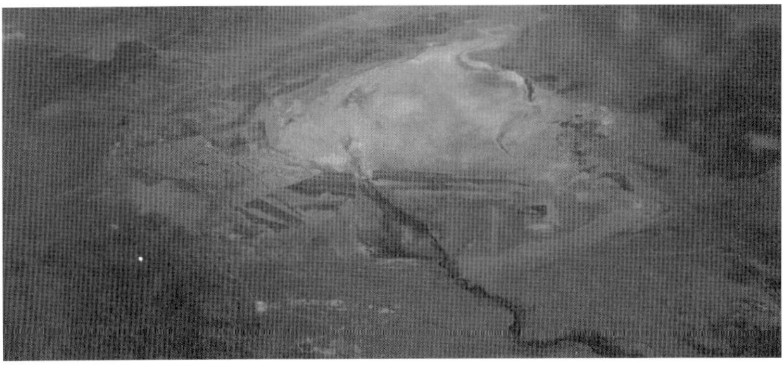

〈비행기에서 본 사막〉

어린왕자를 쓴 생텍쥐페리가 생각났다. 어린왕자의 한구절;

"사막은 아름다워

사막이 아름다운 건

어딘가 우물이 숨어있기 때문이야

눈으로는 찾을 수 없어 마음으로 찾아야 해."

어느 시인은 사막을 처음 본 감격을 '경이' 그 자체라고 말했다. 포장되지 않은 길도 보였고 드문드문 마을과 독립가옥도 보였다. 사막에도 사람이 살고 있었다. 건천wash이 대부분이었지만 강과 호수도 보이고 험준한 산맥도 보였다.

시에라네바다(Sierra Nevada)와 로키산맥(Rocky Mountains)이 아닐까. 철도와 고속도로도 보였다. 긴 기차가 굼뜨게 지나가고 있었다.

앨버커키 공항에 도착해서 우선 렌터카rent a car를 하고 여관을 정해야 했다.

✲ 2008. 8. 7 목(미국) 흐리고 맑음 〈뉴멕시코 주〉

뉴멕시코 주는 미국의 서남부에 있는 주로 석유와 천연가스가 많이 나고 중요 군사시설과 로스 알라모스와 샌디아 국립연구소가 있다. 리오그란데 강가에는 많은 인디언 부족들이 살고 있다.

앨버커키는 뉴멕시코 주에서 가장 큰 도시이다. 인구는 50만이 넘으며 동쪽에는 거대한 샌 디아 산(3,255m)이 있고 리오그란데 강이 도시를 빗겨 흐르고 있다. 해발 1,619m인 고도의 분지도시이다.

일부변경선을 넘어왔기 때문에 오늘이 어제와 같은 날이다. 같은 날을 두 번 산다. 참 기묘한 일이 일어났다. 어제가 중국의 올림픽 개막일이다. 한국을 떠나던 날은 전야제가 화려하게 열렸을 것이다. 그러나 우리는 올림픽과는 영 딴 세계에 떠나 있다. 떠나 있음의 설렘. 떠나있음의 낯 설음.

올림픽이 열린다고 해도 미국은 TV에서 한국처럼 그렇게 요란하지 않은 것 같았다. 아침 식사하러 여관의 식당에 나갔더니 미국인들 몇이 식사를 하고 있었다. 간단한 식사였다. 우유와 토스토와 빵, 오트밀과 사과가 전부이었다. 평소에 맛있게 보이던 그 음식이 모래알을 씹는 것 같았다. 아침식사를 하는 둥 마는 둥 하고 숙소로 돌아왔다. 설사가 났다. 어제 심야에 먹은 우유 때문이었다. 힘이 쪽 빠져서 이거 큰일 났구나 하는 생각이 들었다.

8월의 앨버커키의 햇빛은 강열했다. 카뮈의 소설 이방인의 주인공이 햇빛 때문에 살인을 했다는 구절이 생각났다. 시차에서 오는 불균형과 탕진한 체력으로 서있기조차 힘들었다. 평소에 마른 체구지만 강단이 있는 걸로 알았는데 내 건강이 그게 아니었다. 이를 악물어도 소용이 없었다.

그런데도 여행 안내소에 갔다. 인디언 문화센터에서는 공연을 하고 있었다. 잠시 그것을 보았다.

〈인디언 소년의 춤〉

〈인디언 문화센터의 공연〉

집에 와서 정신없이 잠에 떨어졌다.

소라는 내 선상을 석성해서 쑥뜸을 성성스럽게 해수었다. 양쪽 팔꿈치, 등 3곳, 배꼽아래 2곳, 다리 2곳. 녹두알보다 작게 뭉친 쑥인데 무척 뜨거워 참기 어려웠다. 나는 그것을 성삼문의 고문이라고 명명했다. 살갗을 태우는 것이라 그만큼 고통스러웠다.

한국을 떠나기 1개월 전에 나는 기침을 많이 했다. 놀란 소라는 나를 끌고 침과 뜸의 대가 구당 김남수 옹에게 데려갔다. 그곳에서 뜸자리를 정해주어서 소라가 뜸을 떠주었다. 뜸 덕택인지 어느 정도 원기를 회복했고 우선 식당에 가서 점심을 먹었다. 나는 비프를 신청했고 소라는 치킨이었다.

샌타페이에 가기로 했다. 샌타페이는 뉴멕시코 주의 주도이고 스페인이 미국의 서남부를 점령했을 당시 총독이 거처하던 곳이다. 샌타페이는 인구 7만도 안 되는 작은 도시지만 세계적인 도시이다.

몇 년 전에 신문에서 「세계의 문화도시들」을 읽은 기억이 났다. 그 기사에 예술의 도시로 미국의 샌타페이가 소개되었었다. 여기서 그 도시를 가본다니, 꿈에도 생각하지 못한 곳이었다.

> 가우디의 예술적 건축물들이 살아 숨 쉬고 있는 스페인 바르셀로나, 바그너의 음악 도시 독일의 바이로이트, 바람과 함께 사라지다의 무대와 재즈의 메카인 미국 남부의 도시 뉴올리언스, 로미오와 줄리엣의 배경으로 유명해진 이탈리아 베로나, 세르반테스 작품 무대로 자리를 굳힌 멕시코 과나후아트, 천년 건축양식을 한 눈에 볼 수 있고 봄음악제의 도시인 다뉴브 강이 흐르는 체코의 프라하, 박람회와 400회 국제회의를 여는 이탈리아 볼로냐, 오페라 축제로 유명한 핀란드 사본린나, 예술의 도시인 뉴멕시코의 산타페, 판타스틱 영화제로 유명한 일본 홋카이도 유바리, 구겐하임 미술관 분관을 유치해 유럽 정상급 미술관 도시가 된 스페인 빌바오, 음악제 문화축제로 문화도시가 된 미국 아스펜, 케나다 연극마을 '나이애가라 온 더 레이크', 영국의 책 마을 헤이 온 와이 등이다.(세계의 문화도시 기사에서)

이런 샌타페이에 가는 길은 처음부터 쉽지가 않았다. I-25로 가야 하는데 시내에서 I-25로 나가는 길을 찾기도 어려웠다. 몇 번의 시도 끝에 간신히 찾아 프리웨이를 달렸다. 북쪽으로 한 시간 정도 달렸는데 황량한 사막이었다. 산과 들에는 키 작은 향나무들이 듬성듬성 나 있었다.

〈도로 주변의 황무지〉

〈작은 관목의 산〉

샌타페이에 도착했으나 플라자plaza(광장)를 찾지 못해, 여러 사람에게 물어 물어서 간신히 찾았다. 광장 주위에는 기념품 상점들이 꽉 찼다. 여행객들도 앨버커키에 비해서 훨씬 많았다. 볼거리도 많았고 관광객이 거리를 꽉 매웠다. 다른 곳과 달리 한국 관광객은 눈에 띄지 않았다. 광장에는 노래와 춤을 추는 사람도 있었다. 조금 있으니까 데모대가 피켓을 들고 나타났다. 티베트인들이 "중국, 물러가라. 살인자!물러가라." 등의 구호를 쓴 피켓을 들고 침묵의 시위를 했다. 머리를 박박 깎은 라마승들이다. 북경에서 올림픽이 열리는 동안 중국정부에 대한 항의를 세계인들에게 알리는 것 같았다.

✲ 2008. 8. 8 금 맑음 〈피크리스와 아코마〉

차의 트렁크에 가방과 물건을 다 싣는데 힘이 무척 들었다. 큰 가방에 있는 책을 꺼내 몇 권 따로 보자기에 쌌다. 여행용 가방을 너무 큰 걸로 산 것이 잘못이었다.

피크리스를 향해서 출발했다.

어제 달린 I-25를 북동쪽으로 한 시간 쯤 달려 샌타페이를 지나 피크리스에 갔다. 전 지역이 사막이었다. 산과 구릉에는 나지막한 관목들이 대부분이었다.

〈도로변의 최초의 금과 터키석 산지〉

중간에서 차에 기름을 가득 채웠다. 미국의 주유소는 대부분이 셀프self이다. 차에 있는 기름통 뚜껑을 여는 방법을 몰라 쩔쩔매다가 백인 청년의 도움으로 해결했다.

샌타페이를 지나 산을 넘고 강을 끼고 달려 피크리스에 도착했다. 후에 안 일이지만 그 강은 리오그란데Rio Grande 강이었다. 푸에블로 인디언들은 여러 종족이 있는데 리오그란데 강가에서 부락을 이루며 수백 년을 살았다.

드디어 조그마한 마을에 도착했다.

〈피크리스 마을의 어도비〉

한국의 보통 마을과 비슷했다. 마을에는 큰 나무들이 많아 시원해보였고 민물고기를 키우는 연못이 3개나 있었다. 평화스러워 보였다.

내일 다시 오기로 했다.

✲ 2008. 8. 9 토 〈인디언 축제〉

인디언 국가는 미국에 310개 소가 있으며 150만 명의 인디언이 이 보호구역내에서 살고 있다. 자치 정부로 제한적인 주권이 있고 주민도 있으나 다만 국가의 구성요소의 하나인 영토가 없기 때문에 독립된 국가가 아니다. 따라서 UN에 가입할 수 없는 한계가 있다. 미국정부의 혜택으로 살아가며 학교는 전부 장학금으로 무료이다. 원주민들은 실업률이 높고 그동안의 패배와 탄압으로 의욕을 상실했고 원주민 대부분은 마약, 음주, 사냥으로 소일한다. 원주민의 언어가 300여종이나 된다니 분열되어있는 셈이다.

체로키 Cherokee .블랙핏 Blackfeet. 아파치 Apache. 나바호 Navajo. 수 Sioux. 다코타 Dakota. 라코타 Lakota. 나코타 Nakota. 샤이엔 Cheyenne. 푸에블로 Pueblo. 치카소 Chickasaw. 촉토 Choctaw. 세미놀 Seminole. 치

페와 Chippewa, 콜빌 Colville, 크리 Cree, 크릭 Creek 또는 무스코기, 크로우 Crow, 델라웨어 Delaware, 호무아 Houma, 이로쿼이 Iroquois, 카이오와 Kiowa, 럼비 Lumbee, 메노미니 Menominee, 오사지 Osage, 파이우트 Paiute, 테니노 Tenino, 와스코 Wasco, 포타와토미 Potawatomi, 살라시 Salish, 쇼쇼니 Shoshone, 파파코 Papago 또는 토호노 오오덤 Tohono O'Odham, 유트 Ute, 애키모 Yakama 또는 애키모 Yakima, 클릭키탯 Klickitat, 야키 Yaqui, 유먼 Yuman.

〈미국 원주민 종족도〉

이상 37종이지만 그 종 아래 많은 갈래의 부족이 있다.

화창한 날씨이었다. 피크리스로 가는 차가 많았다. 차를 마을 밖 지정된 주차장에 주차하고 한 참을 걸어들어 갔다. 축제에 온 손님들이 많았는데, 대부분이 백인들이었다. 아무도 카메라를 소지하지 않았다. 소라는 인디언 마을에서 사진촬영을 금한다고 귀띔했다. 인디언들은 보수적이고 배타적이라 자기들이 노출되는 것을 아주 싫어한다는 것이다.

소라와 나는 성당 입구로 갔다. 입구에는 아주 젊은 신부가 있다가 우리를 맞이해주었다. 소라는 그 사제에게 인사를 했고 그는 어디서 왔느냐고 물어서 한국에서 왔노라고 말했다.

성당 안은 초라했다. 어도비adobe(햇빛에 말린 흙벽돌)로 지은 성당인데 실내가 비좁았다. 제단은 단순했다, 앞 벽에 대여섯 명의 사제들 사진이 있고 예수의 고상이 전부였다. 예배를 드리는 방법도 영 달랐다. 이곳은 사제가 있는 성당이 아니고 공소인 셈이다. 원로급에 속하는 인디언들이 주가 되고 사제는 뒤에서 지켜보기만 하는 것 같았다. 오전 6시에 미사가 끝나고 곧 축제가 시작되었다. 오늘과 내일 축제는 성 로렌조San Lorenzo 축제라고 했다.

한 원로가 성당 종탑에 올라가 종을 치면서 축제는 시작되었다. 축포소리가 연못 건너에서 연달아 들렸다. 한 떼의 주민들이 그곳에 있는 것이 보였다. 그들은 손에 애스펀aspen 가지를 들었고 100여명이 조금 넘는 참가자들이었다. 나이 많은 어른들과 어린 아이들도 있었다. 그들은 성인(聖人)들 사진 앞에서 무릎을 꿇고 예를 올렸다. 성당을 나와 노래와 춤을 추면서 마을을 도는 것으로 오늘 행사는 마치고 내일 계속한다고 소라는 말했다.

애리소나 주는 스페인 사람들이 먼저 들어온 곳이라 원주민 마을에 성당이 있는 것 같았다.

내일 축제를 위해서 그 근처에서 자려고 차를 몰았다. 조그마한 마을에 들려 여관을 정했다 시골인데도 여관비가 90불이 넘었다.

저녁을 먹으려고 중국음식점에 들어가 음식을 시켰으나 마감 시간이 지났다고 말하더니 동양인인 것을 알아보고 음식을 만들어 박스에 넣어주면서 숙소에 가서 먹으라고 말했다. 같은 동양인이라고 온정을 베풀어 준 중국교포의 친절에 감사했다.

✻ 2008 8. 10 일요일 〈폴 클라이밍Pole Climbing〉

하늘에 구름 한 점 없는 날씨였다. 햇빛이 너무 강렬해 썬글라스를 썼는데도 눈이 부셨다. 소라는 어제 밤에 기어오다시피 한 길을 순식간에 달렸다. 피크리스 푸에블로가 거주하는 보호구역Indian Reservation에 곧 도착했다. 마을 밖에서 그들의 거주지 사진을 몇 장 찍었다. 어제와 달리 여기저기 차의 진입을 막는 차단 표시판이 서 있었다.

마을입구에 있는 주차장에 주차를 했다. 행사장으로 가다 다시 차를 나무 그늘에 세워두려고 주차장에 와서 소라는 양산을 가져왔다.

이른 시간인데도 많은 사람들이 몰려왔고 벌서 달리기가 시작되었는지 멀리서 함성이 들려왔다. 그곳으로 걸어갔다. 경기장은 냇가에 마련되었고 남자들만 참가하는데 노소의 구별이 없었다. 약 200m 거리인데 중간에 다리가 있고 다리 밑에는 애스펀Aspen 가지를 든 두 사람이 늦게 오는 사람 등을 쓸어주었다. 일종의 격려였다. 선수가 골인 점에 올 때마다 함성을 질렀다. 몸이 비대한 중년의 사내들도 많았다. 날씨는 무더운데 열심히들 달렸다. 일종의 체력단련 훈련임을 짐작할 수 있었다.

달리기가 끝나고는 점심시간이었다. 다리를 건너 마을로 오면서 인디언들이 축제에 쓰는 나무가 어떤 나무인가 물었더니 애스펀이라고 알려주었다. 한 번도 들어본 일이 없는 이름이라 몰랐는데 그 후 책을 찾아보니 '애스펀 aspen 은 버드나무' 라고 쓰여 있었다. 진행표도 박수도 없는 이 축제는 점심시간이 길었다. 점심준비를 하지 않았고 인디언 음식을 사먹고 싶지도 않아 굶다시피 하고 큰 나무 밑에서 쉬고 있는데, 한 민가에서 안으로 들어오라고 말해서, 들어갔더니 음식을 푸짐하게 주어 잘 먹었다. 인디언 음식인데 닭고기와 감자, 콩으로 만든 음식이었다.

어디서 왔는가를 밝히고 싶었지만 소라는 말하지 못하게 했다. 그가 음악을 채보하는데 지장을 받을까봐 하는 말 같아서 나도 참았다. 의사소통이 잘 안 되어 'Thank you so much.'만 되풀이 하며 그 집에서 나왔다.

점심을 먹고 고함 소리가 나서 가보았더니 축제 차림의 인디언들이 산 로랜조 경의 조각에 가서 신고를 하고 키바kiva(지하예배소)로 가는 것을 보고 따라갔다. 지키는 사람이 있어 키바까지는 못 가고 학자풍모의 미국인들이 몇 사람 뒷동산으로 오르는 것을 보고 따라갔다. 그곳에는 다른 키바가 있고 묘지도 있었다. 노인들 서넛과 군복을 입은 젊은 남녀도 있었다. 그들과 이야기가 됐는데 그곳에 7~8층짜리 어도비가 있었단다. 그것은 유사이전의 모든 건물 가운데에서 가장 높고 큰 것이었단다.

소라는 이곳을 개방해서 상품화하는 것이 좋겠다고 연신 말했다. 사진도 찍게 하고 관람료도 받으라고.

3시나 되어서 2시에 한다는 축제가 시작되었다. 민속 댄싱이었다. 버펄로로 분장한 사람이 4명, 그 줄에서 리더가 각각 한명, 활을 든 용사가 한 명으로 남녀가 동수 같았다. 춤은 20발에서 쉬고 12발에서 쉬고 9발에서 쉬고 2발에서 쉬는데 왼발 오른발 순서이며 쉬는 것은 오른발에서 한다. 한 시간 이상의 춤이었다. 처음 보는 춤이라 흥미로웠다. 춤이 끝나고 광대 차림의 거구의 남자가 10여명 등장했다. 폴pole 주위로 모였다. 소라가 이것 때문에 이틀이나 이곳에 왔다. 몇 가지 우스운 장난을 치더니 폴 클라이밍을 시작했다. 누가 올라갈까를 두고 소라와 내기를 했는데 둘 다 틀렸다. 젊은 사람이 올라가지 않을까 추측했는데 의외로 중년의 사내이었다.

✲ 2008. 8. 11 월 〈아코마〉

오늘은 하늘의 도시sky city라고 하는 아코마Acoma를 향해서 떠났다. I-25를 타고 앨버커키에 가서 I-40으로 바꾸어 타고 서쪽으로 달렸다. 서쪽으로도 끝없는 사막이었다. 나지막한 산과 구릉에는 키작은 향나무만이 자라고 인디언 보호구역을 표시하는 철조망이 끝없이 이어지고 철조망 안으로 초라한 인디언의 집들이 눈에 띄었다. 아코마가 가까워 오자 어느 영화에서 본 듯한 바위들이 나타났다. 허허벌판에 오녀산성 같은 메사mesa가 있었다. 그곳이 아코마 라고, 소라는 설명했다.

아코마에 도착한 것은 12시 경이었다. 안내소에 가서 1시 버스투어를 신청하고 구내식당에서 점심 식사를 했다.

〈인디언 보호구역의 철조망〉

〈아코마의 관광객〉

버스는 소형버스였다. 관광객은 노년층이 많았다. 나보다 십여 세 이상 되는 노인도 있었다. 아코마는 1599년 중무장을 한 스페인군 70명에게 전멸을 당한 슬픈 역사를 갖고 있다.

불같은 태양광선에 섭씨 50도는 되는 날씨에도 관광객들은 잘 견디었다. 마을은 지금은 사람이 살지 않고 유적지로 보존되어 있지만 어도비 형의 가옥과 키바가 있을 뿐 작은 나무 한그루만 서있어 햇빛을 피할 그늘은 처마 밑뿐이었다. 마을 가운데에 웅덩이가 있었는데 흙탕물이었다. 내가 미국 서남부에 와서 가장 힘들었던 곳이 바로 이 날 이 장소이었다. 구경은 하지 않고 그늘만 찾았다.

안내원은 여러 가지로 이야기를 했지만 더위와 피곤으로 지루하기만 했다. 사진을 몇 장 찍고 버스를 타고 내려왔다. 다른 사람은 안내원에게 팁을 주었으나 우리는 주지 않았다. 안내원이 어디서 왔느냐고 물어서 소라가 한국에서 왔다고 말해주었다.

〈아코마의 어도비〉

〈아코마의 물웅덩이〉

소라는 책을 몇 권 사고 앨버커키로 돌아왔다. 소라는 졸려서 두 번이나 쉬면서 운전을 했다. 돌아오면서 그쪽 지형이 어째 물 빠진 바다와 같다는 생각이 들어 소라에게 물었더니 그녀 말이 옛날에 이곳이 바다였다고 하더란다.

목적지에 무사히 도착해서 싸구려 여관을 정하고 저녁을 먹으러 나갔다. 여관 옆에 있는 뉴멕시코 대학에 잠깐 들려 동양계 식당을 찾다가 수지라는 일본 식당에 들어가서 모처럼 된장국에다 밥을 먹을 수 있었다. 알고 보니 주인이 일본 사람이 아닌 한국교포이었다.

〈어도비 앞에서 저자〉

〈아코마, 하늘의 도시〉

〈스페인문화의 흔적-빵굽는화덕〉

〈키바〉

〈지평선 멀리까지 황무지〉

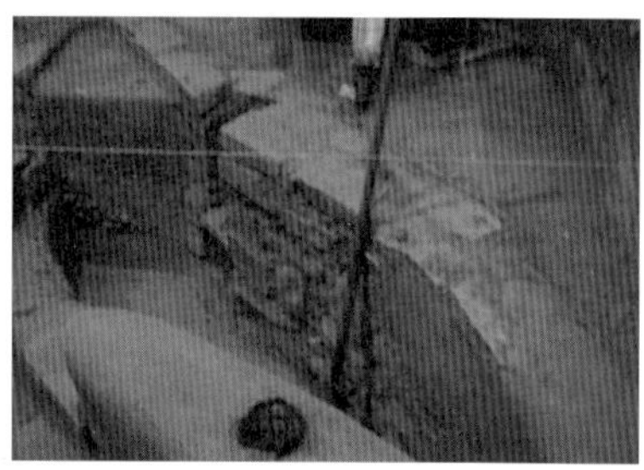

〈유적 발굴 현장〉

✲ 2008. 8. 12 화 맑음 〈샌타페이〉

I-25 프리웨이를 달리는데 나는 자고, 소라는 혼자 운전을 했다. 그녀도 졸리는지 차를 도로 옆에 세우고 잠시 눈을 붙였다.

다시 샌타페이로 돌아왔다. 돌아와 보니 다섯시라 박물관을 구경 할 수 없어 내일로 미루고 여관을 구했다. 여관은 많았으나 구하기가 용이하지 않았다. 플라자를 지나 뒤쪽으로 가보았으나 우리가 찾는 여관은 없고 전부가 갤러리였다. 나무가 많아 도시가 숲 속에 있는 것 같았다.

99불 달라는 것을 69불에 흥정을 했다. 물론 소라의 솜씨였다. 저녁을 레스토랑에 가서 태국식 쌀밥을 시켜먹었는데 좋았다. 1인분을 둘이 먹고 남아 내일 아침 식사를 위해서 박스에 담아왔다. 여관에는 다행히도 냉장고가 있었다.

새벽에 일어나 보니 소라는 화장실에서 책을 읽고 있었다. 방에 와서 읽으라고 말을 했다.

9시 30분에 출발할 계획이었다. 아침 식사는 여관에서 주는 것으로 먹었다. 어제 가지고 온 볶은 밥은 잘 먹히지 않았다. 아침식사는 오트밀과 빵, 우유, 사과, 그리고 우리가 가지고 있는 밥이었다. 나는 커피를 한 잔 마셨다. 아침식사를 한 후 자리에 누웠는데 그제야 잠이 쏟아졌다. 10분만 누워있다 일어났다. 플라자에 가서 성 프랜시스 성당 뒤에 있는 공영주차장에 차를 두고 플라자 앞에 있는 뉴멕시코 박물관New Mexico museum of Art에 가서 티켓을 사고 미술품을 감상했다. 4개의 박물관 혹은 미술관을 볼 수 있는 티켓이었다. 주로 미술품을 진열해 놓은 곳이었다. 미술관으로는 손색이 없는 것 같았다. 유리섬유 작품도 좋았다.

〈성 프랜시스 성당〉

〈성 프랜시스 동상〉

주차장에 돌아가 차를 타고 박물관 언덕museum hill을 찾아갔다. 그곳은 다운타운에서 먼 외곽지역에 있었다. 그곳으로 가면서 보니까 도로가에 있는 모든 집들이 갤러리이었다. 아, 이래서 샌타페이를 예술의 도시라고 하는구나! 이 도시는 건물 전부가 인디언의 건축양식인 어도비 이다.

박물관 언덕을 찾아가는데 옆에 조그마한 개울이 있는데 거기에 '샌타페이 강' 이라고 쓰여 있어서 어리둥절했다. 미국 서부의 강은 별로 크지가 않다. 우리나라 기준으로는 내 정도를 모두 강이라고 부른다.

박물관 언덕에는 커다란 박물관과 미술관이 집결해 있었다.

맨 먼저 가서 본 것은 국제민속박물관Museum of International Folk Art이었다. 각 나라의 민속품이 잘 진열되어 있었다. 동양 것도 많았는데 대부분이 중국과 일본 것이고 우리나라 민속품이 한 점도 없는 것이 서운했다. 이런 현상은 누구의 잘못인가.

다음은 인디언 문화박물관Museum of Indian Arts & cultural에 갔다. 그곳은 역시 인디언 문화가 다양하게 진열되었는데 화보 아래에 많은 시들이 적혀 있어 흥미로웠다.

미국의 인디언 시인으로 유명한 레슬리 마몬 실코Leslie Marmon Silko의 시가 눈에 들어왔다.

> 지구는 너의 어머니,
> 그녀는 너를 보듬는다.
> 하늘은 너의 아버지,
> 그는 너를 보호한다.
> 잘 자거라(아기야).
> 잘 자거라.
> 무지개는 너의 누이,
> 그녀는 너를 사랑한다.
> 바람은 너의 형제들.

－『스토리텔러Storyteller』에서

〈국제민속 박물관 입구〉

〈인디언 박물관 앞에서 소라와〉

다음은 스페인 총독청사Palace of the Governors에 갔다. 1610년에 완공된 총독청사는 역사가 깊은 건물이며 1909년 이후 역사박물관으로 이용되고 있다. 역사적인 자료가 많이 전시되어 있어 볼만한 곳이었다.

소라는 19일에 그랜드 캐니언에서 잘 여관을 예약했다. 야바파이 로지Yavapai Lodge를 선택했다. 한 달 전에 예약해야한다는데 다행히도 방이 있었다.

〈미술관 앞에서 소라〉

〈미술관 앞의 조각에서 (저자)〉

✲ 2008 8.14 목 맑음 피닉스 흐림 〈애리조나 주 피닉스〉

뉴멕시코 주를 떠나 우리가 머물 애리조나 주 피닉스로 가야한다. 소라는 기분이 좋은 것 같았다. 지난해에 몇 개월 지내던 곳이라 그런 것 같았다. 또한 나와 함께 미국에 와서 일 것이다. 혼자 왔다면 얼마나 외로웠을까.

침대에 누워 있다가, 10시에 길을 떠났다. 첫째 할 일이 렌터카를 돌려주는 일이었다. 그리고 비행기를 타야한다. 수속이 쉽게 끝나 비행기 시간을 앞당기기로 했다. 4시 40분 비행기를 1시 30분 비행기로 바꾸었다. 검열 대에서 정관장이 걸렸다. 그것이 약이라니까? 조사해 봐야 된단다. 시간 관계상 그 약을 포기했다. 고 조일남 선생의 유고집을 내도록 주선해주어서 사모님이 사주신 비싼 약이라 무척 아까웠다. 집에 두고 오려다 소라하고 같이 먹으려고 가지고 왔는데. 국제선에서도 걸리지 않은 물품이 국내선에서 걸리다니.

비행기 자리는 또 창 쪽이었다. 소라는 이번에도 창쪽을 나에게 양보한다. 처음에는 구름에 가려 아무 것도 보이지 않았다. 구름이 없어지자 땅이 나타났다. 피닉스에 가는 길도 사막의 연속이었다. 비행하는 동안 호수를 두 곳이나 보았다. 한 시간 만에 피닉스에 도착했다. 수속을 밟고 셔틀버스를 타고 렌터카를 하기위해서 한 회사에 갔다. 그곳에서는 한국 교포 아가씨가 근무하고 있어서 편리했다. 소라는 참 꼼꼼했다. 이것저것 살피고 정보를 얻느라고 시간이 많이 걸렸다. 이번의 렌터카는 기아 차였다. 소라는 기어 차를 살 작정이다. 승차감이 앨버커키에서 빌린 일본차에 비하여 훨씬 떨어졌다. 소음도 많이 났다.

차를 몰아 교포가 운영하는 한식 식당 〈호돌이〉에 갔다. 인상이 좋은 주인 내외가 우리를 반겨주었다.

점심 겸 저녁으로 김치순두부에 파전을 시켰다. 오랜만에 한국식당에서 밥에 김치를 맛있게 먹었다. 남은 파전은 싸가지고 나왔다. 미국의 음식문화는 남은것을 싸가지고 가는 이 점이 참 좋았다.

바로 옆에 있는 한국인이 경영하는 아시아나 마켓에 가서 고추장과 김, 해반, 부추김치, 복분자 술을 한 병 샀다.

미리 잡아둔 데이즈인Days Inn에 가서 여정을 풀었다.

우리가 머물 피닉스의 템피는 앨버커키나 샌타페이와는 달랐다. 더 이국적이었다. 우선 시내의 가로수가 전부 야자나무이었다. 또한 피닉스의 선인장은 특이하다더니 정말로 특이했다. 자이언트 사구아로Giant Saguaro라는 거대한 선인장인데 높이가 3~4m나 되고 피닉스와 투산 근교에 많이 자란다고 한다.

저녁을 먹고 푸드 시티food city에 가서 사과 두 알과 포도를 좀 사고 실내화를 옆 가게에 가서 샀다. 템피가 물건 값이 싸다고 소라는 말했다. 내일은 세들 아파트를 알아보기로 했다. 밤에는 잠을 잘 잤다.

✲ 2008. 8. 15 금요일 〈헤이퍼 리차드Haefer Richard교수〉

〈ASU 음대앞 조각〉

〈ASU 음대〉

〈ASU 캠퍼스의 학생들〉

〈야자수가 있는 ASU 캠퍼스〉

오늘은 일단 ASU(Arizona States University)의 음악대학에 가서 헤이퍼 리차드 교수를 만났다. 리차드는 교수연구실에 나와 있었다. 키가 작고 비대한 호남형의 그는 우리를 환대했다. 소라는 그에게 나를 시인이라고 소개하고 이것저것 물어보고 약속시간이 지나 그와 작별했다.

아파트를 얻으러 시내에 나갔다. 소라는 작년 이곳을 떠나기 전에 봐둔 아파트가 있는 것 같았다. 여러 군데를 다니다가 One room One double bed의 아파트를 구경했다. 꼭 군인 막사 같았다. 값은 적당했다. 정식 계약은 하지 않고 구두로만 했다. 대학 구내에 가서 점심을 간단하게 먹고 한군데 더 아파트를 알아보기로 해서 개이트웨이 아파트Gateway Apt에 갔다. 이번에 본 아파트는 좀 비싸지만 Two Rooms, Two Beds로 좀 고급이었다. 각자의 사생활이 보장될 것 같아 좋았다. 여러 가지로 상의한 끝에 한 사람이 백 불 씩 더 내고 거기 있기로 했다. 즉시 계약을 했다. 내일 당장 이사 올 줄 알았는데 8월 22일에 오란다.

웬 놈의 서류가 그렇게 많은지 정신이 없을 지경이었다. 계약을 마치고 차를 사러 갔다. 소라는 한국에서는 미국에 가면 폭스바겐을 살 생각이었으나 여러 가지를 생각한 끝에 기아 차를 사기로 결정했다.

국산차 판매소에는 한국인이 있을 줄 알았는데 한명도 없었다. 뚱뚱한 호남형의 백인 남자가 나타났다. 우선 살 차를 골랐다. 여러 차를 시승해본 결과 '아망티' 라는 차를 골랐다. 아망티는 고급 승용차이었다. 30,000불이 넘는 차를 25,700달러에 준다기에 우리는 참 기뻤다. 그러나 거기에 세금과 라이선스를 포함한 돈이 부가되고, 이것저것 해서 29,100달러를 내라는 것이었다. 깜작 놀라 너무 비싸다고 항의했더니 그는 그렇게 된 점을 설명하고 또 설명했다. 결국 미국인의 상술에 넘어간 셈이다. 최종 사인을 내일하기로 하고 저녁 늦게 한국식당에 가서 해물파전과 된장국으로 식사를 하고 파김치가 돼서 여관에 돌아왔다. 소라는 곧 잠에 떨어졌고 나는 조금 있다 잤다. 아들 호기와 딸 수진, 지은, 며느리 희정에게 똑 같은 메일을 보냈더니 곧 답장이 왔다. 준이 린이 건하 산하의 얼굴이 그립다. 한밤중에 혼자 복분자 주를 마셨더니 속이 별로이다. 술을 마시지 말아야겠다.

✲ 2008. 8. 16 토요일
〈카사 그란데 루인스Casa Grande Ruins National Monument〉

일주일 동안 여관 생활을 할 바에야 여행을 하기로 했다. 세도나Sedona에 가려다가 토요일이라 여관 얻기가 어려울 것 같아 포기하고 피닉스 남쪽에 있는 카사 그란데 루인스Casa Grande Ruins에 가기로 했다. 먼저 슈퍼에 가서 햇반과 컵라면, 물과 포도를 좀 샀다. 그리고 어제 사려든 자동차를 계약하러 갔다. 점원인 게리는 회사에 일찍 나와 있었다. 내비게이션을 하나 얻기 위해서 소라와 작전을 짰으나 그들의 상술에 그만 넘어가고 말았다. 우리는 계속 서비스 품목을 요구했고 그는 준다고 해놓고 안주고 있다가 햇빛 가리게 하나를 겨우 얻는데 그쳤다. 참 지독한 사람들이다. 소라는 공짜 품목을 포기하고 계약을 했다. 아망티가 무슨 뜻인가 사전을 찾아보았으나 없었다. 어느새 점심때가 되어 어제 그 한국인 식당에 가서 점심을 먹고 번호판 관계로 다시 기아에 갔다. 게리는 자리에 없었다. 다른 사람과 상의 했고 번호판을 수령해주겠다고 말했다. 점심을 먹고 식곤증에 빠져 둘은 잠을 좀 잤다. 내비를 달려고 게리가 소개해준 회사에 들렀으나

〈사구아로 선인장〉

〈선인장〉

값이 너무 비싸 포기하고 길을 떠났다.

첫 번 째 목적지는 카사 그란데 루인스 라는 인디언 유적지이었다. 여러 사람에게 물어 이곳저곳을 헤맸으나 목적지는 나타나지 않았다. 한참을 헤맨 후에 카사 그란데 라는 도시에 도착했다. 그러나 우리가 찾는 곳은 그 도시에 없었다. 데이즈 인Days Inn 여관에 들려 카사 그란데 루인스가 있는 곳을 알았다. 지도를 그려준 것을 들고 또 길을 떠났다. 그러나 길을 잘 못 들어 사막 깊숙이 들어가고 말았다. 그곳에는 애리조나의 사구아로가 숲을 이루고 있어 장관이었다. 소라는 그 사구아로 하나하나에 우리나라의 감나무처럼 임자가 있다고 말했다. 7월에 흰 꽃이 피는데 그 꽃으로 벌은 꿀을 만들고 인디언들은 술을 담아 8월 축제에 쓴단다. 그래서 8월에 인디언 축제가 많단다.

소라는 운전을 하면서 피마 인디언과 아파치 인디언과의 관계, 또 힐라 강의 물을 끌어들이기 위해 만든 관계수로에 대해서도 이야기 했다. 관계

수로와 관계되는 유적이 바로 카사 그란데 루인스라고 말했다.

〈카사그란데 사무실〉

〈카사 그란데 유적〉

사막에 있는 땅을 팔겠다는 광고도 더러 눈에 띄고 집값 폭락으로 망한 사람들이 피켓을 들고 1인 시위하는 것도 여럿 보았다. 우리와 달리 그들은 평화적인 데모를 했다. 또 사막에도 사람들이 더러 있어 그들에게 카사 그란데 루인스를 물어 정확한 위치를 알 수 있었다. 그들이 가라는 곳으로 달려갔다. 넓은 농지가 나오고 수로도 눈에 띄었다. 카사 그란데 루인스라는 안내판을 보고 가까이 있는 것을 알았다. 쿨리즈Coolidge라는 조그마한 도시에 목적지가 있었다. 카사 그란데 루인스가 어디 있는 가를 확인 후 이미 어두워져서 구경은 내일 하기로 하고, 초라한 여관을 찾아 숙소를 정한 후 중국집에 가서 저녁을 먹었다. 중국식당은 아무리 작은 도시에 가도 있었다.

✻ 2008. 8. 17 일요일
〈카사 그란데 루인스, 세도나 가는길〉

전자레인지에다 빵을 굽다가 태워서 경고 벨이 울렸다. 혼비백산했으나 잠시라 아무도 오지 않았다. 우리는 서둘렀으나 9시에야 겨우 바로 옆에 있는 카사 그란데 루인스에 갈 수 있었다. 입구에는 카사 그란데 루인스 내쇼날 모뉴먼트Casa Grande Ruins National Monument 이라고 쓰여 있다. 이 명칭은 처음 이곳에 온 스페인 신부인 키노가 명명한 이름이란다. 카사 그란데 루인스의 어원은 카사casa=house는 스페인어로 집이고 그란데grande=large, big는 큰이고 루인스ruins는 영어로 유적지 이다. 이곳에 기원전 100년이나 200년 전에 고도로 발달된 나라가 있었는데 하루아침에 사라졌다는 것이었다. 그리고 지금은 보다 시피 쓰러져가는 흙집만 몇 군데 남아 있을 뿐이다. 흙집만 남아있는 것을 이 정도로 유명한 유적지로 만든 것은 미국의 부를 이야기 하는 것이 아닐까.

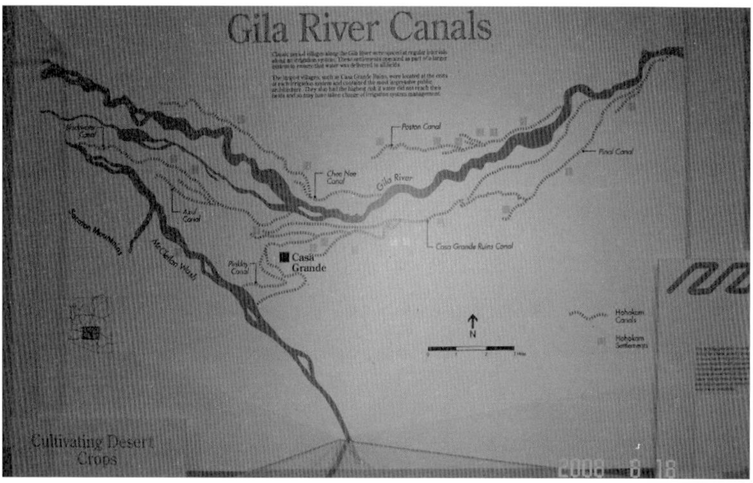

〈카사 그란데 루인스 수로도〉

어느 종족인지도 모르고 왜 멸망했는지도 모르지만, 고고학자들은 BC 300년경에 힐라 강 유역에 인디언들이 처음 이주했다고 밝히고 있다. 그리고 AD 1200년까지 사막에서 농사를 지었다고 한다. 그 후에는 흔적도 없이 사라졌다. 힐라 강의 물줄기를 끌어다가 관개시설을 만들어 농사를 짓고 살 정도의 국가라면 대단한 수준이라는 평가이다.

사진을 찍은 다음 그곳을 떠나 세도나로 향했다. 세도나는 이곳에서 3시간 정도 달려야하는 북쪽에 있다. 도중에 다시 피닉스로 돌아와서 점심을 먹고

〈박물관의 살림도구〉

〈카사 그란데 허물어진 유적〉

I-17 프리웨이를 달렸다. 휴게소의 화장실에 가서 내가 전대를 차고 있는 것이 얼마나 위험에 노출된 것인지 느낄 수 있었다. 소라가 화장실에 가더니 오래 나오지 않았다. 그녀도 전대를 차고 있었다.

차는 세도나를 향해서 달렸다. 모처럼 고개가 나타났다. 4,000피트까지 올라가는 고개였다. 고개를 오르자 고원이 계속되었다. 미국은 참 거대한 나라이다. 휴게소에서 쉬는데 세도나가 2마일 밖에 안 남았다는 안내판이 나타났다.

저녁 무렵에 붉은 바위의 자연신전 세도나에 도착했다. 세도나 초입에 있는 여행안내소에 가서 정보를 얻고 여관을 정했다. 관광지는 여관비가 비싼 것이 일반적이지만 여행안내소에서 알려준 대로 가서 싼 여관을 얻었다. 성급하게 몇 군데 구경을 하고 여관 근처에 있는 동양계 식당에서 식사를 했다. 1인분만 시켜 둘이 나누어 먹었다. 그 밥이 남아 이튿날 아침까지 먹을 수 있었다. 미국은 아침 사먹기가 어려운 곳이다.

✲ 2008 8 18 월요일 〈세도나Sedona와 그랜드 캐니언Grand Canyon〉

오늘이 세도나를 진짜 구경하는 날이다. "신은 그랜드 캐니언을 만들었으나 살기는 세도나에서 산다God makes the Grand Canyon, but He lives in Sedona" 라는 말이 있다. 그만큼 세도나가 좋은 곳이라는 이야기이다.

〈세도나의 종바위〉

〈소라와 함께〉

〈세도나의 아름다운 바위〉

〈멀리 성당바위가 보임〉

아침에 일어나니 날씨가 좋았다. 9시 쯤 벨 로드Bell Rd의 숲을 답사하기로 했다. 차를 타고 어제 저녁 때 보아둔 곳으로 갔다. 어제 티켓을 구입해두었다. 많은 사람이 나와 있었다. 표를 보여 달라는 사람도 없었고 지키는 사람도 없었다. 숲 속을 그냥 걸으면 되는 것이다. 아무 장식도 없고 포장되지도 않은 자연 그대로의 흙길이다. 작은 관목의 향나무들이 숲을 이루고 있었다. 우리는 행복한 연인이 되어 맑은 공기를 마음껏 들이 마셨다. 천국이 따로 없었다. 벨록Bell Rock, 홀리 크로스 채플Holy Cross Chapel, 에어포트 메사Airport Mesa, 성당 바위Cathedral Rock, 보이턴 캐니언Boynton Canyon 등. 주위에 유명한 바위들이 많았다. 소라는 비디오로 경치를 담고 나는 사진을 몇 장 찍었다. 한 시간 반쯤 걷다가 숙소로 돌아왔다. 차를 타고 채플 로드Chapel Rd로 가서 교회를 보기로 했다. 길을 잘 못 들어 한참을 헤매다가 드디어 올바른 길을 찾았다. 마거리트 브런즈윅 스토드Marguerite Brunswig Staude가 설계해서 지은 교회이다. 거대한 바위 사이에 지어진 아름다운 교회이다. 사람들이 많이 몰렸다.

〈홀리 크로스채플〉

〈홀리 크로스채플 앞면〉

주위의 바위는 가까이서 보니 찰흙으로 주물러서 만든 것 같았다. 지하실에는 기념품 상점이 있어 누님과 여동생에게 선물로 줄 조그마한 십자가를 샀다. 점심때가 지나서 숙소로 돌아와 근처에 있는 타이 음식점에서 식사를 했다. 중국 음식점과는 비교가 되지 않았다. 이것저것 시켜 24불이나 주었는데도 배가 부르지 않았다. 여관에 와서 낮잠을 한숨 늘어지게 자고 3시 경에 다시 구경을 나갔다. 교회에 가서 사진을 몇 장 찍고 시내 쪽으로 갔다. 세도나 중심부로 오크 크릭크Oak Creek가 흐르고 있었다. 제법 수량이 많았다.

에어포트 메사Airport Mesa에 올라갔다. 거기서 보는 앞산의 바위는 장관이었다. 갑자기 비가 내려 사진도 비디오도 찍을 수가 없었다. 시내로 내려와 이동을 했다. 조금 가니까 세도나 주립공원Sadona State Park이 나타났다. 여행 안내서에는 없는 곳이다. 한적한 도로를 한참을 달렸다. 공원입구가 나타나 무조건 들어갔다. 여행안내소가 나타나서 안으로 들어가 정보를 얻었다. 직원은 그 지역은 위험하니 깊이 들어가지 말라고 주의를 주었고 5시를 넘기지 말라는 말도 했다. 사무실 뒤에서 벌새humming-bird 여러 마리가 노는 것을 보았다. 벌새가 있다는 말은 들었지만 실제로 본 것은 평생 처음이었다. 인공적으로 만든 꿀통에 벌새들이 모여들었다. 벌새가 날아 왔다가 저만치 가고, 또 오고하는 것이 아카시아 꽃이 피었을 때 벌들의 비상과 똑 같았다. 벌새는 나는 것이 특이해서 과학자들이 벌새의 나는 모습을 모방해서 헬리콥터를 만들었다는 글을 읽은 적이 있다. 벌새는 날다가 멈출 수 있고 수직으로 상승과 하강이 가능하며 급 선회할 수도 있다.

〈황홀한 일몰〉

〈에어포트 메사의 사람들〉

공원의 오크 크릭크는 우리나라에서는 얼마든지 볼 수 있을 정도의 개울에 지나지 않았다. 그러나 그곳에서는 굉장히 가치 있는 것으로 여긴다. 사막이니까. 미국 서남부에 와보니 우리나라 자연이 얼마나 아름다운가를 느낄 수 있었다. 이 공원의 특징은 역시 바위와 나무들이었다. 나무들이 참 많았다.

천도복숭아를 하나씩 꺼내 먹고 돌아왔다. 소라는 다시 에어포트 메사에 가서 사진을 찍겠다고 말했다. 어느새 비가 그치고 그곳에는 해넘이를 구경하는 사람들이 많이 몰려있었다. 아! 하는 감탄이 절로 나왔다. 일몰이 참 아름다웠다. 붉은 바위를 더 붉게 물들여 신비하게 했다. 그것은 바로 신의 작품이었다. 어제 저녁에 식사를 한 중국식당에 가서 저녁 식사를 하기로 했다. 유산슬을 주문해서 먹었다.

뜻밖에도 둘째 딸 지은이에게 전화가 왔다. 내용인즉 서울대병원에서 폐렴이 의심스럽다는 전화가 왔다는 것이었다. 담당의사가 아빠와 직접 전화를 하고 싶다는 말도 했다. 아이들이 걱정을 많이 하는 것 같았다. 그래서 지은이에게 기침도 하지 않고 건강하다는 말을 했다. 실제로 미국에 와서 지금은 건강하다. 소라가 자주 뜸을 떠주어서 그런지는 몰라도.

그러나 기분은 좀 다운됐고 나도 걱정이 되었다.

〈신비스런 바위 산을 배경으로 소라〉

〈꽃이 만개한 목장〉

✻ 2008. 8 19 화요일 〈그랜드 캐니언은 신의 작품〉

〈그랜드 캐니언〉

수첩 하나가 어디 갔는지 없다. 특별히 중요한 것을 적어 놓은 것은 아니지만 그래도 아쉬워 내 가방을 몇 번 뒤져도 나오지 않는다. 차를 뒤지고 혹시 딸려 들어갔나 싶어 소라가 그녀의 가방까지 뒤져도 나오지 않는다. 잊어버린 것이 분명하다. 하는 수 없어 포기하고 그랜드 캐니언Grand Canyon을 향해서 떠났다. 백마일이 넘는 먼 길이다. 오크 크릭크를 따라 나있는 길을 달렸다. 바로 오크 크릭크 캐니언Oak Creek Canyon이 나타났다. 이 길이 주변 경관이 아름답기로 소문난 333 도로이다. 참 아름다운 길이다. 두어 번 쉬면서 사진을 찍었다. 소라의 말로는 이곳 세도나는 인디언들이 성지로 받드는 곳이란다. 상당히 높은 고개를 오르자 고원지대가 펼쳐졌다. 프랙스태프에 가서는 시닉루트 Scenic route인 180 도로와 64 작은 도로를 찾아 달렸다. 지금까지 울창했던 소나무는 간데없고 사막의 나무가 나타나기도 하고 눈이 부신 황금 꽃밭이 나타났다. 목장지대였다. 차를 멈추고 사진을 몇 장 찍었다. 1시 경에 그랜드 캐니언 비행장이 나타났고 바로 그랜드캐니언 마을에 도착했다. 여행 안내소에 가서 정보를 얻고 그랜드 캐니언에 대한 영화도 보았다. 점심식사를 한 후 구경을 하기로 했다.

〈그랜드 캐니언에서 소라와〉

〈그랜드 캐니언 절벽〉

그랜드 캐니언은 미국국립공원 중에서 규모가 가장 크고 웅장하고 신비로운 세계적인 공원이다. 1903년 루스벨트 대통령이 방문 후 국립공원으로 천거했으나 1919년 우드로 윌슨 대통령 당시 국립공원이 되었고 1979년에야 유네스코세계자연유산이 되었다.

공원의 규모는, 넓이가 4,930km² 로 제주도 섬 전체면적의 2.7배이다. 중심부에 콜로라도 강이 흐르는데 공원내 강의 길이는 443km이다. 넓이는 180m에서부터 30km까지이다. 협곡의 깊이는 1.6km이다. 년간 방문객이 많아, 2010년에 438만이었다.

전망대까지 승용차로 가느냐? 셔틀버스로 가느냐를 두고 의견을 나누다가 역시 셔틀버스로 가기로 결정했다. 이내 셔틀버스를 탔다. 이곳의 셔틀버스 시스템은 복잡했다. 그랜드 캐니언 까지 가는 시스템과 그곳에서 운영하는 버스시스템이 3가지나 있어 외국인에게는 구분하기가 어려웠다. 처음 간 곳은 야바파이 전망대Yavapai Observation Station이었다. 주로 그곳에서 시간을 많이 보냈다. 정말 표현할 수 없이 웅장하고 장엄한 광경이었다. 신비가 가득한 곳이었다. 거대한 협곡과 다양한 색깔의 바위, 신의 작품이 틀림없는 위대한 걸작이 거기에 있었다. 연신 사진을 찍고 비디오를 돌렸다. 이 협곡이 어떻게 형성되었을까? 콜로라도 강의 격류를 보고 싶었으나 대협곡은 강을 숨기고 있었다. 제법 위험한 곳까지 내려갔다. 한 곳 더 구경하기로 하고 야키 포인트Yaki Point로 이동했다. 셔틀버스 타는 것이 문제였다. 한 미남미녀의 부부가 자기들도 야키에 선셋을 보러간다면서 따라오라고 해서 뒤를 따랐다. 그곳에서도 콜로라도 강은 물줄기를 숨기고 있었다. 검은 독수리가 하늘을 배회하고 바람이 불어 날씨가 추웠다. 사람들은 해넘이를 보기위해서 기다리고 있었다. 명상을 하는 사람, 독서를 하는 사람, 연인과 꼭 껴안고 있는 사람, 마음 맞는 사람과 대화를 나누는 사람.

〈그랜드 캐니언의 관광객들〉

〈웅장한 그랜드 캐니언〉

노을빛이 바위를 무지개 색으로 물들였다. 바위의 파노라마는 현란한 빛을 발했다. 하늘과 구름도 핏빛으로 바뀌었다. 해가 산 너머로 사라지고 있었다. 드디어 해가 넘어갔다. 순간이었다. 어둠이 주위를 에워쌌다. 어쩌면 해넘이는 죽음과 같은 것이다. 손전등을 키고 예약한 야바파이 로지를 찾아갔다. 내일 새벽에는 해돋이를 봐야한다.

✲ 2008. 8. 20 수요일 〈그랜드 캐니언의 해돋이〉

어제 밤에 일찍 자서 2시 경에 일어났다. 다시 잠을 청했으나 잠이 오지 않았다. 소라도 깨었다. 소풍날을 맞이하는 초등학생처럼 들떴다. 늦잠을 자면 큰일이다. 5시에 로지를 나왔다. 손전등과 사진기를 준비했다. 어제 너무 추위에 떨어서 옷을 껴입었더니 움직임이 둔해졌다. 해돋이 감상이 최고라는 야바파이 전망대에 가기로 정했다. 벌써 많은 사람이 나왔다. 셔틀 버스를 탔다. 사람들이 너무 많아 혼잡했다.

전망대에 섰다. 모든 사람의 시선은 동쪽을 향했다. 시간이 5시 반이다. 동쪽 하늘이 물들기 시작했다. 다행히도 안개는 없었다. 5시 50분은 돼야 해돋이가 될 것이다. 해가 조금 보였다. 그것은 작은 불꽃이었다. 가슴이 막 뛰었다. 붉은 점이 점점 커져 산위로 고개를 내밀더니 해의 윤곽이 뚜렷해졌다. 심장이 멈출 것 같았다. 붉은 햇빛이 바위에 비치니까 무지개색으로 빛을 발했다. 세상에서 가장 큰 무지개가 돋았다. 그 시간은 너무나 짧았다. 모두들 환희의 소리를 내질렀다.

곧 세상은 밝아지고 평화가 찾아왔다. 해넘이와 해돋이는 확실히 달랐다.

해넘이가 죽음을 상징한다면 해돋이는 생명의 창조가 아닐까.

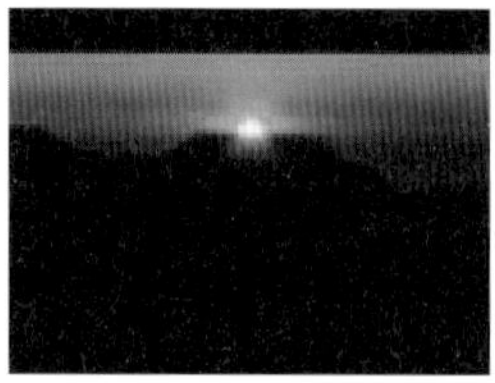

〈그랜드 캐니언의 해돋이〉

미국의 서남지역은 해넘이 지역은 많아도 해돋이 지역은 별로 없다. 그랜드 캐니언에서 해돋이를 본 것은 뜻있는 일이었다.

아침은 로지에서 제공하는 빵과 오트밀로 해결했다.

승용차로 데져트 비유 드라이브Desert View Drive로 방향을 잡았다. 이 도로는 카이밥 트레일 루트의 길이다. 우리는 Little Colorado River Gorge도 구경할 겸 캐메론Cameron으로 길을 정했다. 웨스트 림으로 가는 허밋레스트 루트는 셔틀버스만 다니는 길이 끼어 있어 포기 했다. 그곳은 Skywalk의 볼거리가 있다는데.

Desert View에 갔으나 작은 콜로라도 강의 접근은 어렵고 64 지방도로로 캐메론으로 가면서, Desert View에서 30마일 지점, Milepost 286부근에 Little Colorado Scenic Overlook 이라는 작은 안내판이 있다. 그곳에 정차하고 작은 콜로라도 강의 진경을 볼 수 있었다. 다음글은 콜라도 강의 물빛에 대한 글이다. 참고하기 바란다.

〈두 강의 합류지점〉

〈천피트의 절벽〉

The Little Colorado River (right)'s confluence with the Colorado River (center). Note that the Little Colorado is a light brown color caused by recent cloudbursts, while the Colorado is an emerald green. When Powell and his crew arrived here in 1869, it was this color of the river that they saw, while the Colorado's green color is caused by Glen Canyon Dam trapping sediment

〈작은 콜로라도 강(오른쪽)은 콜로라도 강(가운데)과 합류한다. 작은 콜로라도 강은 최근의 폭우로 옅은 갈색이다. 반면에 콜로라도 강은 에메랄드빛 초록색이다. 포웰과 그의 동료들이 1869년, 여기 도착했을 때 그들이 본 강물은 바로 이 색이었다. 한편 콜로라도 강의 초록빛깔은 그린 캐니언 댐이 흙모래를 가라 앉혀서 이다.〉

캐메론까지 나와 US-89로 프랙스태프까지 갔고 거기서 I-17로 피닉스로 돌아왔다.

✲ 2008 8. 21 목요일 〈이사 준비〉

아파트 입주 날은 내일인데 아파트 구경을 간 것이다. 위치만 알려고 갔는데 문이 열려있어 방도 구경할 수 있었다. 그럭저럭 지낼만한 곳이었다. 그런데 소라가 방을 바꾸고 싶단다.

소라는 오늘 ASU에 가서 미국에 다시 온 것을 신고했다. 수속은 쉽게 끝났다. 다음은 은행에 가서 주소를 알려주는 일이었다. 그것도 쉽게 끝났다. 다음은 아파트에 가서 냉장고 고장을 알려주는 일이었다. 그것도 쉽게 끝났다. 이 아파트에는 TV가 없단다. 소위 가구가 있는 아파트에서 TV가 없다는 것이 말이 되나?

내 방은 북향이라 너무 어두웠다.

템피 시장에 가서 소라는 내비와 TV, DVD를 샀다. 3가지 물건을 고르고 흥정을 하는데 2시간이나 걸렸다.

점심은 템피 마켓에서 먹고 책방에 잠간 들리고 헤이퍼 교수 집에 갔다. 그는 차고에서 일을 하고 있었다. 그곳에 맡겨놓은 소라의 이사 짐을 좀 싣고 게리에게 갔다. 차의 액세서리를 주문하고 근처 김치라는 한국음식점에서 저녁을 먹었는데, 김치식당의 김치가 너무 맛이 없었다. 무엇을 해도 전문적인 기술이 필요하다. 이사준비로 길고긴 하루였다.

✲ 2008. 8. 22 금요일 〈아파트로 이사〉

오늘 아침 그랜드 캐니언에 대한 시가 생각났으나 소라가 깊은 잠에 빠져있어 화장실에 가서 시를 썼다. 종이가 없어서 신문지에다 쓸 수밖에 없었다.

아침식사를 마치고 짐을 승용차에 싣고 아파트로 향했다.

소라는 2035호가 마음에 들지 않아 아래층으로 바꾸고 싶다고 말했다. 아파트에 도착해보니 이사하는 날이라 많은 대학생들로 붐볐다. 줄을 서서 기다렸다. 차례가 돼서 아파트를 바꾼다니까 cox와 전기회사에 가서 또 무엇인가를 해오란다. 어제 산 내비를 이용해서 두 회사를 쉽게 찾을 수 있었다. 전기 값을 안 낼까봐 하는 조치란다.

방을 1021호로 바꾸어주었다. 열쇠를 11시경에 받고 내부를 구경했다. 2035호와 똑 같은 구조인데 다만 가구가 좀 나은 편이다. 1층이라 짐을 운반할 때 편리할 것 같았다. 힘이 부친 노인들이니 잘 한 판단이었다.

차에 싣고 온 짐을 내려놓고 여관으로 돌아가서 나머지 짐을 다 싣고 왔다. 내 짐은 보잘 것 없지만 소라의 짐은 좀 많았다. cox회사는 26일에나 올 것 같았다.

짐 정리를 하고 빌리지 마켓에 가서 생필품을 샀다. 밥을 아파트에서 해먹어야하기 때문에, 쌀 3봉지, 우유, 커피, 크림, 국수, 라면, 미역, 고춧

잎, 파, 감자, 고구마, 양파, 두부, 마늘, 생강 등을 샀다. 소라가 90불을 지불했다.

다음은 내가 사기로 하였다. 저녁은 빌리지 마켓에서 잔치국수와 소고기 덮밥을 시켜 먹었다. 소고기도 맛이 있었고 잔치국수도 맛이 있었다. 종종 그곳에 들려 식사를 하면 편리할 것 같았다.

집에 와서 물건을 부랴부랴 내려놓고 나머지 짐을 가져오려고 헤이퍼 교수 집에 갔다. 그의 집에 도착해서 그에게 전화를 했으나 집에 없었다. 그는 45분 후에 오겠다고 말해서, 소라는 차에서 잠을 좀 잤다. 나는 잠이 안와 의자를 뒤로 재치고 그냥 누워있었다. 소라는 참 편리한 사람이다. 잠을 자고 싶으면 어느 곳에서나 잘 잔다. 그것이 그녀가 체력을 유지하는 비결 같았다.

헤이퍼가 와서 차고에 있는 짐을 실었다. 그는 힘이 셌다. 짐은 4박스였다.

헤이퍼는 나에게 "왜 미국에 왔는가?" 물었다. 나는, "시를 쓰러 왔다" 고 답했다. 인디언의 문화와 예술, 특히 애리조나에 있는 두강, 힐라와 콜로라도에 관심이 많다고 말했다. 덧붙여서 소라를 사랑하기 때문에 이곳에 왔노라고 대답했다.

그는 알았다는 듯이 고개를 끄덕였다.

미국에 와서 보름정도 돌아다녀보고 얻은 느낌은 사막의 강이다. 그래서 강에 대한 책을 사고 싶었다.

오늘 아침 아파트의 오피스에서 『desert river』라는 책을 보았다. 콜로라도 강과 애리조나 주에 있는 강에 대한 책이었다. 그 책을 대충 보고는 책방에 가서 그 책을 사야겠다고 생각했다. 스페인어로colorado는 'red' 의 뜻이고 Gila(monster)는 영어인데 '미국 독 도마뱀' 이고 스페인어로 hila는 '관계수로에서 끄는 일정량의 물' 로 되어 있다. 힐라 강은 Gila로 쓰고 읽기는 스페인어의 영향을 받아 '힐라' 라고 읽어야 한단다.

아파트에 돌아와서 짐정리를 하고 잤다. 그것도 이사라고 무척 피곤했다.

✲ 2008. 8. 23 토요일 〈안정〉

유목민족 같이 여관을 옮겨 다니는 것은 좀 줄 것 같다.

이제 소라와의 살림이 시작되었다. 신기할 정도로 마음이 안정되었다. 집에 여자가 있으므로 비로소 가정이 이루어지는 것이다.

소라의 방은 동향이라 밝고 내방은 안쪽인데다 북쪽이라 어둡다. 그래도 내방이 생겼다. 아침에 일어나니 소라는 주방을 깨끗이 정리해 놓았다. 과연 여자다. 이사한 짐을 정리하느라고 분주했다.

어제 빌리지 마켓에서 사온 재료로 아침을 해먹었다. 잡곡밥을 너무 많이 해서 배가 불러 다 먹을 수가 없었다. 남은 밥은 점심에 먹기로 했다. 나는 청소와 설거지를 하고 소라는 책 정리, 옷 정리를 했다.

방이 두 개라 편리했다. 화장실도 두 개다. 빈 박스를 쓰레기 통에 갖다 버렸다. 미국은 분리수거란 말이 없다. 땅이 하도 넓으니까 그런 말이 필요 없는 것 같다. 모든 것이 크다.

오후에 소라는 스캐너Scanner를 할 수 있는 프린터를 사겠다고 말했다. 점심 식사 후 베스트 바이Best Buy에 갔다. 프린터기를 흥정하고 컴퓨터에 연결해 달라니까 50불을 더 내란다. 한국 같으면 서비스로 해줄 일인데. 소라는 그래도 살려고 하는 것을 내가 말렸다. 그곳을 나와 다른 전자 가게로 갔다. ASU 근처에 있는 조그마한 가게였다. 값이 조금 쌌다. 연결하는 비용도 받지 않았다. 다음은 연결하는 작업인데 참 어려웠다. 오후 시간을 다 보냈다. 상점 점원도 끈기가 보통이 아닌데 소라도 그에 못지않았다. 드디어 연결하는데 성공을 했다.

미국 전자기술이 별거 아니라는 생각이 들었다. 한국 같으면 이 정도의 일은 쉽게 하는 젊은이들이 부지기수임을 알고 있다.

다음에는 책방에 가서 『사막 강desert river』을 한 권 사고 푸드 시티 food city에 갔다. 음료수, 물, 포도, 감자 등 식료품을 몇 가지 더 샀다. 저녁은 수제비를 떠서 먹었다. 감자와 호박을 넣었더니 수제비가 너무 많아 남기었다. 오전에 아들에게 전화가 왔다. 내 건강에 대한 염려였다. 습도계를 사고 가습기를 사서 꼭 틀란다. 보통 때는 살갑지 못한 아이인데 이런 걱정을 하다니, 이국 만리타향에서 혈육의 정을 뼈저리게 느꼈다.

나는 책방에서 사온 책을 읽고 소라는 프린터기를 컴퓨터에 연결하고 스캐너를 연습하고 있었다.

마트에서 한국 신문을 가져와서 한국 소식을 알 수 있었다. 금메달 딴 사람도 많았다. internet을 22일부터 할 수 있을 줄 알았는데 26일 밤부터 가능하단다. 기다릴 수밖에.

잠시 아이스크림과 아몬드를 먹으면서 소라와 내가 다음에 미국에 오는 문제에 대해서 더 구체적으로 이야기를 했다.'어느 때 오는 것이 가장 좋을까?' 하는 문제였다. 내가 6개월을 보내고 한국에 돌아가면 서로 떨어져 있어야 한다. 소라는 템피에 내년 5월까지만 있고 여행을 떠난난다. 미국 전역을 여행하면서 자료를 수집한단다. 그리고 동부에 가서 6개월을 머문 후에 남미에 가겠다는 계획을 갖고 있었다. 그 기간을 만 2년으로 잡아 놓고 있다. 나는 내년 2월 초에 귀국해야한다. 처음에는 연장을 해볼까 생각도 했지만 아이들을 비롯한 많은 사람과의 약속도 했고 한국에서 할 일도 있어서 그냥 귀국했다가 다시 오는 것으로 결론을 내렸다.

동부에 소라가 가 있을 때 오는 것이 가장 좋을 것 같았다. 미국을 이해하기 위해서는 미국의 심장인 동부에 가야하기 때문이었다.

소라가 남미에 가는 것이 문제이다. 소라가 남미에 가는 것을 극구 말리지만 그녀의 연구를 위해서는 꼭 가야한단다. 그곳에 가지 않으면 연구가 용두사미가 된다는 논리였다. 억지 같기도 하고 맞는 말 같기도 했다. 그래서 미국에서 차를 포함한 짐을 한국으로 붙이고 남미에 갔다가 그곳에서 귀국하는 것으로 잠정 결론을 내렸다. 물론 미국에서 혼자 여행하는 것도 어렵겠지만 남미에 가는 것이 더욱 어려울 것이다.

소라가 남미에 간다면 나는 어떻게 해야 하나. 따라 가야 하나 혼자 보내야하나? 소라는 혼자 간다고는 생각하지 않는 눈치이었다.

✲ 2008. 8. 24 일요일 〈지구촌교회global church〉

오늘이 토요일이 아니고 일요일인 것을 알았다. 소라가 일요일 이라고 해서 나는 기록을 이야기했으나 교회에 가보면 알 것 같아 그렇게 했다. 소라가 맞았다.

송재오 목사가 운영하는 지구촌교회global church에 나갔다. 소라가 지난해에 다니던 교회이다. 우리 집안은 천주교집안이라 천주교는 몇 번 가보았지만 개신교는 처음이다. 소라의 집안은 개신교 집안이나 아주 열심히 한 것은 아니었다.

소라는 아는 사람이 많았다. 그녀는 스스럼없이 나를 시인이라고 소개하였다. 시인이라는 것보다 남자와 같이 왔다는 현실에 사람들은 눈이 휘둥그레졌다. 목사에게 가지고 간 내 시선집을 한권 주었다. 그리고 한권은 교회의 도서관에 기증했다.

내가 이렇게 교회에 나온 것을 누님과 여동생이 안다면 기겁을 할 것이다. 그러나 이것은 소라를 위한 배려일 뿐 교회를 믿어서 나온 것은 아니다. 소라에게도 그 점을 분명히 하였다. 만일 내가 종교를 갖는다면 천주교에 나가야한다. 그러나 그것은 아직 준비가 되지 않았다.

예배를 드리는 것과 목사의 설교도 처음이었다. 천주교보다 흥미로운 곳이었다. 청소년들이 교회에 몰리는 이유를 알 것 같았다. 믿음을 떠나서 외롭고 고달픈 이국에서 교회에 의지하는 것은 어쩌면 당연한 것 같았다. 내가 공간시낭독회에 나가는 것과 별 다를 것이 없다는 생각을 했다. 좋은 말씀으로 기도 드리고 목사의 설교를 듣고 하는 것이 젊은이들의 정서순화에 많은 도움을 줄 것이다. 목사도 질 높은 설교를 하기위해서는 많은 독서를 해야 하고 많이 알아야 되겠다는 생각도 들었다.

송재오 목사는 육십대 중반의 목사인데 그만하면 설교를 잘 하는 것 같았다. 목사 부인도 와서 인사를 했다. 또 다른 부인들도 와서 인사를 했다. 노래와 기도, 목사의 설교로 예배는 한 시간 만에 끝났다. 예배가 끝난 후에는 친교시간이라고 해서 옆에 있는 식당에 가서 점심 식사를 했다. 사람에게 먹는다는 것만큼 중요한 것은 없다. 먹으면서 서로가 친해지는 것이 사람이 아닌가. 좋은 제도인 것 같았다. 콩나물과 소고기 다진 것을 담은 비빔 밥이었다. 김치와 같이 먹었다. 모처럼 한국 음식 같은 음식을 먹었다. 배가 불렀다. 식사가 끝나고 아파트에 오다가 책방에 들려 어제 사온 책을 바꾸었다. 어제 사온 책이 파본이 돼서 바꾸어 달랬더니 책이 없다면서 돈으로 내주어 나른 책방에 가서 사왔나. 한국에는 지금은 이런 책은 있는데, 우리나라 수준이 어느 면에서는 굉장한 것을 실감하는 순간이었다.

집에 와서 좀 쉬다가 미국인 목사 밥Bob이 하는 교회에 나갔다. 이름은 성경교회Bible Church이었다. 교회 건물도 없고 종파도 없고 십일조도 없는 교회란다. 밥은 목사이며 ASU의 교수인데 월요일과 금요일에는 외국유학생들을 위해서 무료로 영어 수업을 해주었다. 참 좋은 사람 같았다.

오늘은 인도인이 설교를 하였다. 듣는데 도움이 될 것 같았다. 소라는 내일도 영어수업을 받으러 교회에 나온다고 말했다. 나는 집에 있기로 했다.

집에 와서 대학병원 김 박사에게 전화를 했다. 그의 말은 폐렴 같아 보이는데, 가능성은 희박하지만 암도 의심스럽다는 이야기였다. 기침이 멈추었고 가래도 안 나오고 건강하다고 말했더니 그래도 정밀검사를 해보고 만일 치료를 하라면 미국은 의료비가 비싸니까 귀국하라고 말했다. 그 말을 들으니 우울해졌다. 아이들에게 상황을 문자로 보냈다.

소라와 상의했다. 그녀도 별로 걱정을 하지 않았다. 여기서 CT촬영을 해보자고 말했다. 그렇게 하기로 했다. 소라는 한국인 의사를 찾아내어 전화를 했고 며칠 후 병원에 가기로 했다.

✲ 2008. 8. 25 월요일 〈애리조나 주와 피닉스〉

애리조나 주는 미국의 서남부 산악지대에 있는 주이다. 북부에는 콜로라도 강과 대협곡 그랜드 캐니언이 있다. 소로란 사막이 주의 대부분이다. 애리조나의 모든 강은 콜로라도 강의 수계이다. 인디언이 미국에서 가장 많이 사는 주이다. 인디언 국가 가운데 가장 큰 나바호 국가도 이 주에 있다. 주 경제는 광업과 농업이며 항공기, 전자산업, 등산장비 등의 경공업이 발달하고 관광업도 성행하고 있다.

피닉스는 애리조나 주의 주도이며 뉴욕, LA, 시카고, 휴스턴, 필라델피아에 이어 미국에서 6번 째로 인구가 많은 대도시이다. 앨버커키의 샌디아 산 같이 큰 산은 아니지만 산으로 둘러싸인 분지이며 솔트리버가 도심을 흐르고 있고 댐을 막아 템피 호수라고 부른다. 인구가 1,461,575명이며 경제는 "5Cs"에 의존한다. 5Cs는 copper, cattle, climate, cotton and citrus(감귤류의 식물)이다. 피닉스는 일기가 건조하고 따뜻해서 부자들의 겨울별장이 많다. 은퇴한 노인들이 미국에서 가장 선호하는 도시이다.

11시가 넘어서 cox사에서 사람이 왔다. 인터넷을 연결해 주었다. 내 것도 하려했는데 별도로 모뎀이 필요하고 요금도 별도로 내야 된다고 해서 소라의 인터넷을 좀 쓰기로 했다.

점심은 고구마와 빵, 우유로 해결했다. 오후에 ASU에 나갔다. 대학 도서관을 구경하고 싶었다. 도서관이 참 훌륭했다. 책도 많고 시설이 좋았다. 공부하는 학생들도 많았다. 다만 엘리베이터가 아주 구식이었다. 그리고 대학 구내책방에 들려 노트를 한 권 샀다. 노트 값은 한국과 비슷했다.

오전에 아들에게 전화가 왔다. 추석 때 한국에 와서 치료를 받고 미국으로 가는 것이 어떠냐고 말했다. 몹시 걱정이 되는 모양이었다. 소라와 상의 했다. 그녀는 내가 판단해서 하라고 말했다. 곰곰이 생각해 보았다.

아쉬움은 있지만 아들이 이야기한대로 해야겠다. 폐암이라면 조기 발견이 제일 중요하다. 다시 생각해보니 미국에서 진찰만은 받아보고 싶었다. 이곳에서 검사를 해봐야겠다. 진찰비용이야 그렇게 많이 들것 같지 않았다. 그리고 그렇게 하는 것이 비용과 시간이 절약될 것 같고 내 운명이 그렇게까지 가혹하리라고는 생각되지 않았다. 아니 소라의 운명이 그렇게 가혹하지 않을 것 같았다.

소라는 어제 그 미국인 목사인 밥에게 영어를 배우러 가고 나는 집에서 밥을 했다. 물을 너무 많이 부었는지 밥이 잘되지 않아 물을 빈 컵이니 덜어내고 했는데도 죽밥이다. 전기밥솥으로 밥을 한다면 자신이 있는데 창피한 일이었다. 나는 소라에게 밥은 잘 한다고 큰 소리를 쳤는데 이런 상황이 벌어지다니.

영어수업을 마치고 돌아온 소라는 웃으면서 밥을 맛있게 먹었다. 그녀는 속이 넓다.

밤에는 LA에 갈 계획을 짰다. 그리고 대학도서관에서 빌려온 로버트 프로스트에 관한 책을 읽고 소라가 쑥뜸을 해주었다. 소라는 요즈음 쑥뜸에 더 열을 올리고 있다. 내 건강을 챙기는 것이 그녀의 의무이기나 한 것처럼.

밤에는 미국에서 처음으로 빗소리를 들었다. 빗소리가 그렇게 정다운지는 지금까지 몰랐다. 고향집 초가에서 듣던 바로 그 빗소리였다.

✲ 2008. 8. 26 화요일 〈폐 검진〉

오전 11시에 TV를 연결해주러 cox사에서 사람이 왔다. 아침은 소라가 지어 밥을 해서 먹었다. 밥이 이제 질지 않고 정상적으로 되었다. 식사는 과일과 채소를 꼭 먹는 걸로 패턴을 바꾸었다.

TV를 연결해주고 가자 우리는 교포 의사를 찾아갔다. 젊은 의사이었다. 그는 13살 때 미국에 와서 의사가 되었다고 한다. 피검사를 하면 암의 유무를 알 수 있다면서 먼저 피 검사를 하고 내친김에 CT 촬영까지 하자는 것이었다. 비용이 얼마냐니까, 100만원 밖에 안 든다는 것이다. 미국에서는 100만원이 돈이 아닌 모양이다. 그래도 해야 했다. 수속을 밟고 지불한 돈이 정말 1,000불이 훌쩍 넘었다. 한국에서 하면 의료보험이 적용되니까 기 만원이다.

결과가 좋으면 미국에 계속 머무르고 나쁘면 운명으로 생각하고 귀국하는 수밖에 없다. 나는 10년 전에 위암으로 수술을 받은 어두운 경험을 갖고 살고 있다. 애들 엄마도 폐암으로 저 세상으로 갔다. 암하면 지긋지긋하다.

피를 많이 뽑은 것을 보고 소라가 놀라 호돌이 식당에 가서 은대구를 사주었다. 참 고마운 일이다. 소라는 팁까지 합해서 29불을 썼다.

점심을 먹고는 차 커버와 용품을 사기 위해서 몇 군데 가게에 들렀다. 마땅한 것이 없어 포기하고 내일 장거리 여행을 위하여 차 점검을 하고 돌아왔다. 내일은 LA에 가는 날이다. 추울 것 같아 두꺼운 옷을 준비했다.

그랜드 캐니언에 가서 떤 것을 생각하며.

✲ 2008. 8. 27 수요일 〈LA에 가다〉

LA문화원에서 29일에 예천 통명농요단의 공연이 있다. 예천 통명농요단은 소라와 인연이 깊은 단체이다. 그녀가 민요연구가가 되도록 한 결정적인 계기가 된 단체가 바로 이 농요단이다. 그들을 만나고 그들의 공연을 보러 가야한다고 해서 서둘렀다. 간 김에 샌프란시스코와 요세미티 공원까지 구경하고 올 계획이다.

템피에서 350마일이 넘는 장거리 여행이다. 그 길을 승용차로 간다. 소라는 전에 LA에 한번 가본일이 있는데, 그때는 비행기로 갔다고 한다. 내가 운전을 배우지 않은 것이 정말 후회되었다. 지도를 보니까 I-10을 타고 가는 길이 제일 가까운 길이었다. 미국 제2의 도시, 대도시권 인구가 1,000만 이상인 도시, 할리우드와 디즈니랜드가 있는 도시, 한국 교포들이 가장 많이 사는 도시라 기대가 컸다.

차는 소로란 사막Sonoran Desert을 끝없이 달렸다. 황량하고 메마른 모래벌판의 직선 도로를 달리는 것이었다. 조금 있으면 좋은 경치가 나오겠지 하는 기대감으로 졸지도 않고 지켜보았다. 도로 옆으로 먼 곳에 계속 산맥이 이어졌지만 전부가 나무가 없는 회색 산이었다. 칼날 같은 바위산들이라 정감이란 전혀 느낄 수가 없었다.

150마일 정도 달린 후에 우리는 휴게소에서 잠시 쉬었다. 미국서남부의 휴게소는 화장실이 고작이다. 커피조차도 사 마실 수가 없다. 아마도 국토가 넓다보니까. 그런 우범지역의 범죄 예방차원에서 상행위를 금하는 것 같았다.

조그마한 고개를 넘어 조금 더 갔을 때 강이 나타났다. 캘리포니아 주와 경계를 이루는 콜로라도 강이었다. 그곳만 해도 강 하류인데 강폭도 좁고 수량도 부족했다. '빅 리버' 라고 할 수가 없을 것 같았다.

강을 건너 캘리포니아 지역에 들어서자 경비병 차림의 수비대들이 지키고 있었다. 총을 든 것도 아니고 검문을 하는 것도 아니지만 기분이 좀 이상했다.

캘리포니아주 쪽도 사막지대인데 관개농업이 이루어지고 있었다. 대단지의 목초지역과 과수원이 이어졌다. 그 농지와 과수원은 물이 많이 필요할 것이다. 그러니 콜로라도 강 수량이 적어질 수밖에 없다. 이해가 갔다. 관개농업 지역을 지나자 또 사막이 이어졌다. 휴게소에서 쉬고 달리고 졸리면 잠깐 눈을 붙이고 하면서 가다보니까 거대한 풍력발전단지가 나타났다. 어마어마하게 컸다. 바람이 불지 않아서 그런지 거대한 회전날개 Rotor Blade는 가만히 있는 것이 많았다. 저렇게 하고도 전기가 생산 되는가 하는 의심이 생겼다. 로스앤젤레스가 가까워진 것 같은데, 놀라운 것은 아직도 사막이라는 점이다. 사막은 언제 끝나는가?

무조건 I-10을 달렸다. 저녁 무렵에야 거대한 도시가 나타났다. 바로 LA

〈풍력 발전 단지〉

〈풍력발전 터빈들〉

이었다. 시내는 나무들이 참 많았다. 도로 옆에는 협죽도(류선화)가 한참이었다. 화려한 붉은색 꽃이 도시를 밝게 했다.

한인 타운 옆에 있는 예약한 여관에 여장을 풀었다. 그리고 한국식당을 찾았다. 용케 북창동순두부집을 알았고 그곳에 가서 순두부백반을 시켜서 먹었다. 소갈비가 나오는데 참 맛이 있었다. 너무 많이 먹어서 과식을 한 것 같았다. 식곤증으로 아무데나 눕고 싶었다. 미국산 쇠고기를 먹으면 큰일 난다는데 그래서 그런 건가? 피곤해 죽겠는데 소라는 팬티를 사겠다고 전문점에 들렸다. 팬티 3개를 샀는데 100불을 주었다. 여자 팬티가 그렇게 비싼 것을 처음 알았다. 돈은 내가 지불했다. 10불 정도면 될 줄 알고 내가 내겠다고 한 말 때문이었다. 잠이 다 달아났다.

✲ 2008. 8. 28 목요일 〈태평양! 대양에 발을 담그다〉

LA 시를 구경하는 첫날이다. 소라는 잠도 자지 않고 계획을 세우느라고 분주했다. 드디어 9시 반에 여관을 떠났다. 맨 처음 할리우드에 갔다. 할리우드는 경내에 있는 줄 알았는데 그게 아니었다. 쉽게 이야기하면 충무로와 같은 곳이었다. 서울에 처음 가면 실망하듯이 실망하기에 딱 알맞은 곳이었다. 만 차이니즈 시어터Mann's Chinese Theatre 앞 광장에 갔다. 스타들의 핸드마크hand mark와 푸트마크foot mark, 사인이 있는 곳이다. 많은 사람들이 운집해 있었다. 주차할 곳이 없어 차를 도로변에 잠시 세우고 한 번 와본 소라는 차에 있고 나만 내려서 사진도 찍고 구경도 했

〈배우들의 서명〉

〈만 차이니즈 시어터 건물〉

〈서명, 손, 발 도장〉

〈해리 포터 배우들의 서명〉

다. 너무 급한 나머지 만 차이니즈 시어터의 전체 사진을 놓치고 말았다.

해리 포터 출연 배우들, 해리 포터Harry Potter, 엠마 왓슨Emma Watson, 다니엘 래드클리프Daniel Radcliffe, 루퍼트 그린트Rupert Grint , 다음은 투 마이 만To My Mann, 테드 러브Ted Love, 론다 프래밍Rhonda Fleming과 중국 극장 50주년 기념 타임캡슐(Chines Theater 50th Anniversary Time Capsule 이라는 동판에 Ded Mann and the Chinese Theater Dom Bradly Mayor for 50 Great)의 사진을 담아왔다.

〈발을 대보는 관광객들〉

〈유명 배우로 분장한 상인들〉

〈시내를 구경하는 관광객들〉

〈야자수 가로수 거리〉

〈LA의 야자수〉

〈고급레스토랑〉

LA 도심은 화려했다. 높은 건물은 드물지만 시내에 나무와 꽃들이 참 많았다. 꽃과 나무들은 메마른 도시를 순화한다. 근사한 음식점을 골라 들어가 식사를 했다.

다음은 부촌으로 유명한 비벌리 힐즈Beverly Hills를 구경하고 싶어 찾았다. 비벌리 힐즈 정보센터를 찾아갔으나 찾지 못하고 엉뚱한 곳, 비벌리 힐즈 백화점에 갔다. 다행히도 한국인 부부를 만나, 우리가 어디 구경 가는 것이 좋은지, 비벌리 힐즈가 어디 있는지를 물었더니 그들 이야기로는 비벌리 힐즈는 나무로 가려져서 볼 수 없고 까딱하면 총 맞는다면서 가지 말라고 말했다.

〈비벌리 힐즈의 부자 주택〉

〈야자수 거리〉

그럼 해변에 가고 싶다니까, 이 도로만 따라가다가 선셋 거리sunset

ave가 나오면 무조건 그 길을 따라가면 된단다.

그렇게 하기로 하고, 가는 도중에 '비벌리 힐' 이라는 간판과 배우들의 집 지도를 보고 언덕에 올라 차에서 나마 저택들을 엿보았다. 과연 부자들의 집들이었다. 나무들이 너무 잘 자라 별천지에 온 것 같았다. 생울타리는 방금 이발한 남자들의 머리 같았다.

선셋 거리도 너무 아름다웠다. 그 거리는 직선이 아닌 곡선의 거리이며 가로수가 너무 잘 가꾸어져있었다. 이곳에 사는 사람들은 인간이 누릴 수 있는 행복을 마음껏 누릴 수 있을 것 같았다. 하긴 지상에는 다 갖춘 사람이란 없는 법이지만.

근 3시간 반을 달려 해안에 도착했다. 망망대양이 보였다. 해안도로는 차들로 붐비었다. 산타모니카까지 내려가서, 백사장이 있는 비치 근처에 여관을 정하고 걸어서 바닷가로 내려가 모래밭을 맨발로 걸었다. 이곳은 애리조나와는 달리 추웠다. 나는 체육복 상의를 꺼내 입었고 소라는 등산복을 입었다. 다정한 연인의 포즈로 백사장을 걸었다. 영화에서나 본 장면을 연출했다.

바다는 파도가 사납게 치고 있었다. 그 바다가 태평양 이라는 데 실감이

나지 않았다. 사람들은 많지 않았다. 추운 날씨에도 서핑을 즐기는 사람들이 꽤 많았다. 사진을 부탁해서 몇 장 찍고 밀려오는 파도와 실랑이를 하면서 즐기며 거닐었다. 소라와 교제한 후 처음 걸어보는 바닷가였다. 그녀도 나도 무척 즐거웠다. 태평양 바다에 발목을 적시고 사랑하는 연인과 손

〈태평양에 발을 담그다〉

〈넓은 백사장〉

을 잡고 걷다니 꿈같은 일이 아닌가!

드디어 노을이 하늘과 바다를 붉게 물 드리고 있었다. 진홍색으로 물 들어가는 바다와 하늘은 일심동체가 되어 생명을 불사르고 있었다. 그리고는 어두워졌다. 손을 잡고 여관으로 돌아왔다.

소라는 곧 잠들었다. 그녀가 자는 것을 물끄러미 바라보다가 생각에 잠겼다. 아내와 사별 후 6년 간, 홀아비의 생활은 참 고독했나. 당해보지 않은 사람은 모른다. 그리움은 날마다 밤마다 쌓여갔다. 그러면서도 재혼은 꿈에도 생각하지 안 했는데, 모임에 나가면 모두들 재혼하라고 해서, 그 소리가 듣기 싫어 탈퇴한 모임이 꽤많다. 그런데 이쪽으로 가고 있다. 이건 운명인가!

육 개월 후 내가 떠난다면 이 여자는 어떻게 한단 말인가? 아니 진찰결과가 잘 못나오면 한국으로 돌아 가야하고, 상황이 더 나빠져서 내가 이

세상을 떠난다면, 그때 이 여자는 어떻게 한단 말인가! 신이여 도와주소서! 그녀는 이때까지 독신으로 살았으니 하긴 거칠 것이 없다.

✲ 2008. 8. 29 금요일 〈통명 농요단 공연〉

LA공항 쪽으로 가면서 아침 바다를 보았다. 프리웨이로 간다면 바로 갈 것을 바닷가 길로 일부러 찾아 가느라고 늦었다. 조그마한 배들이 만에 가득했다. 그때야 LA가 항구라는 사실을 비로소 깨달았다. 하긴 배하면 서양인들이다. 그러니 이렇게 커다란 대양을 그냥 둘 리가 없다. 바닷가에 있는 집들도 아름다웠다. 시민들의 문화수준을 짐작할 수 있었다. 드디어 LA공항에 도착했다.

아시아나 항공기의 개찰구를 보아두고 마하나 비치 쪽으로 차를 몰았다. 통명농요단은 오후에 도착할 예정이다. 길을 잘 못 들어 한참 동안 헤매다가 여러 사람들에게 물어서 마하나 비치에 도착했다. LA는 가는 곳마다 비치다. 백사장에서 비치발리볼을 여러 사람이 하고 있었다. 서양여자들의 미끈한 육체가 매혹적이었다. 수영복으로 가라 입고 바다에 뛰어들고 싶은 충동을 느꼈으나 날씨가 너무 추웠다. 신발을 벗고 백사장을 거니는 걸로 만족했다. 발바닥이 무척 뜨거웠다. 오후 2시가 되자 다시 공항에 갔다. 내비를 사용해서 쉽게 찾을 수 있었다. 출구에서 기다린지 근 한 시간 반에 예천 통명농요단이 나오기 시작했다.

악기를 볏짚으로 싸가지고 오느라고 요란한 모습이었다. 농촌에서 농사를 짓는 노인 농부들이다. 그들은 소라를 만나더니 퍽 반가워했다. 혈육을 만나는 것 같았다. 소라가 그렇게 인기가 있는 인물인지 몰랐다. 그들과 인사를 나누고 공연장인 문화원에서 다시 만나기로 하였다. 그리고 향운이라는 호를 가진 소라의 여고 동창을 만났다. 몸이 가냘픈, 지성적으로 생긴 여자이었다. 그런데도 말을 잘해서 바로 친해질 수 있었다. 그녀가 점심을 사주겠다고 해서 명동포자에 갔다. 칼국수와 만두 대접을 받았다.

점심을 먹은 후 다시 공연장으로 갔다. 그곳에서 리허설 하는 것을 구경하고 문화원에서 준비한 저녁을 먹고 공연을 보았다. 리허설을 마치고 쉬는 시간에 농요단원들 중 누군가 화장실에 가서 담배를 피워서 그랬는지 화재경보 벨이 연속해서 요란하게 울려, 소방서에서 사이렌을 울리면서 오는 촌극을 빚었다.

1시간 반에 걸친 공연은 참 훌륭했다. 농요단은 나이가 많은 노인들이 대부분인데 먼 길을 비행기로 와서 시차의 어려움인데도 불구하고 쉬지도 못하고 공연을 하는 것을 보고 그들의 농요를 사랑하는 마음이 얼마나 큰가를 알 수 있었다. 이런 것이 참 애국이 아닐까. 물론 농요단은 짧은 기간이나마 미국 관광도 예정되어 있다. 공연장에는 많은 관객이 왔는데 그 중에는 소라를 만나러 온 여고 동창들이 10여명 되었다. 그들과 소라는 반갑게 인사를 나누었다. 나는 좀 어색했으나 사진을 찍어주면서 어울릴 수 있었다. 통명 농요단과는 아쉬운 작별을 하고 뒤풀이를 하러 갔다.

뒤풀이 장소는 LA 중심가에 있는 고급 레스토랑 같았다. 백강 이라는

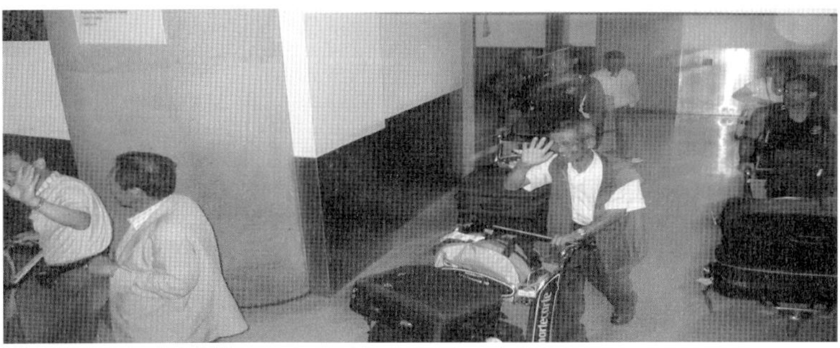

〈농요단의 입국〉

〈통명농요보존회〉

〈모심기 공연〉

〈탈춤의 한 장면〉

호를 가진 소라의 동창 남편도 왔다. 그곳에서 여자들은 아이스크림을 먹고 백강과 나는 맥주를 마셨다. 소라가 동창들에게 내 시선집을 주자고 해서 한 권씩 나누어 주었다. 미국에 오래 살면서 미국식으로 사고방식이 바뀐 사람들과 안주도 없는 맥주 3잔을 마시고 오는 마음이 허전했다. 인사동의 푸짐한 뒤풀이 생각이 간절했다.

✽ 2008. 8. 30 토요일 아침 구름 오후 맑음 〈산타마리아〉

아침에 일어나니 구름이 끼었다. LA를 떠나는 날이다. 생각해보니까

LA에서 별로 본 것이 없다. 그래도 후일을 기약하고 떠나야 한다. 향운은 아침에 소라에게 전화를 해서 월요일이 노동절이라 버클리 대학에 가도 구경할 것이 없단다. 그러니 산타마리아로 가서 하룻밤 자고 허스트 성을 구경하고 살리나스에 있는 존 스타인벡John Steinbeck 기념관도 가보라는 것이었다.

고마운 사람이었다. 사실 스타인벡이 그곳 출신인 것도 모르고 있었다.

LA 시내 I-10 도로변에는 류선화가 만개해서 아름다웠다. 그 꽃은 제주도에서 제법 많이 본 기억이 있다. 식물과 꽃에 대해서 어느 정도 안다고 자부했는데, 사막지대에 와서는, 내가 얼마나 우물 안 개구리인가를 알게 되었다.

소라는 피곤하고 졸려서 차를 도로변에 세워두고 쉬었다. 과연 산타마리아는 좋은 곳이었다. 바다와 산이 아름다웠다. 우리는 중국음식점에 들려 25불을 주고 북경오리를 시켜먹었다. 국도 밥도 없는 그런 요리였다. 유성에서 먹던 북경오리가 생각났다. 미국에 와서 미국 요리는 거의 먹지 못했다. 점심을 먹고 인디언 박물관을 구경하고 샌프란시스코로 길을 떠났다. 그제야 산에 나무들이 조금 보였다. 이곳까지는 산보다 시내에 나무가 더 많았다. 아직도 반사막이라는 이야기다. 소라는 피곤한지 운전하기를 싫어했다.

숙소를 정하고 그곳에서 자기로 하였다. 바닷가에서 자려했으나 요금이 너무 비싸 내륙으로 들어가 허름한 식스여관에서 잤다. 이곳에 여관이 여기밖에 없는 줄 알았는데 몇 군데 더 있었다. 호수가 있다기에 호수를 구경하러 나갔다가 구경하지 못하고 돌아오다가 중국음식점에 가서 저녁을 먹고 밥을 한 공기 사가지고 여관에 오니 냉장고가 없었다. 세상에 미국에 냉장고가 없는 여관도 있었다.

이내 피곤해서 잠에 떨어졌다.

✲ 2008. 8. 31 일요일 맑음 〈허스트 성과 스타인벡 기념관〉

서둘러 살리나스로 길을 떠났다. 냉장고도 없는 여관에서 아침식사는 어제 중국집에서 사가지고 온 밥과 빵을 먹었다. 반찬이 없어서 간장을 반찬 삼아 먹었다. 비용이 부족한 여행은 고달프다.

도중에 우리는 향운의 전화를 또 받았다. 그녀는 미국의 버클리 대학에서 영문학 박사과정을 수료한 재원으로 상당한 수준의 지식인이었다.

그녀는 내 시집을 읽었다며 한국의 비평문학에 대해서 묻고 누가 대표적인 비평가인지도 물었다. 그녀는 열성적인 신자 같았다. 내 시에 이미 하느님께 닥아 간 요소가 있다며 영문학이라는 것이 기독교문학이며 기독교를 믿지 않으면 훌륭한 시인이 될 수 없다면서 설교를 한참 했다. 그리고 내 죽은 아내에 대한 사랑도 높이 산다면서 소라를 많이 사랑해주라는 말도 잊지 않았다. 전화를 받는 동안 소라는 허스트 성 쪽으로 방향을 잡았다. 소라는 이상하게도 길눈이 어둡다. 머리가 좋은 여자가 길치인 점이 이해가되지 않았다. 고원지대를 달렸다. 저 아래 바다 쪽은 안개가 자욱했다. 고원지대의 하늘은 구름 한 점 없이 청명했다. 허스트 성을 찾아가다가 중간에 길을 잘못 들어 그만 산타로사 크리크 옆 산길을 갔다. 가도 가도 성은 나타나지 않았다. 그러나 그 길은 미국에서 다시는 가 볼 수 없는 호젓한 시골 산길 같았다. 그런 산 중에도 목장은 있었다. 다시 큰길로 나와 몇 사람에게 물어 허스트 성에 갔다. 허스트 성은 완전한 관광지였다. 허스트 성은 목측 500m 쯤 되어 보이는 산꼭대기에 지어진 저택인데 서

〈허스트 성〉

양부호의 위용을 보여주기에 충분했다.

거부였던 윌리엄 랜돌프 허스트William Randolph Hearst가 막대한 돈을 드려 건축한 저택으로 화려하고 회화와 골동품 등의 컬렉션도 볼만하다고 한다.

구경하려는 사람들로 북적거렸다. 투어를 신청해야만 볼 수 있어 48불을 내고 투어를 신청하고 시간이 있어 점심을 먹었다. 점심은 피자와 옥수

〈아름다운 정원〉

수로 간단하게 했다.

조형미가 있는 건축물과 아름다운 꽃이 만개한 정원과 분수, 수영장이 위용을 자랑했다. 천국이 따로 없었다. 멀리 잔잔한 태평양 바다가 한눈에 내려다 보였다. 안내인의 인도에 따라 안으로 들어가니 각 침실과 침대, 가구, 화려한 장식품과 그림, 골동품들이 허스트의 재력을 짐작할 수 있게 했다.

역대 한국대통령의 별장이었던 청남대보다 몇 배 더 화려한 것 같았다. 내부 사진은 찍을 수 없었다. 그곳에는 노인 해설사들이 있었는데 방송국에서 은퇴한 아나운서 출신들인지 발음이 정확하고 천천히 말해서 대충

들을 수 있었다.

허스트 산성의 관광을 마치고 살리나스로 향했다. 1번 지방도는 바로 태평양 해안도로 이다. 허스트 산성을 빠져 나와 바닷가를 달렸다. 꼬불꼬불한 해안 길 벼랑 아래 하얀 포말을 일으키는 바다가 있었다. 초록의 파도를 조금만 벗어나면 짙푸른 태평양의 대양, 그 너머로 끝없는 수평선이 펼쳐졌다. 곳곳에 비우 포인트View Point가 있었다. 관광객들이 그런 곳에

〈태평양 연안 도로〉

〈태평양 연안도로를 배경으로 소라와〉

서 쉬며 거친 바다를 완상했다.

오른쪽에는 해안도로가 끝날 때까지 큰 산줄기가 이어졌는데 그 산줄기의 골골에 바다로 내려오는 개울이 있었다. 그곳에는 조그마한 또는 긴 다리가 수도 없었다. 그런 계곡에는 물기 때문인지 산림이 울창했다. 5시가 다 되어 몬터레이Monterey에 도착했으나 아무것도 구경하지 못하고 스타인벡 기념관에 가기위해서 아름답고 유명한 그곳을 빗겨 살리나스Salinas로 행했다.

살리나스는 가까웠다. 거리는 온통 스타인벡의 이름이다. 스타인벡 기념관은 시의 중심부에 있다. 성조기가 펄럭이는 그 건물은 문이 굳게 닫혀

있었다.

포기하고 근처에 있는 술집에 들려 스타인벡 기념관이 그의 생가인가 물어보았다.

중국 교포라는 그는 스타인벡의 생가는 두 불럭 저쪽으로 더 가면 있다고 친절히 가르쳐주었다. 차를 주차장에 두고 그의 생가를 찾기로 하였다. 알려준 대로 갔더니 생가라는 안내판"STEIN-BECK HOUSE And RESTAURANT Gift Shop"이 있다. 집은 도로 모퉁이에 있었는데 보통의 2층집이었고 가난해 보이지는 않았다. 지금은 레스토랑으로 쓰이는데 일요일이라 문을 굳게 닫아서 아무 것도 물어볼 수가 없어 밖에서 기념사진

〈스타인벡 기념관 표시〉

〈스타인벡 기념관〉

을 몇 장 찍었다.

소라는 교회에 관심이 많아 생가 뒤에 있는 교회에 갔다. 오래된 교회라 스타인벡(1902-68)이 어린 시절 다녔을 터여서 노인 몇 분에 물어보았으나 그 사실을 확인 할 수 없었다.

미국에서 첫 번 본 문인의 기념관은 이렇게 소득 없이 끝났다.

윌리엄 포크너William Faulkner(1897-1962) 어네스트 헤밍웨이Ernest Hemingway(1899-1961) 존 스타인벡 John

Steinbeck(1902-1968) 이들 삼인은 전후 미국을 대표하는 세계적인 소설가들이다.

이 세 작가들은 모두가 퓰리처 상Puitzer prize for Fiction과 노벨문학상을 받았다. 그들의 중요 작품은 대충 읽어보았다. 포크너의 대표작 『소음과 분노The Sound and Fury(1929)』와 『우화A Fable(1954)』, 헤밍웨이의 『무기여 잘 있거라A Farewall to Arms(1929)』와 『노인과 바다The Old Man and the Sea(1952)』 스타인벡의 『분노의 포도The Grapes of Wrath(1939)』와 『불만의 겨울The Winter of Our

〈스타인벡 집 앞에서〉

〈근처의 교회에서 한 백인과 함께〉

Discontent(1961)』 등의 작품을 읽던 문학청년 시절이 떠올랐다.

이 세 소설가는 다 독특한 세계를 가지고 있다. 포크너가 가장 독창적이며 난해한 작가이다. 그는 의식의 흐름Stream of consciousness 수법으로 현대인의 많은 주제를 다루고 있다. 그러나 너무 난해한 소설이라 인기가 없다. 헤밍웨이는 독특한 문체hard boiled style로 많은 영향을 준 작가이나 성적인 표현이 너무 많아 내가 싫어한 작가이다. 스타인벡은 따뜻한 인간미가 넘치는 문체로 가난하고 고통 받는 농민이나 노동자의 삶을 통하여 사회의 모순을 고발한 작품이 대부분이다.

조금이라도 요세미티 국립공원Yosemite National Park 쪽으로 가기 위해서 살리나스를 떠났다. 20마일 이상을 달려 홀리스터Hollister라는 도시에서 숙소를 잡고 중국음식점에 가서 저녁을 주문해서 먹고 여관에 돌아와 피곤한 나머지 이내 잠에 떨어졌다.

✲ 2008. 9. 1 월 〈미국의 노동절〉

오늘이 노동절이라 주말을 포함 3일간의 황금 휴일이다. 이럴 때 여행은 좀 어렵다. 통명농요단 때문에 일정을 이렇게 잡았다. 눈을 뜨자마자 요세미티 공원으로 출발하려고 서둘렀다. 샌프란시스코보다 요세미티 공원에 먼저 가는 것이 좋을 것 같아 진로를 바꾸었다. 아침은 어제 중국집에서 사온 쌀밥과 두부를 새벽 일찍 꾸역꾸역 먹었다. 그리고 막 출발하려는데 어처구니없는 해프닝이 일어났다. 여관의 키 박스 속에 방키대신 우리 차 키를 내가 넣은 것이다. 미안해서 어쩔 줄 몰라 하는데 소라는 즐거운 듯 유쾌하게 웃는 것이다.

별 뾰쪽한 수가 없다. 주인을 깨우는 수밖에. 문을 두드렸으나 커다란 개만 짖을 뿐 반응이 없다. 소라가 어제 챙겨둔 비즈니스카드로 전화를 걸었다. 다행히 여주인이 깨어 전후사정을 이야기했더니 그녀가 웃으면서 키를 꺼내주어 출발할 수 있었다.

요세미티 공원까지는 그곳에서 3시간 걸린단다. 차를 천천히 몰았다. 차가 동쪽을 향해 달리는 관계로 햇빛에 눈이 부셨고 이상하게 아침부터 졸렸다. 조그마한 등성이를 넘자 저수지가 보였고 평야가 이어졌다. 수십마일을 달리는데 언덕 하나 보이지 않았다. 농지에는 농작물을 재배하는 밭과 과수원이 끝없이 이어졌다. 드디어 얕은 구릉이 나타났다. 꼬불꼬불한 산골길이라 위험했는데 소라는 어제 숙면을 취하지 못했는지 자꾸 졸았다. 얕은 구릉이 끝없이 이어져서 이런 곳에 유명한 요세미티 공원이 있을 성 싶지 않았다. 그런데 차츰 고도가 높아지더니 침엽수림이 나타나기 시작했다. 망망대해 수해의 바다! 수해의 바다가 과연 이렇구나 싶었다.

드디어 요세미티 국립공원 여행자안내소에 도착했다. 친절한 여직원이 적어도 4군데는 보라고 그곳을 체크해서 주었다.

지금까지 키 작은 관목만 보다가 이런 침엽수림을 보니까 기분이 확 트였다. 딴 세계에 온 것 같았다. 침엽수림지대를 잘못 왔나하고 생각할 정도로 달린 후에야 공원 정문에 도착했다.

요세미티국립공원은 그랜드캐니언, 옐로스톤과 함께 미국 3대 국립공원이다. 캘리포니아 주 시에라네바다 산맥에 있다. 전체면적은 3,081km²이며 년간 400만 명이 방문한다고 한다.

우선 공원입구 왼쪽에 가까이 있는 매러포서 그로브Mariposa Grove를 구경 했다. 삼나무와 생김새가 비슷한 세쿼이어Sequoia가, 몸통이나 높이가 엄청나게 큰데, 군락으로 숲을 이루고 있어 장관이다. 그리고 글레이셔 포인트Glacier Point에 가는 도중에 개척시대 전시품을 보았다. 말 마차, 침대 등이 노천 상태로 놓여있었다. 소라가 피곤을 느끼는 것 같아서 그만

〈매러포서 그로브 앞에서〉

보고 글레이셔 포인트로 향했다.

지루한 숲속을 천천히 달렸다. 산길이라 꼬불꼬불해서 속력을 낼 수도 없었다. 그곳에 가보니, 안 왔으면 후회할 번했다는 생각이 저절로 들었다. 4,000m 이상의 암괴의 산과 밑은 천길만길의 벼랑이 눈이 부셨다. 사방을 바라보아도 황홀했다. 그 높은 산봉우리가 이루는 능선에 신이 정말 살 것 같았다. 미국에서 가장 높다는 유명한 요세미티 폭포(739m)며 하프돔Half Dome(2695m)이 인상적이었다.

다음에 가본 곳은 터널 뷰 Tunnel View였다. 와워나 터널Wawona Tunnel입구에 있는 전망 포인트로 이곳에서 바라보는 요세미티의 모습은 절

〈글레이셔 포인트 전망대에서 소라와〉

〈거울 호수〉

경의 하나로 보고 있다.

엘 캐피탈El Capitan: 요세미티 밸리 입구에 우뚝 솟아있는 거대한 화강암 바위로, 표고 2,271m, 계곡으로부터의 높이는 1,078m에 이른다. 세계에서 가장 큰 화강암바위로 알려져 있으며 이 바위는 특히 전 세계 암벽 등반 전문 산악인들에게 경의의 대상이 되고 있는 곳이다.

요세미티를 횡단하는 타이오가Tioga도로: 타이오가 도로는 요세미티를 동서로 가로지르는 도로이다. 서쪽의 빅 오크 플랫 입구에서 동쪽의 타이오가 패스 입구까지 이어져 있는데 겨울에는 폐쇄된다. 이곳을 지나면서 볼 수 있는 요세미티의 경관은 대중적인 요세미티의 코스와는 조금 다르다. 특히 투울러미 고원지대를 지나면서 바라보는 주위의 경관은 '별천지' 라는 말이 무색할 정도이다. 여름에는 중간의 화이트 울프White Wolf에서 레스토랑이 문을 열어 쉬어가는 지점으로 이용해 볼만하다.

타이오카 도로는 달려보고 싶었으나 그렇게 하지 못했다. 이내 승용차로 방문객 센터에 가서 인디언 문화관을 찾았으나 규모가 너무 작았다. 책방에 들려 강에 대한 책을 한권 35불에 샀다. 그리고 손자손녀에게 줄 그림엽서도 10장 샀다. 소라는 3권의 책과 CD를 사고 테이프도 샀다.

밤늦게 예약한 여관에 도착했다.

✲ 2008. 9. 2 화
〈 산중의 여관 그리고 스탠퍼드 대학Standford University 〉

예약한 여관은 요세미티공원에서 한 참 벗어난 산골에 있었다. 저녁을 먹으러 식당에 갔다. 조그마하고 조용한 식당이었다. 여행객들이 끼리끼리 앉아 저녁식사를 하며 이야기꽃을 피우고 있었다. 냉장고도 TV도 없는 여관에서 비싼 여관비를 지불했다.

밤이 깊을수록 여관은 정막 속에 침잠했다. 그 점이 이 산골 여관의 매력이었다.

아침 식사를 일찍 하러 식당엘 갔다. 물론 값은 따로 지불해야했다. 20불을 주었더니 몇 달러 내주었다. 음식은 미국 음식 뷔페였다. 모처럼 커피를 실컷 마실 수 있었다.

소라는 커피를 삼가한다. 그러니 커피를 사주지 않는다. 그렇다고 혼자 사 마시자니 기분이 나지 않는다.

빵과 고기, 감자, 과일이 주였다. 빵은 달지도 짜지도 않았다. 빵과 고기, 과일을 실컷 먹고 남은 것은 종이에도 좀 쌌다. 미국 사람들은 우리보다 두세 배 먹는다. 우리는 반밖에 못 먹는데 값은 똑 같다. 이건 불공평하다.

식사를 마치고 샌프란시스코 근교에 있는 스탠퍼드 대학Standford University을 향해서 출발했다. 여관주인과 여행안내소에서 요세미티 공원까지 돌아가서 출발해야한다는 것을 돌지 않고 곧바로 출발했다. 내비는 아무 말이 없었다. 별로 경치가 좋은 곳이 아니었다. 나무의 크기도 관광지 같지 않았다. 한국의 숲과 비슷한 크기였다. 정유소에서 차에 기름을 꽉 채웠다. 이내 나무가 없는 목장지대가 나타났다. 미국이 목장이 발달된 이유 중의 하나가 목장지대가 많은 점이다. 목장에는 나무 한 그루 없다. 그것은 봄에 나무가 싹트거나 자라면 가축이 철저하게 먹어치우기 때문일 것이다. 대부분의 목장에는 노란 색깔의 자잘한 꽃이 쫙 깔려있는데 무슨 꽃인지 이름을 모르겠다.

하이웨이에서 프리웨이로 접어들었다. 차의 수량이 많아졌다. 소라는 여전히 나의 왼 손을 그녀의 오른 손으로 꼭 잡고 왼손으로 능숙하게 운전을 한다. 감으로 느낌이 북 쪽으로 북 쪽으로 가는 것 같았다.

미국 서부지역에서 첫손을 꼽는 스탠퍼드 대학은 정문을 들어서자 야자수 가로수가 잘 가꾸어져있고 조용하고 아름다웠다. 미국 상원의원을 지

낸 재력가 리랜드 스텐퍼드Leland Stanford가 열다섯에 병사한 외아들을

〈스탠퍼드 대학 도서관 앞에서〉

〈스탠퍼드 대학 후버타워와 건물〉

위해서 지은 대학이다.

맨 먼저 간 곳은 미술관이었는데 화요일은 문을 안 연단다. 그 앞에서 사진을 몇 장 찍고 후버관으로 향했다. 후버관도 휴관인데 도서관은 열고 있었다. 그곳에서 소라는 연구 자료를 좀 얻고 바로 후버관 앞에 있는 대학안내소에 들렀다.

대학 소개와 자료를 좀 얻고 싸가지고 간 점심을 큰 나무 아래 간이식

탁에서 먹고 음악도서관을 도보로 찾아갔다. 가다가 책방을 만나, 소라는 『인디언의 결혼』이라는 책을, 나는 『Poetry An Introduction』이라는 책을 기념으로 샀다. 음악대학에 찾아갔으나 소라가 원하는 자료가 없었다. 구내 셔틀버스를 타고 로댕의 조각공원을 찾았다. 그의 대표작이 전시된 공원이었다. 우리 말고도 조각을 감상하는 사람들이 있었다. 『지옥의 문』을 비롯한 모든 작품을 사진에 담았다. 그리고는 그 작품들이 진품일까 아닐까? 내기를 했다.

〈로댕의 조각〉

〈로댕의 지옥의 문〉

내가 알기로는 조각 작품은 원작이 1개가 아니고 6~7개 되는 걸로 알고 있다. 그러므로 이것은 진품일 가능성이 높다.

스탠퍼드 대학을 구경하고 금문교로 향했다. 샌프란시스코는 꽤 큰 도시였다. 바다가 시내 깊숙이 들어왔다. 밤의 야경이 말할 수 없이 아름답단다. 오늘밤에 그 야경을 볼 것이다.

스탠퍼드 대학에서 금문교까지도 수월찮이 멀었다. 드디어 금문교 Golden Gate Bridge! 그 규모, 그 길이, 그것이 만들어내는 그 웅장함. 우리는 차로 다리를 건너 전망대가 있는 금문교 공원으로 갔다. 금문교를 오가는 차량의 행렬이 굉장했다. 미국을 상징하는 다리!

금문교는 내가 고등학교에 다니던 1950년대에 영어교과서에서 배웠다. 1937년에 완공된, 그 당시로는 세계최초 최대의 현수교suspension bridge로 알고 있다. '현수교' 라는 단어를 처음 듣고 이해가 되지 않았었다. 소라와 나는 손을 꼭 잡고 차가운 바람이 몰아치는 그 다리를 조금 거닐었다. 9월 초인데도 무척 추웠다. 다리 밑의 바다에는 이런 날씨에도 요트를 즐기는 사람들이 많았다. 건설 당시에는 안개와 바람, 조류로 건설이

〈금문교〉

〈금문교에서 소라와〉

불가능하다는 비판이 많았다고 한다.

금문교 관광을 마치고 우리는 버클리 쪽으로 달렸다. 도로는 유독 차가 빨리 달려 위험을 느낄 정도였다. 리치몬드 산 라파엘 브리지Richmond San Rafael bridge를 건넜다. 이 다리도 무척 긴 다리이었으나 육중하거나 정교한 다리는 아니었다.

다리를 건너면서는 어느새 밤이었다. 샌프란시스코의 야경이 샌프란시스코 바다에 비쳤다. 참으로 휘황찬란하게 아름다운 야경이었다. 별세계에 온 것 같은 착각을 느꼈다. 한참을 달려 버클리대학이 있는 버클리 도시에 도착해서 한국식당에서 LA 불고기와 된장찌개로 맛있게 저녁을 먹고 캠프 모텔Camp Motel이라는 신장개업을 한 여관에서 여장을 풀었다.

편의점 7에 가서 과일과 과자와 소라가 좋아하는 아이스크림을 사가지고 와서 먹고 장거리 여행에 지쳐 곧 잠에 떨어졌다.

내일 버클리대학 인류학박물관에 가서 소라의 연구를 위한 인디언 자료

〈리치몬드 산 라파엘 다리〉

를 구할 것이다.

✻ 2008. 9. 3 수 더없이 맑은 하늘 〈샌프란시스코〉

태평양의 바다물빛 같은 하늘! 공과대학으로 유명한 버클리 주립 대학 인류학박물관에 갔다. 아직 문을 열지 않아 책방에 들렀다. 나는 『the Nature handbook』을 한 권 샀다. 이 번 여행에서 책을 3권 산 셈이나. 소라는 오늘 책 3권에 비디오테이프 1개를 샀다. 그녀는 학자인 만큼 책을 좋아한다. 그래서 많이 산다. 그녀는 이번 여행에서 10권 이상의 책을 산 것 같다. 책방에는 이시Ishi에 관한 책이 많이 있었다. 소라는 이시에 관해서 나에게 자세히 설명해주었다.

추장의 아들로 태어나 백인에게 쫓겨 굶주림으로 죽음을 목전에 둔 상태에서 가족과 함께 결국 포로로 잡혀, 백인들이 목숨을 구해주었고 어머니,

삼촌, 여동생의 목숨을 구하기 위해서 항복을 하고 박물관에 협조를 했다는 이야기 이었다. 결국 그의 결정은 현명했고 인디언 문화를 후세에 알리는 데 많은 공헌을 한 셈이 되었다고 말했다.

시간이 되어 박물관에 갔다. 대학 박물관이라 규모는 작았지만 알찼다. 고대 문명의 발생을 볼 수 있는 유물도 있었고 가장 눈길을 끈 것은 역시 북 캘리포니아 원주민 컬렉션. 불행한 운명으로 말년을 이곳에서 보낸 마지막 남은

〈버클리대학 교정〉

〈버클리대학 교정에서 소라〉

인디언 이었던 이시의 삶과 그가 만든 200여점의 공예품 등이 볼만했다.

다음은 음악 도서관에 갔다. 그리고 미술관에 들렀다. 중국 화가의 그림이 전시되고 있었다. 모택동의 초상화가 전시되었다. 중국을 여행할 때 희대의 독재자인 모택동을 중국인들이 국부로 존경하는 것을 보고 놀란 일이 있었다.

여행을 마치고 피닉스로 돌아오는 길이다. 프리웨이를 택하지 않고 내륙쪽의 한가한 길을 선택했다. 한번 간 길은 되도록이면 안 가는 방법이다. 대로보다는 소로 주변에 미국의 또다른 모습이 있을 것이다.

구릉이 이어지더니 대평원이 나타났다. 근 200마일이나 이어지는 대평원, 과수원과 농지가 끝이 없었다. 처음에는 99지방도로 베이커필드

Bakerfield까지 가서 58지방 도로로 접어들어 발음도 어려운 테하차피 Tehachapi에 도착, 그곳 모텔에서 잤다. 내일 피닉스로 간다. 어쩐지 꿈자리가 좋지 않다. 내일이나 모래 피검사 결과를 보러 병원에 가야한다.

마음이 떨린다.

✲ 2008. 9. 4 목 〈테하차피의 세계 최대 풍력발전 단지〉

테하차피에서 자는데 기차가 지나가는 기적 소리가 요란하다. 그리고 그곳에서 모하비Mojave로 가는 58지방도를 선택했다. 산에는 풍력발전 단지가 엄청났다. 어마어마한 풍력 발전단지가 끝이 없었다. 자료를 찾아보니 테하차피는 세계 최대풍력발전 단지로 3,444개의 터빈으로 71만kw/h 용량을 생산한다. 비교해보면 소양댐이 20만kw/h, 조력발전소 중에서 세계 최대라는 시화호 조력발전이 25만kw/h이다. 풍력발전은 무공해에다 자연

〈세계최대 테하자피의 풍력발전 단지 (3,444개의 터빈)〉

에너지로 태양 발전소와 같이 21세기 바람직한 발전소가 될 것이다.

오늘은 기필코 피닉스 템피로 가야한다. 사실 I-5와 I-10 프리웨이를

탄다면 템피는 쉽게 갈 수가 있다. 그러나 소라와 나는 큰 길보다는 작고 한적한 시골 길을 선호하는 편이다. 그러나 분위기 있는 시골길이 나오는 것이 아니고 가도 가도 끝이 없는 황량한 사막의 대평원을 달렸다. 말 그대로 버려진 땅, 사막이었다. 사실 뉴멕시코 주, 애리조나 주, 남부 캘리포니아 주, 네바다 주, 유타 주는 거의 사막이다. 모하비를 지나 바스토우Bastow에서 I-40 프리웨이로 가라 타고 니들스Needles에서 점심을 먹고 US-95 도로를 달려 빅 리버Big River라는 조그마한 도시에서 맑고 깊은 콜로라도 강을 만났다. 참으로 반가웠다. 그리고 엄청난 물을 사막으로 보내는 관계수로도 보았다. 언젠가는 콜로라도 강과 휠라 강이 만난다는 유마

〈콜로라도 강 다리〉

〈농토에 물을 공급하는 수로〉

Yuma에 가보고 싶다. 차를 다리 옆에 세우고 내려서 사진을 몇 장 찍었다.

바로 애리조나 주와 캘리포니아 주의 경계였다. 이상한 것은 캘리포니아 주의 사막이 애리조나 주 사막 보다 더 식물이 자라지 않는다는 것이다. 어찌된 영문인가? 카사 그란데에 갔을 때 콜리즈Collidge는 평원의 비옥한 토지였다.

✲ 2008. 9. 5 금요일 〈미국의 의료〉

오늘이 금요일이다. 서둘러 병원에 갔다. 한인 의사는 무엇이 그렇게 바쁜지 만날 수가 없었고 혈액검사지만 받아왔다. 57불이나 주고 한 혈액검사에 의사의 진찰결과는 영어로만 써있고 빈혈 이라는 한국어 핸드 라이팅은 하나였다. 그러니까 내가 궁극적으로 알아보고 싶었던 폐암 유무는 일언반구도 없었다. 그러면 혈액검사는 무엇하러했나. 한국에서 정기적으로 병원에 다니기 때문에 이미 내 혈액에 대해서 잘 알고 있다. 그가 혈액검사만으로도 암 유무를 알 수 있다고 이야기해서 해본 검사였다. 그런데 이제 와서 폐암에 대한 이야기는 CT 촬영을 한 후에 말해준단다. 이런 사기가 어디 있단 말인가?

한국인들이 미국에 처음 온 이민자들에게 사기를 친다더니 이런 경우에서도 나타나고 있다는 생각이 들었다. 기분이 참 씁쓸했다. 꿀 먹은 벙어리가 되어 돌아올 수밖에.

집에 와서 자세히 읽어봐도 별 말이 없었다. 간호사가 노란 펜으로 표시한 부분을 읽어보니까 혈액에 백변현상이 별로 없는 것으로 나타나 있다. 혈액의 모든 수치가 범위를 벗어나지 않았다.

오후에 소라와 같이 ASU에 갔다. 그곳에서 소라는 교수실 열쇠를 받고 또 입주자 수속을 밟았다. 대학 식당에 가서 우유를 좀 마시고 샌들을 사러 갔는데 마음에 들지 않아 그냥 돌아왔다. 그리고 푸드 시티food city나 빌리시 마켓village market에 가려다가 너무 더워 꽃집에 들러 튤립만 몇 송이 사가지고 돌아왔다.

낮잠을 한 숨 자고, 소라는 바이블 처치의 밥 목사가 운영하는 영어회화를 배우러 가고 나는 소라의 노트북으로 이메일을 검색하는데 지워지지 않는다. 불편한 점이 한두 가지가 아니다. 노트북이 나빠서 그런 것이 아니다. 아들이 사준 비싼 노트북이다. 실랑이를 하다가 겨우 정상으로 돌아왔다.

막내인 지은이에게 메일이 와서 보고 답장을 했다. 호기와 수진이도 보게 했다. 그리고 며느리인 희정이에게는 별도 메일을 보냈다.

저녁은 소라가 공부를 하고 와서 국수를 끓여주어 먹었다. 사막의 강 Desert River에서 아퍼 콜로라도Upper Colorado를 좀 읽고 잤다. 다음과 같은 구절이 인상적이었다.

> Upper Colorado River is a rampaging, ideal of a river, the Teddy Roosevelt-Michael Jordan- Pablo Picasso of rivers.

> 거칠고 험한 콜로라도 강의 상류는, 가장 이상적인 강이며, 강의 루스벨트 대통령이고, 마이클 조던 선수이며 파블로 피카소라 할 수 있다.

✲ 2008. 9. 8 월요일 구름 〈소라는 좋은 비서〉

병원에 폐 CT 촬영을 하러갔다. 아침은 굶고 가야했다. 이제 내비가 있기 때문에 주소가 있으면 어디든 찾아갈 수 있다. 나야 환자이고 당사자이니까 굶는 것이 당연하지만 소라는 나 때문에 덩달아 굶었다. 그녀에게 미안했다. 그녀는 정말 좋은 비서이고 보호자이다. 마음씨가 착하고 무엇이든지 열심이다.

병원에 도착해보니 의외로 작은 곳이었다. 한국에서 매머드 병원만 다니다가 이렇게 작은 병원에 오니 우스운 생각이 들었다. 실내는 추웠다.

서류를 쓰라는데 전부가 의학 전문 용어라 무슨 말인지 몰라 쩔쩔맸다. 소라가 전자사전을 가져와서 칸을 매울 수 있었다. 촬영은 8시에 시작했고 요금은 42만원 조금 넘었다.

키가 작은 흑인 기사가 촬영을 했다. 주사를 두 대 놓았다. 촬영을 마치고 집에 돌아와 식사를 했다. 점심은 국수를 해먹고 저녁은 고구마와 우유로 해결했다.

점심을 먹고 우체국, 월그린, 은행에 들렸다. 소라는 사진을 몇 장 뺏는데 잘 되지 않았다. 모든 것을 기계로 하는 곳이 미국이다. 한국이 얼마나 좋은가를 이곳에 와서야 알 것 같았다. 저녁을 해먹고 여행계획을 짰다. 사실 낮에 기차여행을 할 계획으로 피닉스 역에 갔으나 어떤 미국 사람의 이야기를 듣고 포기했다. 미국은 승객용 기차가 별로 없고, 관광열차와 화물열차가 대부분이다. 대신 항공교통이 많이 발달되었다.

로키산맥을 넘는 여행을 승용차로 하기로 최종 결정을 내렸다. 솔트레이크 시티는 가지 않고 대신 덴버에서 남쪽으로 로키산맥을 넘기로 했다. 여행을 떠나는 날은 9월 24일이 될 것 같았다. 미국에 와서 로키산맥을 넘는다는 것은 흥분할 만한 일이다.

오늘 사막의 강을 거의 다 읽었다. 데저트 플랜스 볼륨Desert Plans Volume 711-1의 ASU 교수의 논문을 읽었다. 대학교수의 논문이라 그런지 모르는 단어가 너무 많아 힘들었다. 다만 휠라 강의 새로운 정보를 얻을 수 있어 좋았다.

✲ 2008. 9. 9 화요일 〈피마어〉

어제 가슴 사진을 찍었는데 결과가 나왔는지 한인의사에게서 오전 8시 반경에 전화가 왔다. 암의 흔적은 보이지 않는단다. 피가 깨끗하다는 말노 했다. 다만 빈혈이 있으니 빈혈 약을 먹어야 된단다. 지금 먹고 있다니까 무슨 약인가 묻기에 한국에서 가져온 약이라니까 약은 미국약이 좋으니까 바꾸라고 말했다. 소라가 옆에서 폐암이 아니라는 말에 너무 좋아서 그렇게 하라고 거들었다. 나도 기쁜 나머지 그렇게 하겠다고 말했다. 의사는 약을 구해 놓을 터이니 며칠 후에 와서 가져가라는 것이다. 어쨌든 확인이 됐으니 좋았다.

아들 딸에게 메일을 보냈다. 그리고 며칠 후에 진찰용지를 우편으로 보내기로 하였다.

오전에는 영어공부를 하고 오후에는 소라가 피마어를 배우겠다고 해서 따라갔다. 피마어 학교는 인디언 보호구역 안에 있었다. 조용한 곳이었다. 그곳에는 도서실도 있었다. 미국에는 모든 도시들이 외곽도로가 발달되어 있어 시내를 가는데도 그 길을 이용해야한다. 그러니 내비는 우리 같은 외국인에게는 필수적이다.

12시 반에 출발해서 1시에 피마 랭귀지 스쿨 Pima Lanlguage school에 도착해서 소라는 수업에 들어가고 나는 도서실에서 『휠라』 라는 책을 읽었다. 두세 페이지 밖에 못 읽었지만 좋은 자료를 구할 수 있었다. 소라는 피마어 문법책을 복사하겠다고 해서 내가 해주었다. 그리고 피마어 사전을 사러 책방을 두 군데나 들렸으나 없어서 주문했다.

✲ 2008. 9. 11 목요일 〈CT촬영 진단서〉

오전은 조용했다. 아침은 어제 준비해둔 밀가루 반죽으로 전을 부쳐 먹었다. 소라가 전을 뒤집다가 부엌바닥에 떨어뜨린 것을 버리지 않고 혼자 다 먹겠다고 말도 안 되는 말을 해서, 나누어 먹어야한다고 말했으나, 말을 듣지 않아 얼른 조금 떼어왔다. 이런 내 행동을 보자 그녀는 웃었다. 나도 따라 웃었다. 점심은 구은 감자와 빵을 먹었다.

라디오 색에 메모리를 사러 갔다. 중요한 정보를 메모리에 저장해 두기 위해서다. 중국제 메모리를 27불에 샀다. 헐한 것은 무조건 중국제이고 비싼 것은 미제와 외국제이다. 중국제 말고도 저 개발 국가의 물건도 싸다.

그리고 병원에 CT촬영 진단서를 가지러 갔다. 병원에 곧 도착해서 진단서를 받고 CT 촬영소에 가서는 필름을 복사한 CD를 가져왔다. 걱정이 많은 아들에게 붙일 작정이다. 한인 의사는 또 외출했다. 이해가 가지 않는다. 언제 환자를 본단 말인가? 의사가 이렇게 한가하다니.

다음은 기아차 판매소에 가서 차번호 판을 찾아왔다. 그리고 ASU에 들려 노트 2권과 볼펜을 샀다. 도서관에 들려 영영사전을 한권 빌리고 로버트 프로스트의『A Boy's Will』을 찾았으나 그것은 희귀본이라 빌려줄 수 없단다. 도서관 안에서만 보란다.

집에 오는데 갑자기 하늘에 구름이 끼고 바람이 세차게 불었다. 나무가 부러지고 천둥번개가 요란했다. 사막의 기후는 참 변덕이 심하다. 새 차인데도 냉방이 잘 안 된다. 내일 기아차 판매소에서 점검을 해주기로 했다.

저녁을 먹고 자다가 다시 일어나서 공부했다.

✲ 2008. 9. 13 토 〈송 목사 댁〉

지난밤에 꿈자리가 안 좋았다. 오늘이 한국에서는 추석인데 말이다. 전화도 잘 안 되고 궁금하다. 무소식이 희소식이라고 기다릴 수밖에 없다.

점심은 수제비를 해 먹으려고 준비하는데 목사 댁에서 전화가 왔다. 점심을 먹으러 오라는 것이었다. 나는 가기 싫었다. 그런데 소라가 대답을 했단다. 차츰차츰 그 쪽으로 끌려가는 것이 아닌가 하는 생각이 들어 불안했다.

목사 댁은 그냥 평범한 주택이었다. 사모님이 참 좋은 분이라고 소라가 여러 번 말했다. 목사 부인 노릇하기가 쉽지 않단다. 그럴 것이다. 신경을 써야할 일이 한두 가지가 아닐 테니까. 음식이 많았고 요 전에 내가 책을 드린 이인영 권사가 와 있었다. 반가웠다. 이인영 권사 역시 향운처럼 말을 잘 했다. 내 시집을 다 읽었다면서 시가 좋았다고 말 하고, 여러 가지 이야기를 했는데 대부분이 자기 자랑이었다. 말 많은 사람들의 공통된 특징이다.

소라와 친한 분들은 전부가 말이 많은 분들이다. 그러나 악의 없이 선한 사람들이다. 손님들은 이미 식사를 끝냈고, 우리 둘만 식탁에서 식사를 했다. 목사부인이 음식을 내 접시에 덜어주었다. 너무 뜨거운 고기를 먹어서 그런지 앞니 사이가 너무 아팠다.

식사를 하고 이인영 권사를 댁까지 모셔다 드렸는데 의외로 좋은 볼펜을 선물로 주셨다. 5년간을 간직한 볼펜인데 적당한 사람이 없어 못주고 오늘에야 임자가 생겼다고 말했다. 좋은 글을 써달란다.

사진을 한 장 찍고 돌아왔다. 집에 오는 길에 베스트 바이best buy의 서점에 들려 일전에 주문한 인디언 사전을 찾았으나 책이 안 왔다며 내일 오라고 해서 그렇게 하기로 하고 돌아오는데 점원이 뛰어와서 책이 왔다면서 넘겨주었다. 참 친절한 행동이다.

소라가 내 수영복을 사준다고 해서 옷가게에 갔다. 한국 같은 수용복은 어디에도 없어서 농구할 때 입는 운동복 같은 것을 샀고 소라의 팬티와 향수, 우유와 사과를 사가지고 왔다. 향수 값은 내가 냈다. 소라가 무척 기뻐했다. 집에 와서 영어공부를 했다. 2008년 전원에서 동인지를 내야하는데 작품이 20편은 되어야한다. 한국에서 쓴 작품 10편 여기서 쓴 작품 10편으로 해야겠다.

the nature handbook을 밤늦게까지 읽었다. 주로 사막의 동식물에 대한 글인데 재미가 있었다. 책의 내용이 훌륭했다. 미국 사람들은 책 한 권에 평생을 거는 것 같았다. 그러니 책의 내용이 알찰 수밖에.

✲ 2008. 9. 14 일요일 〈피닉스의 추석〉

교회 가는 날이다. 11시까지는 책을 보려는데 소라가 10시 40분 쯤 나가자고 해서 나갔다. 소라의 이야기로는 시간이 앞당겨졌다는 것이다. 결과적으로 너무 일찍 가서 차를 그늘에 세워 두고 영어단어 공부를 했다. 그리고 11시 20분에 예배당으로 들어갔다. 우리는 제일 뒤쪽에 앉았다. 어제 만난 이인영 권사를 만나 인사드렸다. 예배를 마치고 점심을 먹으러 식당에 들어갔는데 송편도 없고 국도 없는 밥이었다.

세상에 오늘이 추석인데 말이다. 미국의 추수감사절은 어떻게 하는가 봐야겠다.

김치와 잡채 조금으로 밥을 먹었다. 그래도 맛있게 먹었다. 오랜만에 수박도 먹었다. 이인영 여사가 바로 내 앞에서 식사를 했고 목사 부인은 오른편에서 식사를 했다. 너무 나에게 잘해주는 것 같아 불안했다.

점심식사 후 이인영 권사를 모셔다 드렸다. 먹을 것을 주어서 얻어 왔다. 소라는 인덕이 많다.

돌아오는 길에 소라가 오늘 허드 뮤지엄이 공짜라고 해서 갔다. 허드 뮤지엄은 원주민 박물관 인데 제법 규모가 컸다. 산타페이에서 본 인디언 아트 앤 컬츄럴 박물관과 비슷했다. 그것보다는 좀 작았지만 진열품이 알차고 애리조나 주의 원주민들에 대해서 잘 설명하고 있었다.

아시아나 마켓에 가서 송편, 컵라면, 튀밥을 사고 푸드 시티에 가서 묵과 아이스크림을 사가지고 왔다. 저녁은 송편과 어제 수제비를 해먹고 남은 밀가루 반죽을 이용하여 부침을 붙여 먹었다. 우유도 마셨더니 배가 너무 불러 누워있는데 소라가 고기를 쓸어날라고 말했다.

소라는 음식 솜씨가 별루다. 60평생을 혼자 살았으니 이해가 간다. 아침은 빵과 우유로, 점심은 문화재청에서 매식, 겨우 저녁을 해먹었을 것이니까. 그것도 대충 해먹었을 것이다. 공부하기에 바빠 음식에 대한 연구가 없었을 것이다. 불을 보듯 뻔한 일이다. 지금은 음식에 대하여 관심을 보이고 나아지긴 했다.

소라는 어제부터 인디언 음악을 채보하고 있다. 지금 보다 더 훌륭한 학자가 되도록 도와주는 것이 내 임무다. 그래서 내가 여기까지 온 것이 아니냐.

그녀로부터 음악에 대해서 듣는 것은 즐거운 일이다.

소라에게 the Nature handbook에서 읽은 아스펀과 아스펀 숲에 대하여, 나무 중에서 가장 오래 사는 브리슬콘 파인 brstlecone Pines 에 대하여 이야기해주었더니 아스펀에 대한 글을 복사했다.

✲ 2008. 9. 18 목 맑은 후 구름 〈우라늄Uranium 박물관〉

뉴멕시코 주의 라구나로 여행을 떠났다. 아침 5시부터 밥을 하고 법석을 떨었다. 어제 준비 한 것이 많아 한 차 싣고 7시에 출발했다. 이렇게 빠른 시간에 여행을 떠난 것은 미국에 와서 처음이다. 큰 길은 싫고 작고 한적한 길을 선호하기 때문에 중간 소도시를 내비에 입력했다. 그런 보람이 있어 Ariz87N 하이웨이를 탔다. 소라가 피마 언어를 배우는 인디언 랭귀지 스쿨 옆길을 달렸다. 얼마가지 않아 피닉스 교외가 나타났다. 앞과 옆에 가까이 산들이 반겼다. 제법 경치가 좋은 산들이었다. 산과 낮은 구릉에는 사구아로가 숲을 이루어 피닉스 근교에서만 볼 수 있는 장관을 이루었다.

〈Ariz 87N 하이웨이〉

차에서 내려 사진을 찍었다.

오드 산Mt. Ord옆의 큰 고개를 지나자 사구아로는 없어졌다. 페이슨Payson을 지나 지방도인 260과 277을 타고 스노우플랙크snowflake를 지나 77로 홀부르크Holbrook에 가서 I-40를 타고 11시 40분 나바호 카운티에 도착해서 그곳에 들어가 정보를 얻었다.

그곳에서 주니Zuni Indian Reservation로 가는 길을 택했다. 상당히 돌아가는 길 같았다. 점심은 차에서 가지고 간 빵과 과일로 떼우고 얼마를 달렸을 때 한 백인 청년이 길가에서 차를 세워달라는 것을 외면했다. 도보 여행자 같았다. 미안한 생각이 들었지만 세상이 세상인 만큼 그럴 수밖에 없었다. 의지할 데 없는 외국인이다. 주니 인디언 보호구역이 나타났다. 소라가 비디오로 그 구역을 담아 달라고 해서 그렇게 해주었다. 소라의 사진기로도 경치를 찍어주었다.

주니 인디언보호구역에 도착해서 박물관과 여행안내소에 가서 정보를 얻었다. 그러나 소라가 찾는 인디언 옛 노래의 CD는 없었다. 내비가 시키는 대로 가다가 비포장도로로 접어들었다. 길도 없는 곳이었다. 차가 상할 것 같아서 오던 길로 돌렸다. 황무지와 다를 바 없는 사막에 지피식물인 꽃나무에 노란 꽃이 한없이 피었다. 주니 종족의 거주지는 아코마와 유사한 메사지역이었다. 메사는 천연의 요새 같은 지역이다. 우리는 53 도로

〈주니 보호구역의 가을 꽃 들판〉

〈주니 보호구역내의 황토길〉

를 달렸다. 또 바위가 아름다운 곳을 발견하고 사진을 찍었다.

조금 가니까 라마Ramah라는 작은 도시가 나타났다. 오아시스 지대인지 큰 나무들이 많았다. 나무 등걸은 참나무 같고 잎은 느티나무 같았다. 그곳에도 소라가 좋아하는 박물관이 있었으나 이미 마감되어 내부는 볼 수 없었다. 서둘러 글랜츠Grants로 향했다. 그곳에 숙소를 잡을 작정이었다. 도중에 엘 모로 국립 기념지 El Morro National Monument가 있어 잠시 들렸다. 바위가 참 아름다운 곳이었다. 그러나 뉴멕시코 시간이 1시간 늦을 줄 알았는데 빨라 마감되었다.

토요일 오전 피닉스로 돌아가는 시간에 들리기로 했다. 조금 더 가니까 밴데라 화산 또는 얼음 동굴 Bandera Volcano & Ice Caves 안내판이 나타났다. 여기도 크로스된 것이 분명해 토요일 오전에 보기로 했다.

글랜츠에는 늦게 도착했다. 여관이 많아, 우연히 한국인이 운영하는 여관에 투숙했다. 이틀 밤을 자기로 하고 80불을 지불했다. 이렇게 싼 여관에서 자본 일이 없었다. 김세갑 여관주인은 한국에 있을 때 모 방송사에 근무했던 사람으로 참 부지런했다.

그의 말로는 이곳은 교통의 요지인데다가 볼거리가 많고 지하자원박물관Mining museum이 있는데 세계 유일의 우라늄Uranium 박물관이라고 말했다.

✲ 2008. 9. 19 금 〈라구나Laguna 축제〉

그랜츠Grants에서 잤기 때문에 라구나까지는 멀지 않았다. 피닉스 시간으로 6시 경에 떠났다. 차가 동쪽을 향하기 때문에 강렬한 아침 햇빛이 방해를 했다. 선글라스를 껴도 허사였다. 햇빛의 방해를 받지 않는 특수 유리는 없는 것인가 하는 엉뚱한 생각이 났다. 소라에게 이야기 했더니 있다는 것이다. 아주 고급 승용차에는 그런 유리가 부착되어 있다고 말했다. 하긴 특수 선글라스 유리는 가능할 것 같았다.

이 번 여행은 순전히 라구나 축제의 노래 녹음 때문에 가는 것이다.

라구나는 앨버커키에 가는 I-40프리웨이의 도로 오른쪽에 있었다. 가는 도중 하늘의 도시the sky city 아코마로 들어가는 길이 나타났다. 나바호 카운티, 주니, 아코마, 라구나 등이 바로 이웃이었다.

9월인데도 날씨가 쌀쌀했다. 출발할 때는 차에 히터를 켜야 할 정도여서 잠바를 꺼내 입었다.

행사장인 듯 보이는 곳에는 벌써 차가 많이 왔고 계속 들어가고 있었다. 주차를 하고 교회에 들어갔다.

라구나는 성 요셉 교회라는 교회가 있었다. 물론 천주교이다. 신부가 3명이나 왔다. 이런 시골의 축제에 신부가 3명이나 온다는 것은 예사 일이 아니다. 3명 다 연륜이 있어 보이는 백인 신부였다. 교회는 빈자리가 없었다. 우리는 뒤에 서 있다가 소라는 자리를 하나 비집고 들어가 앉았고 나는 밖에 나와 있다가 들어가 보다가 했다. 한 시간 쯤 미사를 본 후 신부가 십자가를 모시고 행사장으로 갔다. 조그마한 운동장이었다. 본부석은 옥수수 대로 임시로 만든 막사가 있고 관람객들은 사방으로 자리를 잡고 앉았다. 물론 신부들은 본부석에 자리를 잡았다. 관객들은 자기의 의자를 가지고 온 사람들이 많이 있단다. 소라와 나도 적당한 자리를 잡고 앉았다.

축제가 시작되었다. 처음은 쇼셜 댄싱social dancing이었다. 쇼셜댄싱은 남녀노소, 주민 전체가 참가하는 춤인데 한 280명 정도였다. 20여명이 운동장 가운데에서 악기를 연주하며 노래를 부르고 260명의 남녀가 특색있게 분장을 하고 춤을 추었다. 운동장을 10 번도 더 도는 것 같았다. 그리고 버팔로 댄스buffalo dance, 학 댄스crane dance로 이어졌다. 12시 10분에 오전행사가 끝나고 점심시간이었다. 점심은 행사장에서 파는 인디언 음식을 사서 먹었다. 그들의 음식도 먹어보니 맛이 있었다.

주위에 있는 원주민 마을에 구경을 갔다. 한국의 농촌처럼 여기도 빈집이 많았다. 소라가 녹음이 안 돼서 속상해 해서 오후에 다시 하자고 달랬다.

다시 행사장에 갔다. 차가 너무 많아 주차할 장소를 찾는데 힘이 들었다. 겨우 한 곳 찾아 주차를 하고 축제장에 갔다. 이미 춤은 시작되었다.

남자들은 독수리 춤을 추고 여자들은 나비춤을 추었다. 팸플릿도 박수도 사진촬영도 못하게 하는 행사라 나 같은 이방인은 견디기가 참 어려웠다. 그래도 소라는 재미가 있는지 열심히 보고 듣고 몰래 녹음했다. 대부분의 원주민들은 그들의 춤과 노래를 녹음도 촬영도 못하게 한다.

양산을 쓰고 가지고 간 담요를 담 밑 의자처럼 생긴 곳에 깔고 앉아서 춤과 노래를 보았다. 춤은 대부분 두 번 반복되었다. 오전 것까지 하면 3번인 셈이다. 그러니까 녹음하기는 좋은 기회이다. 소라가 축제장을 찾는 이유가 바로 여기에 있음을 비로소 알았다. 천 가방에 녹음기를 넣어 한 녹음은 잘 되었단다. 녹음기에 불이 켜져 있는 것을 보았단다.

마지막 소셜 댄싱을 시작할 무렵 우리는 라구나를 떠났다.

숙소가 있는 그랜츠에 쉽게 도착했고 중국식당에 가서 저녁을 먹었다. 중국음식을 너무 자주 먹었더니 맛이 없었다. 여관은 좋은 방을 준다고 했는데 어제보다 좋은 방이 아니었다. 오늘이 주말이라 그런가보다고 생각하고 하룻밤 자고 내일 아침 일찍 떠나기로 했다.

초저녁 잠이 많은 소라는 이내 잤고 나는 뒤척이다가 잤다. 몹시 피곤했다.

✲ 2008. 9. 20 토 맑음 〈얼음 동굴과 엘 모로 국립 기념지〉

여관 주인인 김세갑씨는 앨버커키에 산단다. 부부가 새벽 일찍 일어나서 여관 일을 하고 있었다. 교포들이 열심히 사는 모습이 참 좋아보였다. 8시에 하직 인사를 하러 가서 커피 한 잔을 얻어 마시고 주인과 헤어졌다.

그랜츠에 있는 세계유일의 우라늄 박물관을 보기위해서 마이닝 뮤지움 Mining museum을 찾았다. 박물관은 가는 길옆에 있었다. 문 여는 시간이 안 되어 그곳을 지나쳐 53 도로를 한 시간쯤 달려 그제 지나친 화산지대 얼음 동굴에 갔다. 그곳 가게에서 돌을 좀 샀다. 공기 돌 같은 작은 돌이었다. 입장료가 각각 8불, 커피 한 잔이 1.7불이었다. 화산을 먼저 걸어서 올라갔다. 반마일의 거리라는데 제법 멀었다. 용암이 흘러 암석이 굳은 바위가 수북이 쌓여 있었다.

천천히 이것저것 소라와 이야기 하면서 사진을 찍으면서 걸었다. 길옆에 아름다운 가을 야생화들이 많이 피었다. 소라는 아주 조그마한 꽃을 특히 예뻐한다. 아름드리 소나무들이 많았다. 드디어 분화구에 도착했다. 분화구는 실망할 정도로 시시했다. 일본 구주에 있는 활화산인 아소산을 나는 이미 보았다. 이것은 개인이 관리하는 곳이고 국가가 관리하는 분화구가 또 하나 있다는데 그곳은 포기하고 평평한 길을 따라, 올랐던 길이 아닌 다른 길로 내려왔다.

그 동안 차만 타고 다녔더니 걷기가 힘이 들었다. 부실한 식사 때문에 체력이 많이 떨어진 점도 있을 것이다.

곧 바로 얼음 굴에 갔다. 얼음 동굴은 용암지대에 있었는데 지상에서 30m쯤 내려가니까 유황물 같은 누런 물이 고여 있고 찬바람이 확 올라왔다. 그리고 정말 얼음이 있었다. 작열하는 태양이 비치는 사막의 한 가운데, 용암지대

〈밴데라 화산 분화구〉

〈밴데라 얼음 동굴〉

에 얼음동굴이 있다니 신기한 일이었다. 자연의 신비를 느끼는 순간이었다.

다시 차를 몰고 엘 모로 국립기념물을 향해 갔다. 어제그제 들린 곳이었다. 입장료는 둘이 6불이었다. 그곳은 인스크립션 록Inscription Rock(비명. 비문바위)이라고 할 만큼 바위에 원주민들의 록 아트, 스페니쉬와 아메리칸들의 글씨들이 많았다. 처음으로 암각화Rock Art를 보았다. 먼저 암각화만 보는 쉬운 코스를 택했다. 그러나 결국 호기심이 발동해, 유적Ruin을 봐야 해서 일주코스를 답습했다. 유적은 메사mesa=table land의 정상top에 있어서 험한 길을 걸어 올랐다. 정상 부분은 올라온 가치가 있었다. 그곳은 완전한 천연의 성이었다. 대군을 가지고도 공격하기 어려운 요새지였다. 그곳에 빨치산의 아지트 같은 집터가 있었다. 땅을 파고 돌로 쌓은 키바 같은 큰 방과 작은 방이 십

〈엘모로국립기념물의 암석미〉

〈엘모로국립기념물의 오아시스〉

여 개나 되었다. 유적지를 떠나 다시 이동을 했다. 정상에는 암각화는 없었다. 넓은 바위가 나타났다. 소라는 내 무릎을 베고 그 바위에 누워 티 없이 맑은 사막의 가을 하늘을 바라봤다. 그런 그녀가 맑은 하늘처럼 티 없이 아름다웠다. 그녀는 뭔가 생각하는 것 같았다. 사막에는 자잘한 노란 꽃이 지천으로 피었다.

"뭐 생각해?"

"당신을 처음 만났을 때를 생각해요."

"그게 언제지?"

"2005년이니까. 3년 전인가 봐"

"후회해?"

"아니. 우리의 만남을 하느님께 감사해요."

"........"

향기를 실을 가을의 서늘한 바람이 휙 불어왔다. 나는 소라를 일으켜 세

〈엘모로국립기념물의 산정상 유적〉

〈소라, 바위에 눕다〉

웠다.

점심도 굶으며 구경을 하고 우라늄 박물관을 보러 그랜츠로 다시 달려갔으나 4시에 문을 닫아 볼 수가 없었다. 나의 실수였다. 내가 똑똑히 보지 못해서 이런 일이 발생했다. 소라는 화를 내지 않고 자책하는 나를 달래주

었다.

늦은 시간에 야구로 유명한 파밍톤Farmington으로 향했다. I-40를 달려 토리우Thoreau로, 그곳에서 371 시골길로 접어들어 차코컬쳐내쇼날 히스토리 파크Chaco culture National History Park를 빗겨 112마일을 달렸다. 끝없는 황무지와 바닥이 들어난 호수, 건천이 나타났다 사라지고, 나타났다 사라졌다. 기름은 바닥이 날 것 같고 길은 멀고 주유소는 없고 조마조마 했으나 차 한 대를 앞세우고 속력을 냈다. 다행히도 농지가 나타났다. 목초에 물을 주는 대형 스풀링 쿨러가 볼만했다. 멀리 전등불이 켜진 도시가 보였다. 파밍톤에 도착한 것은 노을이 붉게 물들 무렵이었다.

시내 입구에서 콜로라도 강의 지류인 산 후안 강San Juan River을 보고 사진을 찍었다. 여관을 정하고 일본식당에서 저녁을 먹었다. 귀중한 하루가 지나갔다.

✲ 2008. 9. 21 일
〈샐먼 루인Salmon Ruins과 아스텍 루인Aztec Ruins〉

어제 밤에 잠을 많이 자두었다. 오늘 피닉스 템피까지 가야하기 때문이다. 어제 일본 식당에서 가지고 온 밥과 여관에서 아침식사로 제공하는 우유, 커피, 주스와 빵, 과일을 소라가 2번이나 날라 왔다. 밥은 좀 남겼다가 점심에 먹기로 하였다.

먼 루인Salmon Ruins과 아스텍 루인Aztec Ruins을 구경하려고 아침 일찍 서둘렀다. 샐먼 루인은 큰 길옆에 있었는데 아직 시간이 안 되었다고 문을 열지 않아서 좀 멀리 떨어져 있는 아스텍 유적을 먼저 보기로 하였다.

〈아스텍 유적-키바〉

〈아스텍 유적〉

아스텍 유적에는 이른 시간인데도 사람들이 모였다. 문도 일찍 열었다. 우선 비디오를 먼저 관람했다.

아스텍 유적은 1987년에 차코 컬처 네셔널 히스토리 파크의 일부로 유네스코 문화유산으로 등재되었다. 11~13세기 푸에블로의 선조인 아나사지에 의해서 축조되었다.

앞에는 아니마스 강Animas River의 버드나무 숲이 우거져있고 유적의 뒤쪽 산들이 성곽처럼 에워싸고 있어서 아늑한 분위기를 주었다. 그리고 유적은 벽돌만한 크기의 돌집이었다. 정교하게 쌓아서 만든 수십 체의 돌집들이 독립되어 있지 않고 연립주택 식으로 연결되어 있었다. 키바가 여러 개

〈아스텍 유적-키바의 내부〉

〈아스텍 유적- 키바의 내부〉

있었으며 새로 복원한 커다란 키바는 내부에 들어가서 구경할 수 있었다.

키바가 이렇게 완전한 모습으로 공개된 것은 처음이었고 이후에도 없었다. 열심히 구경하고 사진을 찍었다. 구경을 한 후 여행 안내소에서 나는 얇은 책을 두 권 사고, 소라는 두꺼운 책을 두 권 샀다.

샐먼 유적으로 향했다. 샐먼은 미국의 국가유적지이다. 차코와 푸에블로 선조들의 유적지이며 1090년경에 275~300개 방의 3층 건물과 키바가 20여개 있던 곳으로 유추된다. 산후안 강의 북쪽 제방에 있었다.

샐먼 유적은 관리가 좀 허술했다. 관객들도 우리뿐이었다. 그러나 자세히 보니 세밀한 부분까지 복원해 놓으려는 시도가 좋았다. 눈에 확 띄는 것은 없어도 옛 사람들의 흔적을 여러 각도에서 모아놓고 복원해 놓으려고 애썼음을 짐작할 수 있었다. 어느 여류 화가가 그린 페트로그립까지 있었다. 사진을 많이 찍어 두었다. 12시 경에 나무그늘 밑에 차를 주차하고 차안에서 점심식사를 했다.

이제 여행을 마치고 피닉스 템피로 돌아가기 위해서 속력을 냈다. 아무래도 오늘 집에 가는 것은 무리인데 소라는 돌아갈 수 있다고 장담을 한

〈새먼 루인Salmon Ruins〉

〈새먼 유적-덧칠한 암각화〉

〈Tipi인디언의 간편한 집〉

〈오아시스〉

다. 집에 돌아온 것은 밤 9시가 조금 넘어서였다. 소라는 대단한 여자다.

어제 교회에 안 나가서 잘되었다. 사실 교회는 소라 때문에 나가는 것이다.

소라는 아침에 보니까 피로가 많이 회복된 것 같았다.

이번 여행에서 유적을 본 것은 다행이었다. 그러나 고고학이나 인류학의 지식이 전무한 나에게는 무의미한 것이었다. 조금이라도 좀 알아야 되겠다는 생각을 했다.

여행기에 암각화에 대해서도 쓴다면 책이 필요할 것 같아 도서관에 가자고 했다. 소라는 우선 자기가 가지고 있는 책이 있다면서 두 권의 책을 내 놓았다. 하나는 A field guide to ROCK ART SYMBOLS of the greater southwest(서남부 지역의 암각화의 상징들에 대한 안내)이고 다른 한 권은 PETROGLYPHS(암석 조각彫刻) 이다. 도서실에서 백과사전을 찾아 암각화 부분만 복사하고 야생화와 프로스트 전기와 로빈슨 전기를 빌려왔다.

소라에게 점심을 사주고 싶었다. 이번 여행에서 소라가 너무 수고를 많이 했다. 우선 체이스 은행에 가서 돈을 찾았다. 수수료가 3불이었다. 백불 찾았는데 아직 290불 남았다. 아들이 넣어준 것 같았다. 고마웠다. 아시아나 마켓 쪽으로 차를 몰았다.

점심식사를 하러 호돌이에 갔다. 우리를 알아보고 주인이 반겨주었다. 소라가 13불 하는 은대구탕을 시켰다. 맛이 있었다. 용산 삼각지에서 먹던 원조 대구탕의 맛과는 비교가 되지 않았지만. 밥 한 공기를 더 시켰으니까 17불을 주었다.

수요일 수파이 여행준비를 위하여 아시아나 마켓에 들러 미역, 티밥, 라면, 감자, 양파, 쥐포 등등을 샀다. 과일을 안 사서 다시 푸드 시티에 가서 우유, 과일, 과자, 빵을 샀다.

집에 와서 소라는 영어 공부하러 가고, 나는 복사해온 복사지를 대충 보다가 시간이 되어 국수를 삶았다. 국수 삶는 방법은 누나가 가르쳐 준 것이다. 내가 생각해도 요리는 어느 정도 할 수 있다. 그리고 소고기를 재두었다.

소라가 공부를 하고 돌아와서 저녁을 먹었다. 국수가 맛이 있었다. 내가 한 음식을 소라가 맛있게 먹는 것도 기분이 좋다. 밤에는 소라에게서 빌린 록 아트에 대한 책을 읽었다. 록 아트 전체적인 서적 이라기보다는 상징에 대해서 주로 쓴 전문적인 서적이었다.

록아트의 파인더finder는 사람류Humanlike, 동물류 Animallike, 추상Abstract으로 분류했고 그것에 대해서 설명을 해놓았다. 그리고 서남부에서 록아트가 있는 지역을 표시해놓았다. 좋은 책이었다.

어쨌든 도움이 되는 책이었다. 피곤해서 잠자리에 누웠다. 그러나 잠이 안 와 다시 일어나서 책을 보았다.

✲ 2008. 9. 24 수 〈수파이Supai〉

지도를 찾아보니 수파이Supai는 그랜드 캐니언과 아주 가까이 있는 원주민 보호구역에 있다. 수파이, 후버 댐, 라스베이거스로 다녀 올 작정이다.

9월에는 여행을 참 많이 했다. 미국에 근 삼사십년 살면서도 우리만큼 여행을 못한 교포들이 많단다. 소라의 여고 동창들 이야기다. 수파이는 소라가 이 미국의 서남부에서 가장 가고 싶은 곳이다. 그 이유는 이렇다.

소라는 작년에 그랜드 캐니언 선물가게에서 원주민 전통 노래DVD를 하나 사서 그 중 마음에 드는 노래 3곡을 채보 했는데, 그 노래의 가수인 렉스 틸우시Rex Tilousi가 바로 수파이에 살고 있기 때문이다. 노래를 다시 들어보고 그를 만나 노래 말의 의미를 아는 것이 목적이다.

미국 피닉스 템피에 내가 온 이유도 그곳에 같이 가주는 일 때문이다.

여자 혼자 그곳에 가기가 어렵다고 봄에 소라가 말했다. 나도 순수한 마음으로 동의했다.

I-17로 가다가 69 지방도로로 갈아타고 프레스코트 밸리Prescott Valley를 지나 베스트 도로인 89도로로 갔다. 경치가 아름다웠다. 애쉬포크Ash Fork라는 소도시에서 I-40로 바꿔타고 세링먼Seligman에서 66번으로, 넬슨Nelson까지가 수파이로 직통하는 도로라 그곳으로 갔다. 그곳 힐 탑Hill Top에 도착한 것은 3시 경이었다. 주차장에는 많은 승용차가 있고 말을 탄 건장한 원주민 청년이 지키고 있었다.

가까이 가보니까 한쪽에 말이 많이 있었다.

망을 보는 사람에게 가서 자세한 사항을 물어보았다. 그는 사무실에 가서 물어보라고 무뚝뚝하게 말했다. 사무실에 두 사람이 있었다.

렉스 틸우시는 아직 살아있고 지금 집에 있으며 그곳에 가려면 승용차는 길이 없어 갈 수 없고, 헬리콥터나 말을 타고 가거나 걸어가는 방법이 있다는 것이었다. 요즈음은 시즌이 끝나 헬리콥터는 주말에만 뜨고 수파이 마을의 여관도 마감되었단다. 말을 타고 가라는 것이다. 비용을 물었더니 말은 1인당 75불이라고 말했다. 헬리콥터가 50불이라면서. 말은 한 번도 타본 일이 없고 해서 그냥 걷기로 했다. 거리가 얼마나 되느냐니까 7.5마일이란다. 걷는 데에는 자신이 있었다. 소라는 시간이 늦었다며 내일 가자는 것을 서둘렀다. 시간은 오후 3: 45분. 당장 산나는 것은 무리이나. 그러나 오늘 가지 않으면 모든 일정이 꼬인다. 나는 용감하게 앞장을 섰다.

늑대가 출몰할지도 모르는 계곡을. 목측 200m는 되어 보이는 힐 탑을 내려갔다. 구절양장 같이 꼬불꼬불한 비탈길을 조심해서 내려갔다. 길바닥은 말이 많이 다닌 길이라 모래자갈밭 같다. 걷기에 아주 나쁜 길이다. 길바닥에는 여기 저기 말똥들이 있었다. 양쪽 바위벼랑은 소 그랜드캐니언 같았다. 한 참을 내려갔는데 겨우 1.5마일을 걸은 것이다. 아직도 6마일을 더 가야한다. 처음에 우리는 손을 잡고 걷다가 속도가 너무 느려 손을 놓고 각자 걸었다. 조심하라는 말을 서로에게 수도 없이 하면서. 이제 하는 수 없다. 앞으로만 가야한다. 보이는 것이란 푸른 하늘과 붉은 벼랑의 바위뿐이다. 물도 흐르지 않는 골짜기다. 길은 험하다. 여간해서 땀이 안 나는 내 몸에서도 땀이 나기 시작했다. 소라의 체력을 걱정하고 소라는 나를 걱정했다. 잠시 쉬고 또 걷기를 반복했다. 해가 얼마 안 남은 것 같다. 어둡기 전에 마을에 들어가야 한다.

발은 모래 속으로 푹푹 빠지고 비례해서 힘도 빠진다. 이거 큰일 났구나, 둘의 나이가 지금 몇이냐?

그러나 둘 다 도전 정신이 강하고 쉽게 포기하지 않는다. 출발지점에서 6마일 쯤 간 지점에서 한 백인 여성을 만났다. 그녀는 마을에서 오고 있었다. 사람을 만나는 것이 그렇게 반가울 수가 없었다. 그녀 말이 마을까지 2마일 남았단다. 다 간 줄 알았는데 아직도 2마일이란다. 해가 넘어가고 썬 글라스를 낀 눈은 어둡고 체력은 빠지고 3중고였다. 백인 여성은 반대 방향으로 뛰어가고 우리는 앞으로 계속 나갔다.

오른 쪽 골짜기에서 물소리가 들렸다. 지도를 보니까 윌리암스Williams 근처에서 발원한 하바수水가 수파이 마을 쪽으로 흐르던데 그 물소리 같았다. 물소리로 봐서 수량이 많을 것 같았다. 반가웠다. 소라는 특히 물소리를 좋아한다.

다시 힘을 냈다. 내를 만났고 나무다리를 건너야 마을에 들어간다는 팻말이 보였다. 백인 여자가 되돌아오더니 마을 쪽으로 손을 흔들며 사라졌다. 아마 달리기 연습을 하는 것 같았다. 이제 얼마 안 남았겠지 하는 생각이 들었다. 군가를 부르기 시작했다.

전우의 시체를 넘고 넘어 우리는 전진한다.

사나이로 태어나서 할일도 많다만

너와 나 나라 지키는 영광에 살았다

소라는 이런 나를 보고 웃었다. 그녀도 맞장구를 쳤다. 그러더니 그녀가 노래를 불렀다.

동구 밖 과수원길 아카시아 꽃이 한참 폈네.

성문 앞 우물 곁에 서있는 보리수
나는 그 그늘 아래 단꿈을 꾸었네

어두워서 길이 잘 보이지 않을 시간에 마을의 불빛을 보았다. 그 순간의 반가움은 참 큰 것이었다. 마을 입구에 상점이 있었다. 그 상점에 들어갔다. 물 두병과 과자를 좀 샀다. 밤이 어두워 손전등을 샀다. 물건 값이 말이 아니게 비쌌다. 운반비가 포함되니까 비쌀 수밖에 없다.

저녁과 내일 아침과 점심은 빵을 먹을 작정이다. 빵은 식빵 6개를 가져왔으니까 될 것 같았다.

어두운 길을 물어가면서 여관에 갔다. 가로등이 없어 거리가 어두웠다. 마을에는 말이 많은 것 같았다. 상점에서 여관의 위치를 설명 들었지만 밤인데다 교회도 학교도 머릿속에 있는 것과는 전혀 달라 구분이 되지 않았다.

불이 켜진 카바레 비슷한 상점에 키가 작은 백인 남자가 있어 도움을 청했다. 그 남자는 이름이 마이클이라고 했다. 그는 여관에서 자도록 해주겠다고 말하면서 따라 오라고 손짓을 했다. 여관에 가는 도중에 마이클은 두 손을 번쩍 들더니 하늘을 가리키면서 "Look at the twinkle stars." 별을 보라고 말했다. 우리도 하늘을 바라보았다. 정말 별들이 많았다. 어린 시절 고향의 밤하늘 같이 깨끗한 하늘에 수없이 많은 별들이 반짝이었다. 참으로 오랜만에 바라보는 별들이었다. 별들이 반짝이는 소리가 들리는 듯했다. 마이클은 "Oh, how beautiful village it is!"(참, 아름다운 마을입니다) 라고 크게 말을 이었다.

여관에 들어갔더니 생각보다 좋은 여관이었다. 그러나 전기 기기는 하나도 없었다. 땀으로 젖은 몸을 씻고 피곤한 몸을 쉬었다. 내일 갈 일이 걱정이다.

밤에 자다가 세 번이나 밖에 나가 밤하늘의 별을 바라보았다. 후쿠오카 형무소에서 요절한 윤동주의 '별 헤는 밤' 을 생각하며.

〈수파이 마을 숙소〉

〈수파이 마을 바위〉

별 하나에 추억과
별 하나에 사랑과
별 하나에 쓸쓸함과
별 하나에 동경과
별 하나에 시와
별 하나에 어머니, 어머니.

개울 물 소리가 유난히 맑게 들려오고 가을 벌레소리마저 처량하게 들려 향수에 흠뻑 젖었다.

✽ 2008. 9. 25 목 〈수호신〉

수바이에서 날이 밝았다. 캐니언에 있는 마을이라 동트는 줄도 몰랐다. 아침 식사를 빵으로 했다. 3끼를 연달아 빵으로만 식사를 했더니 밀가루 냄새가 역겹다. 여관비를 내려고 나갔으나 8시에야 오픈 한다고 해서 다시 오기로 하고 마을로 냐갔다. 이 마을의 상징인 쌍폭포를 보러나갔다. 주민들에게 물었더니 여기서 2마일이나 떨어져있단다. 힐탑쪽이 아니라 반대방향이다. 갔다 왔다 도합 4마일이다. 그리고 오늘 힐 탑까지 걸어야

한다. 일찌감치 포기하고 렉스 틸우시를 만나러 갔다. 마을 청년들이 바로 앞에 있는 집을 가르쳐주었다. 현관에 다리가 하나 없는 불구인 렉스의 부인인 듯한 여자가 있었다. 우리는 인사를 하고 렉스를 만나러 사우서 코리아에서 왔다고 말했다. 렉스가 현관에 나타났다. DVD에서 본 바로 그 얼굴이었다. 그는 우리를 반겨주었다. 60대 중반의 그는 앞니가 두어 개 빠진 할아버지였다.

〈렉스틸우시 가족과 소라〉

〈하바수파이 내〉

렉스는 이렇게 찾아온 우리를 반겨주었다. 소라는 능숙한 솜씨로 그녀가 모르는 점을 물어서 녹음도 하고 악보에 쓰기도 했다. 서너 곡은 인디언 고어와 영어로 의미를 파악했다. 성공이었다. 렉스는 오늘이 원주민 날이라 학교에서 축제가 있고 그 준비로 바쁘다며 그곳에 가서 만나자고 했다. 사례를 조금 하고 그 집에서 나왔다. 마을은 온통 모래땅이었다. 길도 마당도 온통 모래였다. 길은 발이 푹푹 빠졌다. 바람이 조금 불자 먼지가 자욱이 일었다. 유모차를 끄는 젊은 엄마들도 있었는데 아이들의 폐는 어떻게 될까? 걱정이 됐다. 주민들 중에 백인도 더러 있었는데 뚱뚱한 사람이 많았다. 옷은 남루하고 표정은 가난에 찌든 얼굴이었다. 그러나 눈은 맑고 자부심을 느끼는 것 같았다. 마을에는 말과 개들이 특히 많았고 수명을 다한 버드나무 고목들이 여기저기 눈에 띄었다. 호기심으로 거리를 거닐면서 많은 사람과 인사를 나누었다. 때마침 순찰하던 정복 경찰에게 걸려 조금 실랑이를 하였다. 렉스를 만나러 왔다는 이야기를 하였으나 그는 믿지 않고 우리를 차에 태우고 렉스의 집으로 갔다. 렉스는 집에 없었다. 학교에 갔을 거라고 소라가 말 해서, 학교까지 가서 그곳 선생에게 이야기를 듣고야 경찰은 우리를 풀어주었다.

〈하바수파이 Havasupai 계곡〉

〈하바수파이 계곡〉

운동장에서 축제가 시작되었다. 일종의 초등학교 학예회였다. 선생이 한 20여명 되는 것 같았는데 대부분이 여성이었다. 한국과 같이 학급마다 아이들이 나와 춤이나 노래를 불렀다. 마을 사람들이 다 참석하고 마을 개들도 많이 참석했다. 렉스는 귀빈석에 앉아 있었다.

렉스가 노래할 차례가 되어 노래를 불렀으나 녹음하는데 실패했다. 벌서 11시가 넘었다. 걸음을 걷기는 이른 시간이 좋은데 가장 어려운 시간에 그 마을을 떠나야 할 것 같았다.

헬리콥터가 오늘도 뜨는데 1인당 85불을 내라는 것이었다. 너무 비싸 걷기로 했다. 사실 어제 마을에 오면서 우리는 사진을 한 장도 찍지 못했다. 사진을 찍어야한다. 그리고 구경도 하고 싶었다. 가게에 가서 물을 두 병 샀다. 마을을 벗어나면서 그 마을의 사진을 한 장 찍었다.

돌아가는 길은 미미하기는 하지만 경사가 진 길을 올라가야했다. 나무다리를 건너면서 보니까 개울물이 너무 맑았다. 지금은 한국에서도 볼 수 없는 깨끗한 물이었다. 아마 콜로라도 강으로 흘러드는 크릭크 같았다. 개 한 마리가 마을에서부터 길 안내를 했다. 귀가 쫑긋하게 선 5살 쯤 먹어 보이는 덩치가 큰 세퍼트Shepherd이었다. 아무리 가라고 해도 가지 않는다.

말발굽 소리가 요란해서 보았더니 한때의 말이 달려오고 있었다. 물건을 운반하는 말들이었다. 마부 한 사람이 20여 마리를 몰고 마을 쪽으로 사라졌다.

〈소라가 비디오를 찍다〉

〈기묘한 바위〉

중간지점까지 갔을 때 두 사내를 만났다. 한 분은 모 대학의 철학교수라고 했다. 그들도 걸어가고 있었다. 반가웠다.

사진 찍기가 싫증이 나서 나는 하바수파이 캐니언을 기념할 만 한 돌 하나를 주어 오기로 하였다. 주었다가 버리고 주었다가 버리기를 계속하였다. 1,000개 정도 그렇게 한 후에야 공룡의 화석 같은 무늬가 있는 돌을 하나 주었다. 수파이 6.5마일 이라는 이정표가 있는데 와서야 힐 탑이 보였다. 그러니까 6.5마일을 걸은 셈이다. 이제 1마일만 가면된다. 경사가 약간 더 심해졌다. 지금부터가 난코스이다. 소라도 많이 지쳤다. 다행히도 하늘에 구름이 끼어 햇빛을 차단해주었다. “하느님 살려주셔서 감사 합니다." 하고 말을 했다. 개는 아직도 길 안내를 했다.

물도 못 마시는 개가 불쌍해서 손바닥에 물을 부어 먹게 했더니 잘 핥아 먹었다. 1마일을 걷는데 수도 없이 쉬었다. 갈 때는 4시간 가까이 걸렸는데 돌아올 때는 7시간도 더 걸린 것 같았다.

〈지친 소라와 개〉

〈이정표(하바수파이 6.5마일)Hill Top 까지 1마일〉

드디어 힐 탑에 도착했다. 비로서 승리의 미소를 지었다. 차의 트렁크에 있는 물병을 꺼내 안내 견에게 먹이고 차를 타고 떠났다. 개가 우리 차를 따라왔다. 개는 무슨 생각으로 차를 따라오는가? 여러 가지 생각이 들었다. 개가 아니면 길을 잃을 번했고 늑대를 만났을지도 모른다. 그러나 우리는 개와 헤어져야했다. 그 고마운 개는 평생 잊지 못할 것 같다.

Kingman까지 가서 여관을 정하고 저녁을 먹었다. 5끼 만에 음식다운 음식을 먹은 것이다. 그래도 마음이 상쾌했다.

〈힐탑Hill Top에 오르는 길〉

✲ 2008. 9. 26 금 〈라스베이거스〉

생각해보면 위험한 도전이었다. 그런 골짜기에는 야생동물들이 있을 터인데 운 좋게도 만나지 않았다. 곰이나 늑대를 만났다면 어떻게 했을까. 속수무책이다. 상상하기조차 힘들다. 손에 든 무기는 아무 것도 없었다. 정말 무모한 도전이었다. 그 개가 참 고마웠다.

후버 댐을 거쳐 라스베이거스로 가는 날이다. 소라는 라스베이거스 코스는 별로 좋아하지 않았다. 왜냐하면 그녀는 문명적인 것 보다는 고전적인 것에 관심이 많고 한번 방문한 곳이기도했다. 그러나 내 입장으로 볼 때 그곳은 꼭 가봐야 할 곳이다. 여행객이 세계적인 환락의 도시를 지척에 두고 보지 않고 다른 곳에 간다는 것은 있을 수 없는 일이다.

소라가 가기를 꺼려하는 눈치라 무척 서운했다. 그녀를 위해서 이틀 동안 나는 목숨을 내건 것이 아니었던가. 그것을 몰라주는 것 같아 몹시 서운했다. 내 서운한 마음을 알아보고 소라도 라스베이거스에 가기로 작정했다.

근 60마일이나 달려 후버댐에 도착했다. 후버댐은 산악지대에 있었다. 이 산악지대인 콜로라도 강의 협곡에 어떻게 공사를 했을까? 상상이 되지 않는다. 기적에 가까운 공사라고 생각되었다. 지금은 아주 높은 새로운 다리를 건설하고 있었다. 그 다리가 완성되면 금문교만지나 유명해질 것 같았다. 후버댐을 구경하고 메디아 호수를 구경 갔다. 후버댐을 막아서 만들어진 메디아 호수는 인공호수로는 그 당시에는 세계에서 제일 컸단다. 시즌이 끝나서 그런지 한가했다. 하긴 옛날이야기지 지금은 후버댐이나 메디아 호수는 미국에서조차 콜럼비아 강의 그랜드 쿨리 댐에게 최고라는 수식어를 물려주어야한다.

〈후버댐 주변〉

〈후버댐과 새로 건설중인 다리〉

라스베이거스에 도착해서 식스인Six inn에 자리를 잡고 한숨 잤다. 피곤이 온 몸을 덮쳤다. 자고 나니까 조금 나아졌다.

3시 경에 일어나서 시내 구경을 갔다. 첫 번째 들린 호텔은 시저스 팰리스 호텔Caesars Palace Hotel이었다. 셀프주차장에 주차를 하고 한 참 걸어서 호텔에 도착했다. 호텔 1층에는 카지노가 있었다. 강원랜드에서 본 것과 대동소이했다. 소라는 1불을 걸고 놀음을 했다. 금방 2달러 30센트가 되었다. 그녀는 1불을 나에게 주었다. 나는 그 1달러를 순식간에 잃었다. 저녁을 먹었을 때는 시내에 어둠이 드리워지고 있었다. 화려한 라스베이거스의 야경이 눈에 부셨다. 다시 베니션Venetian 이라는 호텔에 갔다. 호텔 안으로 강이 흐르고 있는 특이한 분위기였다. 그 강에 관광객을 태운 유람선이 있었다. 호텔 안으로 선남선녀들이 들어왔다 나가곤 했다. 그 호텔 카지노에서 1불을 넣고 다시 빠징꼬를 해보았는데 갑자기 3불이 됐다. 그만하고 거리로 나왔다.

스트립STRIP에 야경을 구경하러 갔다. 베니션에서 그리 멀지 않았다. 이곳에는 쇼핑센터, 호텔, 레스토랑 등이 밀집해 있는 곳이었다. 화려한 불빛에 눈이 부셨다. 그리고는 프리몬트 스트리트 익스피어리언스Fremont Street Experience로 달려갔다. 시내의 다운타운에서는 좀 떨어져있지만 분위기가 있었다.

〈라스베이거스 한 호텔에서 뱃놀이 하는 관광객〉

〈한 호텔의 소삭〉

〈라스베이거스의 야경〉

〈라스베이거스의 밤거리에서 소라와〉

〈밤거리를 메운 관광객〉

〈휘황찬란한 야경〉

동경의 어떤 골목과 비슷했다. 사람들이 거리를 메우면서 즐기는 곳이었다. 가수들이 가설무대에서 노래를 부르며 춤을 추고 거리의 사람들도 흥에 겨워 춤을 추었다. 손에 맥주병을 들고 또 먹을 것을 들고 흥겨워하는 것만 봐도 즐거웠다. 소라도 사람들과 어울려서 춤을 추었다. 늙은이도 젊은이도 없었고 남녀의 구분도 없었다. 모두가 즐거워했다. 소라에게 아이스크림을 사주고 소라는 나에게 맥주 한 병을 사주었다. 나도 다른 사람들과 똑 같이 병 맥주를 마셨다. 평생 처음 마셔보는 스타일이었다.

너무 피곤해서 그쯤하고 주차장에 오는데 좀도둑이 나에게 붙었다. 어깨에 메고 있는 작은 가방을 노린 것이었다. 눈치 빠른 소라가 그것을 발견해서 나에게 주의를 주어서 불상사를 면했다. 그 안에는 돈과 여권이 들어 있었다. 까딱하면 큰일 날 번했다.

✲ 2008. 9. 27 토 〈후버 댐〉

아침 늦게 일어났다. 한국식당에 가서 아침식사를 했다. 어제 저녁을 먹은 집도 그렇고 오늘아침을 먹는 식당도 그렇다. 식당 이름이 김치집인데 김치 맛이 영 형편없다. 우리가 들어가도 반가워하지 않았다. 그렇게 무뚝뚝 할 수가 없었다. 홀은 큰데 내부도 지저분하고 인테리어가 안 되어있다. 이렇게 해놓고 어떻게 영업을 한단 말인가? 하는 생각이 들었다. 아무래도 이래가지고는 식당으로 성공하기 힘들 것 같았다. 중국교포들 식당은 싼 가격으로 승부를 보고 일본 교포의 식당은 청결과 특유의 친절함이 특징이다. 한국 교포의 음식점 중엔 가격이 싸지도 않고 양이 많은 것도 아니고 친절하지도 않은 음식점이 많았다.

아침 식사를 하고 후버 댐으로 갔다. 후버 댐 여행 안내소에 가서 다만 자료만 얻어올 계획이었는데 그곳에서 상당한 시간을 보냈다. 후버 댐은 내부까지 전부 공개했다. 미국의 이런 점이 참 좋은 점이다. 이것이 산교육이 아닌가 싶다. 무주 적상산에 있는 양수발전소를 구경하려면 일주 전에 미리 신청을 해야 한다. 밖에서 볼 때는 그저 큰 댐이거니 했는데 내부를 보고 안내인의 설명을 들으니까 엄청난 것이었다. 정말 기념비적인 사업이었다. 나는 조그마한 책을 한 권 샀다. 그 책에는 후버댐의 전부가 설명되어 있었다. 후버 댐 수력발전량은 우리나라 소양 댐 발전용량의 2.4배 정도이다. 연간 생산량은 42억(4.2 billion)kwh 인데 130만 인구가 일년간 사용할 수 있는 전력이다.

〈메디아 호수〉

〈후버댐 내부의 발전시설 공개〉

후버 댐을 공개한다고 해서 무방비는 아니다. 도로를 지나가는 차량은 멈추어 서서 검열을 받은 후에 통과시켰고 지하 댐에 들어갈 때는 주머니 칼도 허용되지 않았다.

구경을 잘하고 피닉스 템피로 차를 달렸다. 소라는 킹맨Kingman에도 못 갔는데 졸기 시작했다. 길가에 차를 멈추고 잘 수밖에 없었다.

US-93을 달렸다. 템피에 가까이 왔을 때 여호수아 숲 공원Joshua Tree Forest Park이 나타났다. 여호수아 나무는 유카의 일종인데 키가 30ft(2.8m)까지 자라고 지름이 3ft(0.9m)이다. 많은 가지들이 있다. 장관을 이루었다. 사구아로와 여호수아는 사막의 특징적인 식물이다.

✲ 2008. 9. 29 월요일 〈헤이퍼와 올리비아〉

오전 11까지는 책을 읽었다. 소라가 11시에 아파트사무실에 같이 가자고 해서 함께 갔다. 방세가 불거졌다. 우리가 8월 22일에 이사 왔으니까. 8월분은 낸 것이고 9월분이 연체되었으니까 9월분도 내고 연체비도 내야

한다는 것이다. 소라는 9월분은 냈고 8월분은 일언반구도 없었을 뿐더러 10일밖에 안 살았으니 10일분만 낸다는 것이다. 연체는 한 일이 없으니까 연체비는 물론 안낸다는 주장이었다.

아파트 관리실 이야기는 8월에 하루라도 살면 8월분을 다 내야한다는 것이다. 미국방식은 비합리적이다. 한국식과는 생판 다르다. 8월 13일경(그 때 아파트가 비어 있었다)에 이사 온다니까 22일에 이사 오라고 해서 우리는 그 동안 여관방을 전전하면서 보낸 후에 이사를 왔다. 이렇게 되면 우리 쪽은 이중 부담이 되는 샘이다. 이건 경우가 아니다.

〈헤이퍼 교수와 올리버 양〉

〈헤이퍼 교수와 호돌이 식당에서〉

아파트 쪽에서는 이것은 미국의 관례라는 것이었다. 13일에 이사할 수 있는 아파트에 갈일이지 이곳으로 와놓고 이제 와서 한국도 아닌 미국에서 한국식으로는 안 된다고 말했다.

양쪽의 주장이 팽팽해서 싸움이 끝날 것 같지 않았다.

합리주의와 실용주의가 발달된 미국에 이런 구석이 있다니 참 이상한 일이다. 우선 미해결로 두었다.

오후에 낮잠을 늘어지게 자고 소라는 영어회화 배우러 가고 나는 책을 읽었다.

소라가 공부를 마치고 와서 리차드 헤이퍼 교수와 그의 양녀에게 저녁을 대접한다고 해서 호돌이 식당에 갔다.

조금 후에 헤이퍼와 올리비아Olibia가 와서 불고기와 잡채 해물파전을 시켰다. 양녀는 한국인인데 키가 크고 순박해보였다.

부녀간이 퍽 다정했다.

헤이퍼는 한국 음식을 잘 먹었다. 그 모습이 좋았다. 올리비아 양은 한국말은 전혀 하지 못했다. 우리는 일상적인 대화를 했다. 소라는 앞으로의 계획과 수파이에 갔다 온 일을 이야기 했다. 나는 헤이퍼와 강에 대한 대화를 나누었다. 후버 댐의 규모에 대해서도 의견을 나누었다. 식사가 끝난 후 아시아나 마켓에 가서 헤이퍼 교수에게는 복분자 술 2병을, 올리비아 양에게는 김치를 사주었다.

내 손전화 hand phone가 로밍을 해왔는데도 잘 되지 않아 근처의 비디오 집에 들렀다. 그 집에서도 잘 알지 못했다.

✲ 2008. 9. 30 화요일 〈캐멀 백〉

소라가 피마 언어를 공부하러 가는 날인데 오늘은 수업이 없다고 해서 지구촌 교회의 윤미경 집사와 이수지 집사와 같이 캐멀 백Camel Back에 가기로 하였다. 윤미경씨는 40대 초반의 부인으로 남편은 고위층에 근무하는 백인인데 직장관계로 텍사스 주에 있고 아들이 피닉스의고등학교에 다녀서 남편과 떨어져 살고 있다고 말했다.

미경은 자기 집에서 간단한 아침식사와 커피를 마시고 산에 가자면서, 오늘 아침 7시까지 오라고 말했다. 눈을 뜨자마자 세수만 간단히 하고 등산복 차림으로 미경의 집에 갔다. 동행하기로 한 이수지 집사가 먼저 와서 기다리고 있었다. 여주인의 안내를 받으면서 식당으로 들어갔다. 차고와 화단, 풀장이 있는 아담한 단독 주택이었다. 뒤뜰에는 장독대가 있고 고기 굽는 곳도 있었다. 지난 일요일에 미경은 내 시집을 빌려달라고 해서 한권 주기로 했다. 그녀에게 시집을 주었더니 퍽 고마워했다. 떡 한 쪽에다 찐 고구마를 한개 먹고 커피를 마신 후 산을 향해서 출발했다.

〈수지씨 미경씨와 〉

〈케멀백 등산〉

〈케멀 백을 배경으로 수지,미경,소라 〉

수지씨는 한국의 모 대학교수 부인으로 외아들이 피닉스에 살고 있어서 정년퇴직을 한 후 이 도시에 왔다고 말했다. 두 분 다 미인인데다가 기품이 있고 선량했다. 캐멀 백(낙타 등)은 가까이 있었다. 시내에서 보이는 산이다. 낮은 산 인줄 알았는데 해발 824m이다. 계룡산이 845m이고 북한 산이 837m이니 미루어 짐작할 수 있다. 산기슭에는 등산객들을 위한 주차장이 있었다. 주차를 하고 쉬운 코스를 택했다. 그 산은 온통 사암sand rock이라 등산은 쉽지가 않았다. 그곳에는 무서운 방울뱀도 서식한단다.

〈즐거운 우리〉

〈피닉스 시내를 배경으로 소라〉

등산을 마친 시간이 10시 쯤 되는 것 같았다. 다시 미경의 집에 가서 김치 볶은 밥을 아침 겸 점심으로 들고 세차도 하고 선인장 화분을 하나 얻어가지고 집에 왔다. 화요일마다 등산을 하자는 약속도 했다.

집에 오면서 책방에 들려 지난주에 주문한 프로스트의 초기시집을 찾아 왔다. 그리고 『남서부 지역의 토종식물로 꾸민 조경술Landscaping with Native Plants of the Southwest』이라는 책도 한권 사왔다.

오후에는 소라가 소화가 안 된다고 했다. 그런 말을 한일이 한 번도 없는데 걱정이다.

저녁때부터 새벽까지 '소년의 의지에 나타난 설계와 드라마Design and Drama in A boy's will' 라는 평론을 읽었는데 단어가 너무 많이 나와 진도가 나가지 않았다.

✲ 2008. 10. 2 목 〈이인영 권사의 집〉

벌써 10월이다. 한국에서 10월이면 가을인데 이곳은 그냥 여름이다. 이인영 권사가 점심에 초대를 했다. 소라는 학교일이 아직 남아있어 아침식사를 하고 집을 나섰다.

우선 학교에 가서 이제 온 것을 사과하고 서류를 제출했다. 담당 직원은 서류가 50페이지나 된다니까 음대에 가서 필요한 페이지 한 장만 뽑아오라고 한다. 음대에는 직원이 3시 넘어서 온단다.

이인영 권사 댁에 갔다. 목사 사모님은 벌써 와있었다. 냉면을 만들어 놓고 기다리고 있었다. 사가지고 간 포도를 내놓았다. 식사는 바로 시작되었다. 이북이 고향인 집주인은 냉면을 해놓았는데 시원하고 맛이 좋았다. 고기도 구워놓고 쌈도 있었다. 냉면을 먹고 나니 배가 너무 불러 더 이상 아무 것도 먹을 수가 없었다.

점심을 먹고 3시에 맞추어 다시 학교에 갔다. 사무원을 만났으나 서류가 잘 나타나지 않아 처리를 내일로 미루었다.

돌아오는 길에 베스트 바이에 들려 손가방을 하나 샀다. 서울에서 가지고 온 손가방의 자크가 고장이 나서 못쓰게 되었다. 가방을 사는데 3군데나 다녔다. 처음 본 가게에 가서 가죽 손가방을 샀다. 값이 30불이 조금 넘었다.

새벽에 동섭에게 전화가 왔는데 내가 잘못 받아 기분이 상했는지 끊었다. 동섭은 고등학교 동창인데 자기의 연애담을 소설로 써달라는 요구를 내가 여행을 떠나기 전에 나에게 한일이 있었다. 나는 못한다고 분명히 말했는데, 그 문제로 전화한 것 같아 짜증이 났었다. 새벽 2시 30분에 자리에 누웠는데 4시에 전화가 와 잠결에 빨리 말하라고 한 것이 화근이었다. 기분이 하루 종일 우울했다. 내가 너무 한 것인가. 잘 모르겠다.

✻ 2008. 10. 3 금 〈내비개이션navigation 분실〉

개천절인데 미국에 와선지 감각이 없다. 하긴 엄밀히 따지면 오늘이 아니고 어제다. 소라는 건강보험서류 때문에 아침부터 신경이 곤두서있다.

오늘은 일정이 바쁘다. 허드 박물관에 가기로 했다. 은행도 가고 학교도 가고 바이불 쳐치도 가야한다.

차의 유리문이 내려가 있어 살펴보니, 맙소사 내비개이션navigation이 없어졌다. 차유리가 내려져 누군가가 떼어간 것이다. 차의 유리문은 내 쪽의 것이었다. 아파트 출입문을 열면서 닫지 않은 것이 원인인 것 같았다. 정말 미안했다. 내가 잘 못한 것이다. 소라는 이런 문제에는 대범하다. 그녀는 걱정하지 말란다.

내비 없이는 움직일 수 없기 때문에 내비를 사러 가게에 갔다. 아직 문을 열지 않아 기다리다가 들어갔다. 먼저 거보다 비싼 걸로 샀다. 기계는 좋은데 음성이 영 딴판이었다.

허드 뮤지움에 갔다. 기념식이 열리고 있었다. 리셉션에는 참석하지 않고 은행에 가서 보험문제를 상의 했다. 소라의 이야기를 듣고 제임스가 그 문제를 깨끗하게 처리해주었다. 학교에 가서 서류를 제출하였다. 보험문제가 처리된 것이다. 소라는 기뻐했다.

ASU 식당에 가서 뷔페를 먹었는데 감자가 대부분이었다. 소라는 이제부터는 나더러 점심을 하란다. 점심하고 설거지는 나더러 전부 하란다. 그렇게 하기로 했다. 이렇게 변한 나를 보면 아이들이 어떻게 생각할까? 그러나 내 팔자다.

책방에 들려 노트 2권과 풀, 서류 집개를 사가지고 돌아왔다. 소라는 5시에 영어회화 배우러 가고 나는 책을 읽었다. 소라가 회화공부를 하고 돌아와서는 저녁도 먹지 않고 피마 랭귀지 스쿨에 축제를 보러 가야한단다.

사람들이 모여 있었으나 소라가 원하는 축제와 전통노래가락은 없었다. 일찌감치 돌아왔다.

저녁 시간이 지나고 배는 고프고 해서 호돌이 식당에 가서 저녁을 먹었다. 잡탕 순 두부 찌개인데 시장이 반찬이라 맛이 있었다. 그곳에서 한국 신문을 보고 영화배우 최진실이가 자살한 것을 알았다. 내가 좋아하던 영화배우인데, 이제 40인데, 이혼했다는 이야기를 들었는데, 불행한 결혼생활이 자살의 동기가 됐을까? 국민배우의 칭송을 받던 그녀가 아닌가. 한창 살 나이에 어머니와 아들딸을 두고 스스로 목숨을 끊다니. 원인은 우울증이란다. 우울증은 참 무서운 병이다. 잠이 안 온다.

✲ 2008. 10. 5 일 〈굶어 죽는 사람들〉

11시 반 예배가 11시로 당겨졌다고 해서 좀 일찍 나갔다. 그런데 문이 잠겨있었다. 우리가 잘 못 알았다. 한 20분이나 기다렸다 들어가서 예배를 보았다. 설교는 베드로에 대한 이야기였다. 성경에 나오는 이야기였다. 예수도 사람을 쓸 때 그 사람이 쓸 만한 사람인지 시험을 해보고 썼다는 내용이었다.

예배를 보고 점심은 먹지 않고 빌리지 마켓에 갔다. 점심을 사주겠다고 갔는데 일요일은 안 한단다. 쌀 등 이것저것을 사왔는데 60불이 넘었다. 소라가 돈을 지불했다. 다음번에는 내가 내야한다.

오후에는 밥이 하는 영어 교회에 갔다. 밥목사는 늘 친절하다. 오늘 설교는 젊은 친구가 했는데 '믿음과 고통' 이라는 제목이었다. 굶주림에 허덕이는 아프리카에도 신은 있는가? 를 다루는 것 같았다. 수많은 어린애가 죽어간다. 신은 왜 외면하는가? 생각해 볼 문제다. 이 세상에는 굶어 죽는 사람들이 너무 많다. 북쪽도 그렇다지 않는가.

이 걸 어떻게 설명해야하나?

✲ 2008. 10. 7 화 〈캐멀 백 정상에 오르다〉

아침도 먹지 않고 미경의 집에 갔다. 고구마 한 개와 커피를 마시고 캐멀 백을 향해서 떠났다. 오늘은 미경이 운전을 했다. 소라의 운전이 불안하다는 것이었다. 바로 캐멀 백에 도착해서 주차를 하고 등산을 시작했다. 오늘 코스는 정상에 도전하는 정 코스란다.

나지막한 산으로 알았는데 정작 올라가 보니 그렇지가 않다. 온통 사암 Sand Rock의 악산이라 힘이 들었다. 철 난간을 잡고 올라가야 하는 곳도 여럿 있었다. 젊은 미경이가 선두 다음은 두 번째 젊은 수지, 소라와 나 이런 순서였다. 미경은 등산을 많이 다닌 솜씨였다. 여러 번 쉬고 올라갔다. 힐 탑을 올라갈 때만큼 힘이 들었다.

쉬면서 바라보는 피닉스는 참 아름다웠다. 시내는 나무가 많아 하나의 공원 같았다. 이 많은 인구들이 무엇을 해먹고 사느냐니까? 이곳에서 가장 오래 산 미경의 말이 겨울 별장을 가지고 있는 부자들과 연금으로 사는 노인들도 많아서 돈 걱정이 없단다. 템피 쪽은 대학생들이 많다. 템피는 대학의 도시이다. 파라다이스 쪽은 다른 지역보다 나무가 더 많고 부자들이 사는 저택이 눈에 띄었다. 대통령이 쉬어간다는 호텔은 규모가 크고 연못의 물빛은 하늘빛이었다.

〈피닉스 시가〉

〈부자마을의 거리〉

〈케멀백에서 내려다 본 호텔(미국 대통령이 자고간 호텔) 〉

피닉스에는 위성도시들이 많다. 피닉스뿐만 아니라 미국도시의 특징이다.

드디어 정상에 올랐다. 전 도시가 눈 아래 들어왔다. 시원한 바람이 불어와 땀을 시켜주었다. 캐멀 백이 서울의 남산처럼 도시의 중심에 있는 것 같았다. 산기슭에는 고급주택들이 들어서 있었다.

등산을 하는 사람들이 참 많았다. 뜨거운 햇빛인데도 웃통을 벗은 남자들이 많았다. 몸에 털이 많이 나서 고릴라 같았다. 처녀들은 수영복 차림도 더러 있었다. 미끈한 다리가 매력적이었다. 개를 끌고 오는 사람들이 의외로 많았다. 등산하는 사람들은 뚱뚱한 사람이 별로 없다는 것이 특징이었다.

올라가는 길은 어려웠으나 내려오는 길은 쉬웠다. 한 번도 안 쉬고 내려올 수 있었다.

미경은 드라이브를 시켜주더니 점심을 먹자고 해서 들어갔다. 밥과 과일을 내놓았다. 시장하던 참이라 맛있게 먹고 커피까지 마시고 왔다. 즐거운 산행이었다.

내 여행기에 캐멀 백 등산은 꼭 넣어야겠다.

오후에는 피마 랭귀지 스쿨에 갔는데 도서실의 전등을 고치고 있어서 분위기가 영 말이 아니었다. 그렇다고 갈 곳도 없고 해서 가지고 간 책 복사할 부분을 복사하면서 시간을 보냈다.

소라가 4시 반쯤 수업이 끝나 집에 오는데 프리웨이서 하마터면 대형 사고가 날 번했다. 소라는 시내에서 너무 속도를 낸다. 가슴이 덜컹 내려앉았다.

템피 마켓이 있는 서점에 들렀다. 에밀리 디킨슨에 대한 평론집을 보러 갔는데 별로 없어서 T. S Eliot의 책을 사가지고 돌아왔다. 영국에서 출판한 책이라 파운드로 되어있었는데 달러로는 27달러이다. 한국 돈으로는 3만원이 넘는 샘이다. 미국도 책값이 싼 편이 아니다.

박승미 시인에게 메일이 왔다. 좋은 분이지만 나에게 메일까지 보낸 것은 의외이었다. 한국은 가을이란다. 단풍이 곱게 물들었을 것이다. 그리운 사람들이 보고 싶다.

✲ 2008. 10. 8 수 〈콜로라도 주〉

콜로라도 주의 주도 덴버에 가기로 했다. 덴버는 중서부의 중심 도시로 미국에서 27번 째 되는 도시이다. 로키산맥의 중심부에 해당하며 근처에 로키마운틴국립공원이 있다. 로키마운틴 내셔널 파크는 얼마나 웅장할까? 사막을 흐르는 콜로라도 강의 원류head water를 보고 싶다.

새벽 일찍 일어나 서둘렀다. 아침 식사는 어제 밤에 해둔 밥으로 하고 고구마와 감자 하나씩 쪄서 먹었다. 그렇게 서둘렀는데도 7시 3분전에야 출발했다.

우리가 좋아하는 도로인 87N로 가기로 했다. 사구아로 숲이 마음에 든다. 페이슨Payson을 지나 87지방도로로 스트로베리Strawberry를 거쳐 윈슬로Winslow에 가서, 중국식당 드래곤에서 점심을 먹고 산골길로 딜콘Dilkon과 글래스우드Greasewood를 거쳐 캐니언 콘필드Canyon Cornfields를 지나 차량도 드믄 산골길로 가다가 US-191을 만나 라운드 록Round Rock까지 갔고, 멕시칸 워터Mexican Water에서 다시 US-160으로 코티즈Cortez까지 갔다. 윈슬로를 지나고부터는 끝없는 황야였다. 가도가도 끝이 없었다. 그리고 건천이 그렇게 많았다. 주위에는 꼭 조각을 해놓은 것 같은 기묘한 거대한 바위들도 많았다.

〈덴버 가는 길〉

애리조나 주에서 콜로라도 주 경계를 넘을 때 쯤 멀리 보이는 산 정상이 하얗게 보였다. 눈 같기도 하고 흰 바위 같기도 했다.

이런 경우 우리 둘은 내기를 잘 한다. 저녁내기를 걸었다.

그렇게 7시간이나 달려 콜로라도 주의 코티즈에 도착했다. 아직 해는 있었지만 소라가 너무 피곤한 것 같아 여관에 들었다. 여관은 모텔 8이었다. 내가 잘 못 알아 들어서 98불이나 주었다. 소라는 괜찮다고 말했지만 미안한 마음은 사라지지 않았다. 아무래도 나는 영어 리슨에 문제가 있다. 소라가 금액을 지불했는데 참 미안했다. 내가 50불씩 휘발유를 2번 넣었다.

여관을 정하고 중국집을 찾아가는데 또 쇼를 했다. 여관에서 가르쳐 준 대로 갔는데도 없었다. 간신히 음식점에 도착해서 맛있게 저녁을 먹었다.

코티즈는 피닉스와 달리 상당히 추웠다. 종업원에게 산 정상에 있는 하얀 것이 눈인가 바위인가 물었다. 이틀 전에 코티즈에 비가 왔다면서 그 산에는 눈이 내렸다고 말했다. 물론 내가 저녁을 얻어먹었다.

육안으로 보기에는 별로 높지 않은 산이었다. 애리조나 피닉스는 아직 가을 냄새가 전혀 나지 않는데 여기는 겨울이라니. 스노우 캡snow cap이라는 말이 실감이 났다. 이 근처에 있는 헤스페루스 산Hesperus Mt은 13,232feet이니까 4,033m가 아닌가.

코티즈는 옛날부터 무역으로 유명한 상업도시란다. 근처에 메사 베르디가 있다.

✲ 2008. 10. 9 목 〈마일 하이 시티Mile-High City〉

코티즈에서 자고 새벽 5시에 아침을 먹고 서둘러 길을 떠났다. 아침 6시였다. 이곳 시간으로는 7시이다. 아침에 일어나더니 소라는 어제 코티즈로 입력을 잘 못해서 멀리 돌아왔다고 한다. 그러나 코티즈는 몇 번이나 수정한 안이다. 그 말로 기분이 좀 이상해졌다. 이제 와서 그런 이야기를 하면 분위기만 안 좋다. 한적한 시골길을 원한 건 소라가 아니냐? 참을 수밖에. 어제와 같이 US-160 도로를 달리고 있었다.

다행히도 어제 본 설산(Hesperus Mt13,232ft(4,033m))쪽으로 길이 났다. 해발 4,000m 이상의 고봉에 눈이 내렸다. 봉오리가 대여섯 개는 되는 것 같았다. 산 아래 마을들은 가을 단풍이 노랗게 물들었다. 버드나무 단풍이 이렇게 아름답다니! 참 아름다운 경치였다. 그런 경치가 끝없이 이어졌다. 헤스페루스 산과는 아쉬운 작별을 하고 앞으로 나갔다. 산후안 국립 산림지역San Juan National Forest, 또 산 후안 산맥San Juan Mountains이 나오더니 우리는 산후안 리버San Juan River의 상류를 만났다. 정말 비경이었다. 마을에는 목장들이 많았다.

소라는 〈오 대니 보이〉를 부르기 시작했다.

〈콜로라도 매발톱꽃〉

아! 목동들의 피리소리들은
산골짝마다 울려 나오고
여름은 가고 꽃은 떨어지니
너도 가고 또 나도 가야지
저 목장에는 겨울철이 오고
산골짝마다 눈이 덮여도
나 항상 오래 여기 살리라
아 목동아 아아 목동아 내 사랑아.

아일랜드도 이런 목장이 많겠지. 아일랜드에 가보고 싶다. 나도 꽁한 마음이 풀리기 시작했다. 나도 모르게 소라의 노래를 따라 불렀다.

Danny Boy
Irish Song Iyrics and Music Midi

Lyrics

Oh Danny boy, the pipes, the pipes are calling
From glen to glen, and down the mountain side
The summer's gone, and all the flowers are dying
'Tis you, 'tis you must go and I must bide.

But come ye back when summer's in the meadow
Or when the valley's hushed and white with snow
Tis I'll be here in sunshine or in shadow
Oh Danny boy, oh Danny boy, I love you so.

And if you come, when all the flowers are dying
And I am dead, as dead I well may be
You'll come and find the place where I am lying
And kneel and say an "Ave" there for me.

And I shall hear, tho' soft you tread above me
And all my dreams will warm and sweeter be
If you'll not fail to tell me that you love me
I'll simply sleep in peace until you come to me.

I'll simply sleep in peace until you come to me.

소라는 흥에 겨워 영어로 노래를 불렀다. 나는 가사를 몰라 듣기만 했다.

산기슭에 노란 단풍이 아름다운 곳, 소들이 한가롭게 풀을 뜯는 곳에서 차를 멈추고 사진을 몇 장 담았다. 바위와 크릭크의 맑은 물이 조화를 이룬 비경은 대 로키의 진수였다. 이곳이 로키산국립공원Rocky Mountains National Park이 아닌가 생각할 정도였다. 높은 고개를 차는 오르기 시작했다. 세상에서 제일 높을 것 같은 큰 재를, 아마 Wolf Creek Pass10,850ft(3,307m)를 넘어가는데 오른쪽의 몬테주마 피크Montezuma Pk 13,150ft(4,008m)와 코네후스 피크Conejos Pk13,172ft(4,014m)의 고봉에 눈이 하얗다.

그곳이 리오 그란데 내쇼날 포리스트Rio Grande National Forest같았다. 고개를 내려와서는 리오 그란데Rio Grande의 원류를 볼 수 있었다. 그 강의 원류는 노란 단풍이 든 아스펀이 호위하면서 뉴멕시코 주 쪽으로 끝없이 흘러갔다. 농경지의 커다란 분지도 나타났다 사라졌다. US-160

도로로 몬테 비스타Monte Vista에 가서 US-285로 갈아탔다. 이제는 지루한 황야였다. 다행히도 사막은 아니었다. 여기저기에 작은 목장들이 나타났다.

여덟 시간을 달려 드디어 콜로라도 주도인 덴버에 도착했다. 1마일의 고도에 위치한 관계로 덴버는 마일 하이 시티Mile-High City로 불린다.

다운타운 정보 센터에 가서 정보를 얻고 덴버의 위성 도시인 볼더Boulder로 향했다. 볼더에는 콜로라도 대학이 있고 로키산국립공원에 가까운 곳이고 박물관도 2곳이나 있다.

볼더에서 이틀 밤을 자기로 했다. 여관을 찾았더니 너무 비싸, 싼 여관을 소개받아 간 곳이 한국인 여자가 경영하는 여관이었다. 하루 밤에 65불인데 이틀 밤에 135불을 받았다. 깎아준다더니 받을 건 다 받은 셈이다.

볼더에 있는 유명한 호텔에 로버트 프로스트가 자고 간 기록이 있었다. 미국의 호텔은 이런 것까지 기록했다.

〈콜로라도 대학〉

〈가을 담장이의 대학건물〉

✲ 2008. 10. 10 금 〈로키산국립공원〉

새벽 일찍 서둘러 식사를 하고 출발하려하였으나 하늘에 구름이 잔뜩 끼었다. 여관 종업원 이야기로는 오늘은 비가 오고 내일도 아마 비가 올 거란다. 미국에 와서 여행을 하면서 이런 일기는 처음이다.

오늘은 박물관이나 보고 내일 로기산국립공원에 가기로 했다. 볼더에 있는 박물관을 몇 군데 가보았으나 별로였다. 그래서 덴버에 있는 박물관을 보기로 했다.

덴버 미술관Denver Art Museum은 특히 원주민에 관한 1 6,000여 점에 이르는 소장품을 가지고 있었다. 다양한 생활용품. 직물류와 신발 등이 인상적이었다. 현대 미술품도 많이 소장하고 있었다. 또 아시아 아트관도 있었는데 우리나라 도자기 몇 점도 있어 반가웠다.

구경을 하고 볼더에 와서 점심식사를 하러 한국음식점에 갔다. 비는 오지 않고 날씨는 흐리고 추웠다. 된장국과 김치로 밥을 먹었다. 음식점 주인의 권고로 오후에 로키산국립공원에 가고 내일 콜로라도 스프링스 Colorado Springs에 가기로 했다.

늦은 시간이지만 로키산국립공원으로 차를 몰았다. 바로 나타날 것 같은 공원은 가도 가도 나타나지 않았다. 나는 쏟아지는 잠에 곯아 떨어졌고 소라는 계속 하품을 했다. 운전하는 사람 옆에서 자는 것은 실례지만 몸이 영 엉망이었다.

드디어 공원에 도착했다. 길이 갈림 길인데 트레일 리지 로드Trail Ridge Road EL12,183ft(the highest continuous paved highway in the United States) 쪽으로 갔다. 많은 차량이 베어 레이크 로드Bear Lake Road쪽으로 가고 있었다. 좀 실망스러웠지만 몇 번 불평을 하고는 그냥 두었다.

무슨 이유인지 소라도 화가 잔뜩 나있었다. 이곳저곳 차를 몰다보니까 차는 정상을 달리고 있었다. 전망이 기가 막혔다. 건너편 산이 과연 로키산국립공원 이라는 이름이 붙겠구나 하는 생각이 들었다. 4,000미터 급 산들이 스노우 캡을 쓰고 있었다.

기기묘묘한 바위와 협곡, 산의 정상이 구름에 가려졌다 벗겨지는 파노라

마. 끝이 없는 가문비나무 숲들. 돌아오지 않고 정상으로 계속 차를 몰았다. 곳곳에 조망대vista point가 있었다. 조망대에 갔다가 살을 에이는 추위에 쫓겨 사진을 몇 장 찍고 차로 돌아오기를 반복했다. 조금 더 올라가니까 분화구가 있었다. 지금은 사화산이지만 이곳이 화산지대임을 알 수 있었다.

산 정상은 나무가 없이 풀들만 자라고 있었다. 풀의 생명력은 강하다. 내려오는 길에 자그마한 호수를 만났다.

대륙 분수령Continental Divide은 밀러 패스Milner Pass(elev. 10,759ft)에 있는 호수인데 한쪽은 미조리 강으로 흘러 대서양으로, 다른 쪽은 콜로라도 강으로 흘러 태평양으로 나누어지는 물의 갈림이 있어 많은 것을 생각하게 했다.

오늘 이 호수는 시인인 나에게 충격을 주었다. 시가 한 편 써질 것 같다.

시간이 좀 있어 베어 레이크 로드Bear Lake Road쪽으로 차를 달렸다. 이곳을 안 보고 오면 후회할 것 같았다. 로키 산 국립 공원에서 가장 인기 있는 트레일 코스가 이어지는 곳이다. 하얀 눈으로 뒤덮인 4,000m 급의 산들이 호수에 비친 모습은 선경이었다. 날이 저물어 호수만 구경하고 돌아왔다.

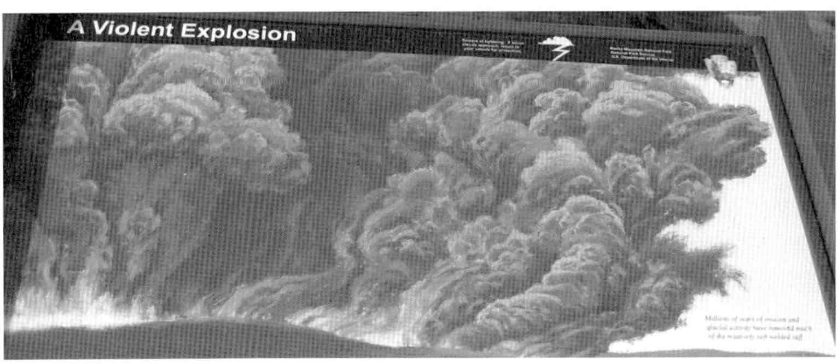

〈화산 활동 상상도 〉

〈로키산국립공원 정상을 바라보며 〉

〈분화구 흔적 〉

〈수분계 〉

〈로키 산 국립공원 산림 〉

〈침엽수 지대를 달리다〉

돌아오는 길은 멀고멀었다. 내비가 고장 났는지 엉뚱한 길로 안내하여 산으로 기어오르기도 하고, 소라는 피곤에 지쳐 반대 차선으로 차를 몰다 내가 경고를 하여 가까스로 사고를 면하기도 했다. 등줄기에서 식은땀이 돋았다. 미국에 와서 지금까지 3번 죽을 고비를 넘겼다. 아찔하지만 사람의 운명이란 있는가 보다. 신은 아직 우리를 부르지 않았다.

사람의 운명은 진정 있는 것인지! 신이여 감사합니다.

✲ 2008. 10. 11 토 〈로키산맥을 넘다〉

볼더를 떠나 피닉스로 향했다. 집에 돌아가면서 콜로라도 스프링스Colorado Springs와 캐니언 시티Canyon City에 들리고 로키 산맥을 횡단할 계획이었다.

아침 일찍 서둘렀다. I-25로 진입했다. 간밤에는 비가 내렸다. 어제 구름이 그렇게 끼더니 마침내 비가 내렸다. 비 올 때 여행을 하는 것은 처음이다.

〈신의 정원의 암석미 〉

〈신의 정원을 배경으로 라 〉

〈신의 정원을 배경으로 저자 〉

〈신의 정원 옆 마을을 어슬렁거리는 사슴〉

〈신의 정원의 거대한 바위 〉

〈신의 정원의 주차장〉

소라는 어제 밤에 잘 못 잔 거 같더니 오늘 새벽부터 존다. 갈 길이 멀고 먼데 이런 컨디션condition 가지고는 문제다. 중간에 잠시 쉬며 눈을 붙인 후에 다시 길을 떠나 콜로라도 스프링스에 도착했다. 미국 공군 사관학교 Air Force Academy가 있는 도시이다. 내 생각 같아서는 세계 최고 정예 공군의 요람인 그곳을 꼭 보고 싶지만 소라는 그런 곳은 별 관심이 없다. 소라의 속마음을 존중해서 신의 정원Garden of the Gods으로 향했다.

신의 정원은 시내에서 얼마 멀지 않았다. 샌드록Sand Rock의 기기묘묘한 바위 군이 우리를 반겼다. 정말 신의 정원이라는 말이 나올 만 했다. 사슴 가족이 마을을 배회하고 있었다. 한가로운 풍경이었다. 사진을 많이 찍고 115 지방도로로 해서 캐니언 시티Canyon City에 있는 로열 고지 브리지 Royal Gorge Bridge를 보러 갔다. 그 다리는 순전히 관광을 위해 만들어진 다리였다. 높이가 331m에 길이가 384m이며 다리바닥은 두꺼운 송판이었다. 우리는 날씨가 몹시 추워 차를 타고 천천히 다리를 건넜다. 331m 아래로는 아르칸사스Areansas강이 흐르고 강 옆으로 기차 철도가 있었다.

시즌에는 기차로 관광을 즐기는 사람들이 많단다. 다리의 한 가운데에 차를 멈추고 사진을 찍고 구경도 했다. 협곡의 경치도 볼만했다. 세계에서 가장 높은 구름다리답게 스릴이 있었다. 아직도 비가 부슬부슬 내렸다.

〈아르칸사스 강 〉

〈로열 고지 브리지〉

서둘러 다시 캐니언 시티로 나와 US-50번 도로를 택했다. 살리다 Salida를 지나서야 로키산을 넘을 수 있었다.

62 도로와 145 도로는 참으로 인상적이었다. 끝없이 이어지는 가문비나무숲과 골짜기의 아스펀의 노란 단풍과 맑은 개울물은 여행의 피로를 잊기에 충분했다.

모이스 페스를 오를 때는 완만한 고지였는데 아스펀이 고산대의 숲을 침입해서 서로 섞여 수채화의 화폭처럼 아름다웠다.

내비만 믿고 텔우리드까지 갔다가 그 높은 산들에 막혀, 다시 돌아와서 145 도로를 탈 수 있었다. 62 도로를 탔을 때부터 내리는 비는 앞이 안 보일 정도였다. 그 비가 고원지대를 통과할 때 진눈깨비로 바뀌었다. 참으로 아름다운 드라이브 코스이었다.

소라는 운전을 참 잘한다. 그러나 눈비는 내리고 기름은 바닥나 가고, 도로가 얼어붙으면 어떻게 하나 하는 걱정이 생기기 시작했다. 고산지대라 비는 눈발로 바뀌었지만 도로에 쌓이지는 않았다. 강한 바람에 도로로 아름드리 나무가 쓰러졌다. 작업부들이 그런 나무를 치우느라고 애를 쓰고 있었다.

모이스 페스를 넘자 비가 좀 그쳐서 한숨 놓았다. 운전을 하는 소라가 장해보였다. 산은 골짝마다 내를 만들어 콜로라도 강으로 물을 흘려보내고 있었다. 아스펀 나무숲은 아직도 눈에 띄었으나 이제는 그렇게 황홀하지는 않았다.

〈가을 단풍의 아름다운 풍경 〉

〈설산을 배경으로 한 목장〉

✲ 2008. 10. 12 일 〈메사 베르디mesa verde〉

어제의 피로에 좀 늦게 일어났다. 여관 식당에 아침 식사를 하러 가니까 백인 여주인이 손님들과 수다를 떨고 있었다. 여관에서 제공하는 아침 식사는 한결 같았다. 과일은 일찍 온 손님들이 다 먹었는지 비어있었다. 우리는 따뜻한 우유와 빵을 좀 먹고 중국집에서 가져온 밥을 고추장에 비벼서 김치와 먹었다.

코티즈의 날씨는 몹시 추웠다. 내비가 말하는 데로 갔더니 헤스페루스 Hesperus 산을 훨씬 못 간 반대쪽인 오른 쪽에 메사 베르디mesa verde 안내판이 있었다. 도로를 따라 잊어버리고 산을 올랐더니 정문이 나타났고, 정문에서 요금을 지불하고 직원이 가라는 대로 몇 마일을 달린 후에 전망대가 있어 올라가 보니 산 아래로는 광활한 황야가 전개되었다. 이곳은 거대한 요새지임을 알 수 있었다. 또 10마일 이상을 달려 여행 안내소에 도착했다. 추운 날씨인데도 구경 온 관광객들이 많았다.

〈모이스 패스의 아름다운 도로 〉

mesa는 tableland이라는 뜻인데 대지臺地, 고원이다. verde는 green이라는 스페인 말이다. 미국 서남부에는 이런 메사가 많이 있다. 이 메사는 천연의 요새지이기 때문에 부족간의 전쟁이 빈번한 시대에는 사람들이 많이 산 것 같다. 이 고원에서 가장 높은 곳은 해발 2,613m이다. 대지는 약 52평방 마일로 옛날에는 부족국가를 세울만한 넓이다. 4,500개가 넘는 고고학의 유적지가 그곳에 있다고 한다.

〈메사 베르디의 벼랑 궁전 〉

〈메사 베르디의 석조물〉

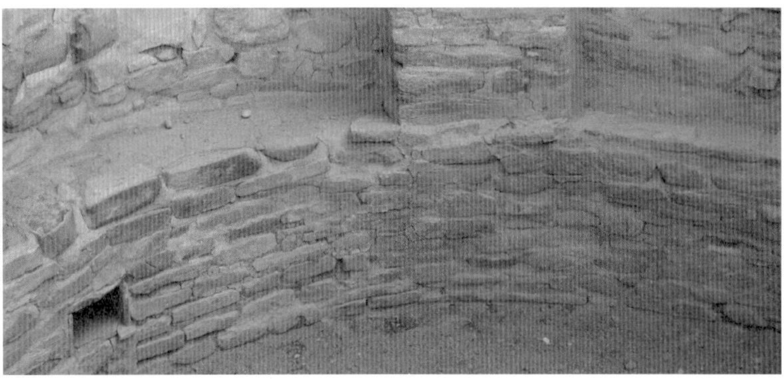

〈키바 〉

메사 베르디는 두 지역으로 나눈다. 왼쪽의 차핀 메사Chapin Mesa와 오른 쪽의 위드릴 메사Wetherill Mesa이다. 오른쪽에는 스텝 하우스Step House, 롱 하우스Long House 등이 있는데 아직 개발이 덜 됐는지 책도 팜플렛도 없고 여름 한철 3~4개월만 개방되고 대부분 패쇄된다. 왼쪽은 일 년 내내 개방된다. 벼랑 궁전The Cliff Palace, 가문비나무 하우스Spruce Tree House, 발코니 하우스Balcony House와 암각화도 있다.

벼랑궁전을 보기 위해서 11시 투어를 신청했다. 1인당 3불이었다. 한 사람이 빠져나가기도 어려운 바위 틈 사이를 지나 사닥다리를 타고 올라가 벼랑 궁전이 있었다. 해설사가 여러 가지로 설명을 했다. 크리프는 작은 규모이지만 잘 지어졌다. 다음은 가문비나무 하우스에 가보았다. 그것은 한참을 내려가 집들이 있었다. 서민들이 산 곳인지 화려하지 않았다.

햇빛은 따듯했으나 너무 추워 시내로 가서 중국식당에서 점심식사를 하고 모뉴먼트 밸리Monument Valley로 길을 떠났다. 중국집 종업원의 말을 듣고 160번 도로를 택했더니 골탕을 먹었다. 한 시간이나 시간 반이면 도착한다는 모뉴먼트 벨리는 멀고도 멀었다. 163 도로로 바꿔 타고도 한참이나 간, 유다 주에 그 기념 골짜기는 있었다. 이상하게 내비에도 나타나지 않았다. 모뉴먼트 밸리는 골짜기가 아닌 평야지 이었다. 남한 면적의 2/3에 해당하는 넓이에 붉은 사암들이 여기저기에 서있었다.

〈가문비나무 하우스 〉

〈모뉴먼트 베리〉

한 사람당 60불을 내면 투어를 시켜주고 사진도 찍을 수 있다는 것을 요금도 비싸고 모뉴먼트 밸리의 황량한 벌판을 상상할 수도 있고 시간도 없어 밖에서 사진을 찍고 기념품상점에 들려 물건을 구경하고 돌아가기로 했다. 기념품 상점에는 낯익은 존 웨인의 대형 사진이 있었다. 물론 파는 상품이었다.

소라는 5시가 넘었는데 템피로 돌아가겠다고 우겼다. 그녀는 고집이 세서 한 번 한다면 한다. 나는 근처에서 자고 내일 가자고 했으나 말을 듣지 않았다.

해가 뉘엿뉘엿 넘어가는 5시 반에 출발했다. 163 도로를 되돌아와 카얀타Kayenta를 거쳐 플랙스테패프Flagstaff에 도착한 시간은 밤 9시가 다 된 시간이었다. 플랙스태프는 높은 지역이라 내비가 계속 말을 안 들어 골탕을 먹었다. 그곳에서 I-17로 곧장 내려왔다. 템피의 아파트에 도착한 것은 밤 11시경이었다.

✻ 2008. 10. 15 수 〈아들이 보내준 돈〉

오늘은 집에서 쉬면서 공부 하는가 했더니 소라는 몇 가지 일을 해야 한다고 했다. 우선 차의 엔진 오일을 가라야 한단다. 우체국에 가서 편지와 누나에게 보낼 약도 붙여야하고 가게에 들려 차방석도 사야하고 내 겨울용 실내복도 사야한단다. 소라가 오전에 나가자고 하는 것을 뒤로 미루었다. 오전에는 공부를 할 욕심이었다. 그런데 마음이 산란해서 공부가 안 된다.

오후에 한국인이 운영하는 정비소에 갔는데 가게가 없어졌다. 불경기라더니 문을 닫는 집이 많은가 보다. 다른 정비소에 가서 엔진오일을 가라달라고 차를 맡기고 우리는 우체국에 갔다. 미국은 참 이상한 나라다. 상자에다 약병을 잘 넣으면 우송료가 27불이고 그냥 봉투에 넣으면 11불이란다. 약값보다 우송료가 더 든다. 두 번 퇴자를 맡고 소라가 도와주어서 붙였다.

미국 우체국은 국가에서 운영하는 것이 아니다. 우리나라 우체국만 못하다.

기분이 좀 우울해서 그런지 나는 설사가 나고 소라는 소화가 안 된단다.

호기에게 전화가 왔다. 돈 5,000불을 붙였으니까 아껴서 쓰라는 이야기. 또 과수원을 파는 것이 찜찜했는데 내 인감증명서를 뗄 수 없단다. 그래서 매매를 못하니 아빠가 와서 하란다.

언제 인감증명서를 못 떼 게 만들어 놓았는지 기억에 없지만 하는 수 없다. 내가 얼마나 소심한 사람인가. 미안한 생각이 들었다.

소라는 저녁을 먹지않고 잤다. 머리를 짚어보고 이불을 잘 덮어주고 프로스트에 대한 논문을 좀 읽었다. 너무나 많은 어휘들이 나와 질리긴 하지만 꾹 참으며 사전과 씨름했다. 수진이가 보내준 영어사전이 많은 것을 해결해주었다.

이제 내일 모래면 〈전원에서〉에 시를 보내야한다. 시를 좀 손질하고 잤다. 막 잠이 들려는데 밖에 순경 같은 사람이 이층 사람과 큰 소리로 시끄럽게 떠들었다. 이 사람들은 숙면방해도 모르는 모양이다. 다시 일어나서 공부를 좀 하고 잤다.

미국 비평가들은 대단하다. 프로스트와 같은 대 시인에게도 인정사정없다. 하긴 비평의 역할이 바로 그런 것이긴 하지만.

✲ 2008. 10. 16 목 〈체이스 은행 직원들〉

은행에 돈이 들어 왔는가? 가 봐야한단다. 무슨 일이 그렇게 많은지 알다가도 모르겠다. 그리고 소라는 일전에 보험 일을 해준 것이 고마워서 은행 직원과 점심 약속을 했었다.

11시 쯤 나갔다. 소라는 대학 근처에 있는 체이스 은행을 이용한다. 학교에 갈 때는 그곳에 주차를 해놓는다. 소라의 구좌에 아들이보낸 4,950불이 들어왔다. 950불을 찾았다. 4,000불이 남아있는 셈이다. 소라는 일을 보고 나는 잡지를 하나 집어 들었다. 가까운 지역의 가 볼만한 곳을 소개하고 있었다. 피닉스에도 가볼만한 곳이 많은데 통 가보지 못했다. 크릭크 캐니언 시티에 대한 기사가 났다. 언젠가 한 번 가보기로 했다.

은행원들과 식당에 갔다. 그들은 고기 음식을 하나씩 시키고 우리는 태국 쌀 국수를 하나 시켜서 둘이 먹었다. 커피도 한 잔 마셨다. 내 통장을 만들어준다고 해서 다시 은행에 갔으나 주민등록증이 없어서 안 된다고 해서 포기하고 그냥 왔다. 통장을 만들어주려는 마음이 고마웠다.

ASU에 가서 소라는 음악대학에 가고 나는 도서관에 가서 책을 보았다. 에밀리 디킨슨Emily Dickinson에 대한 산문집을 보고 싶었는데 전기가 있었다. 그 책은 1, 2권인데 한국에서는 보지 못 했다. 그녀의 시와 편지가 많이 있어 저자를 이해하는데 도움이 될 것 같았다. 복사를 하자니 너무 두껍고 사자니 비싸고 고민이 됐다. 다음에 소라에게 빌려달라고 해야겠다. 그녀는 이 학교의 교환 교수라 빌릴수 있다.

돌아오는 길에 차 손세차를 했다. 한국인이 사장이었다. 그는 아들을 훌륭한 골퍼로 키우기 위해서 이곳에 왔다고 말했다. 아들이 새끼 프로가 됐는데 피닉스에 골프장이 미국 내에서 제일 많아 값이 싸다는 말도 했다. 그 사장도 운동가 타입이었다. 오늘부터 생활비를 공동부담하기로 했다. 소라에게 300불 주었다. 저녁에는 밥을 해먹었다. 그리고 책을 보았다. 이제 시 책도 봐야겠다. 원서로 보겠다. 오히려 영어시가 더 쉬울 것 같다.

✲ 2008. 10. 18 토 〈마지막 강의〉

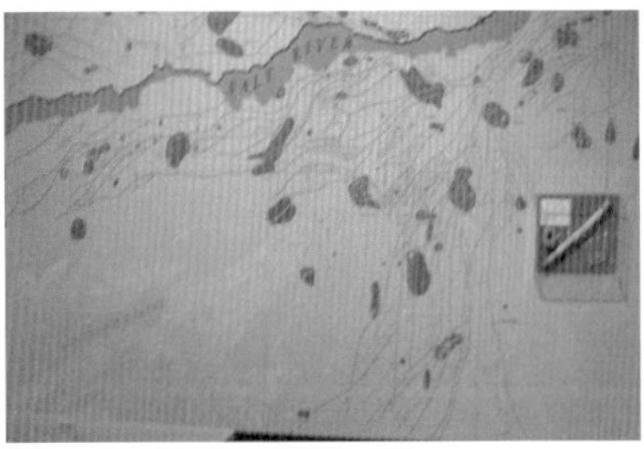

〈솔트리버의 관개수로〉

〈호호캄 수도〉

오전 10시 경에 호호캄Hohocam 유적지에 가보기로 했다. 피닉스에 있는 유적지인데 정식 명칭은 푸에블로 그랜드 뮤지움Pueblo Grande Museum이다. 그곳에는 호호캄들이 살던 집터와 솔트 리버의 수로가 보존되어 있었다. 이곳도 카사 그란데처럼 사람들이 살다가 사라진 곳이다. 사라진 이유에 대하여 고고학자들은 이곳에 대홍수가 있지 않았나 하고 짐작할 뿐이다.

이 박물관에서 눈에 띈 것은 볼 경기장과 볼이었다. 중남미의 볼 경기장과 많이 달랐다. 가을인데도 햇볕이 따가웠다. 시장이 선다고 해서 기대를 했었는데 기대에 부응하지 못했다. 지난달인가 나구나에 갔을 때는 장이 크게 섰었다. 이곳은 도시화되어서 인디언들의 결속력이 부족한 것 같았다.

〈록아트 설명 〉

〈볼 경기장과 볼〉

이제 생활비를 공동으로 하니까 돈이 좀 절약되는 것 같다. 점심은 빵으로 하고 둘 다 피곤해서 낮잠을 늘이지게 자고 저녁은 감자 가루로 부추부침을 만들어 먹었다. 부침은 내가 잘하니까 내가 했다. 오전에는 책의 진도가 잘 나갔는데 저녁때는 영 진도가 안 나갔다.

저녁을 먹고 소라가 〈마지막 강의〉 라는 책을 읽어주었다. 그 책은 미경씨가 빌려주었다. 50대도 안되어 취장암으로 죽은 대학교수의 저술인데 내 경우에는 차마 듣지 못할 부분도 있었다. 암이라면 진저리가 쳐지는 병이다. 애들 엄마가 폐암으로 죽었고 나도 그 지긋지긋한 항암제를 6개월

간 맞았다. 그 고통은 경험해본 사람만이 안다.

하느님은 그렇게 성실한 사람에게 그런 수난을 주는 이유를 모르겠다. 고로 나는 신을 믿지 않는다. 종교는 속고 싶어 하는 인간을 속이는 속임수이다.

✲ 2008. 10. 21 화요일 〈스카치테일 몰Mall〉

ASU에 가서 나는 도서관에 가고, 소라는 헤이퍼 교수를 만나러 음대에 갔다. 소라는 내년 말쯤 워싱턴 D. C에 있는 스미스소니언 연구소에 봉사하는 일자리를 구하고 싶어 하는데, 헤이퍼 교수의 추천서가 꼭 필요해 그것을 얻기 위해서다. 스미스소니언 연구소에는 인디언 자료가 많고 국회도서관에도 자료가 많아 그녀의 연구에 여러 가지로 도움이 될 것 같기 때문이다.

소라와 바로 만나서 점심을 구내식당에서 하고 곧 피마 언어를 배우러 원주민 학교에 갔다. 그곳 도서실에서 영국의 낭만주의 시집이 있는 것을 알았다. 그리고 시집 류와 시 관련 서적들을 발견했다. 기분이 좋았다. 그날은 수업이 없는 날인데 소라가 그만 그것을 모르고 온 것이었다. 나는 영국의 낭만주의 시집에서 서문을 복사했고 소라는 음악책을 한 권 복사했다. 집에 돌아오는 길에 책방에 들려 『How to read a poems』를 샀다. 다음에는 시와 시 관련 백과사전을 사야겠다. 책값은 45불 정도이다.

미국에는 영어로 된 보고 싶은 책들이 많은데 언어의 장벽 때문에 볼 수가 없다. 그저 책 읽는다는 것이 수박 겉핥기식이다.

피닉스에 4개월 정도 살면서 ASU만 갔다 왔다 했지, 다운타운에도 가보지 못하고 가장 화려하다는 스카치데일에도 가보지 못했다. 오늘은 마음먹고 그곳에 가보기로 하였다.

스카치테일 몰Mall에 가서 책방과 백화점에 가보았다. 스카치테일 몰은

과연 화려한 거리이었다. 템피의 거리는 그곳에 비하면 촌구석이었다. 책방은 크기만 했지 ASU앞에 있는 책방보다 나을 것이 없었다. 백화점은 화려하고 컸다. 물건 값도 비쌌다.

소라는 물건을 보자 사고 싶은 것 같았는데, 못 사주어서 미안했다. 나는 그녀를 데리고 서둘러 밖으로 나왔다.

연애하는 남자는 돈이 좀 있어야한다.

✲ 2008. 10. 22 수요일 〈코스트 코 회원권〉

일찍 일어나 미경의 집에 갔다. 아직 아무도 오지 않았다. 미경은 반갑게 맞이해주었다. 커피를 내주고 떡도 내놓고 찐 고구마와 부침을 내놓았다. 맛있게 먹었다. 조금 있으니까 수지와 목사 부인까지 와서 아침을 간단히 하고 캐멀백에 갔다. 목사부인은 캐멀백은 처음이다. 오늘은 쉬운 코스로 간단다. 우리가 처음 이곳에 왔을 때도 이 코스로 갔었다. 이 코스가 나이 지긋한 사람들에게는 알맞단다. 목사 부인은 정신적인 지도자의 부인답게 처신을 잘 한다. 60이 넘은 분이 아직도 소녀 같다.

조그마한 고개를 넘어 바위가 많은 곳에 이르러 나는 농담을 했다.

"우리가 처음 온 날은 이곳에 바위가 하나도 없었는데 사모님이 오신다니까 누가 이런 바위들을 가져다 놓아서 경치가 참 좋습니다."

모두들 맞장구를 치고 웃었다. 목사 부인은 얼굴이 빨개졌다.

캐멀백은 사람들이 많이 오는 산인데 등산로는 자연 그대로이다. 산에 나무도 없다. 돈을 투자한 흔적이 없다. 그 흔한 스프링컬러Sprinkler를 설치해 놓아도 숲이 우거질 터인데 전혀 손을 대지 않아 미경 집사에게

"피닉스 시의원이 되세요. 그리고는 이 등산로를 말끔히 정비하세요."

라고 말했더니

미경은 정치에는 전혀 관심이 없다면서 나더러 미국 와서 살면서 그렇게 하란다.

문학 때문에 안 된다고 나는 너스레를 떨며 말했다.

등산을 마치고 코스트 코에 가서 소라는 회원권을 사고 또 물건도 샀다. 둘이 4개월을 살면서 무슨 회원권인가. 사지말래도 막무가내다. 내버려둘 수밖에. 물건 값이 무려 100불이 가까웠다. 싼지 비싼지는 모르겠지만 양이 엄청 많았다. 미국 시장에는 지키는 사람이 참 많다. 도둑이 많다는 단적인 표현 아닌가?

요즈음 나는 한국에서 가지고 온 「시의 소개 An Introduction To Poetry」를 읽었다. 내가 영어 책을 처음부터 끝까지 읽은 책은 이번이 처음이다. 또 다른 책을 시작해야겠다.

책읽기를 마치고 맥주 한 잔을 들이켰다. 맥주 맛이 기가 막혔다.

✲ 2008. 10. 23 목 〈시의 이해Understanding Poetry〉

오늘부터 소라는 영어 듣기연습으로 헤이퍼 교수의 강의를 듣겠다고 말했다. 그만하면 잘 듣는데 무에 그리 호들갑이냐고 말했더니, 아직 멀었단다. 그래서 소라는 학교에 걸어서 가고 나는 집에서 책을 읽었다.

이번에는 『시의 이해Understanding Poetry』를 읽기 시작했다. 오랜 기간 동안 책장에서 낮잠을 자던 책이다. 며칠 전에 책방에 가서 영국 맨체스터Manchester 대학교수인 테리 이글톤Terry Eagleton의 『시를 어떻게 읽을까How to Read a Poem』를 샀는데 무개가 떨어지는 것 같아 이 책을 읽기로 했다. 솔직히 내 영어 실력에 벅차는 책이다.

소라는 학교에 가면서 인부가 오면 화장실을 고치라는 말을 했는데 소독하는 사람만 와서 소독을 하고 갔다.

오후에 운동을 하러 밖에 나갔다가 아파트에서 길을 잃고 헤매다가 간신히 사무실을 찾아 화장실을 고쳐달라는 말만하고 돌아왔다. 소라가 와서 길 잃은 이야기를 하고, 치매 현상인가 보다고 하며 서로 웃었다. 기가 막힌다.

밤에 책을 많이 읽었다. 집중적으로 읽었다. 피곤해서 머리도 식힐 겸 밤 외출을 나갔다. 아파트 문밖까지 나갔다. 피닉스에서도 공해 때문인지 하늘에 별을 많이 볼 수 없었다. 후에 안 일이지만 도시에서 별을 볼 수 없는 것은 도시의 전등불빛 때문이란다.

✲ 2008. 10. 24 금 〈준이와 린이〉

밥목사의 수업이 없어서 집에 있는가? 했더니, 소라는 빌리지 마켓과 몇 곳을 들린단다. 그리고 날씨가 추워지기 전에 수영을 한 번 하자고 해서 풀장에 갔다. 우리 아파트에는 풀장이 있다. 대학생들이 자주 수영을 한다.

소라는 수영복만 입고 위에 가운을 걸쳤다. 나도 마찬가지였다. 위에만 체육복을 입었다.

풀장은 5분 거리이었다. 풀장에는 남녀 대학생들이 몇 명 있었다. 소라가 먼저 풀장에 들어갔다. 소라는 제법 수영을 한다. 나도 용기를 내서 따라 들어갔다. 나는 동네에서 배운 개헤엄이 전부다. 정식으로 배운 것이 아니라 창피했다. 다행히도 물에는 아무도 없었다. 남녀 대학생들은 저쪽에서 햇볕에 몸을 태우고 있었다.

오후에는 빌리지 마켓에 가서 장을 봐왔다. 생활비를 같이 내서 생활용품을 사니까 서로가 돈을 아껴 쓴다. 참 잘한 일이다.

〈전원에서〉에 11월 분 작품을 보냈다.

희정이가 메일을 보냈다. 준이와 린이 사진이 있었다. 준이와 린이가 커가는 모습이 눈에 선했다. 반갑고 반가웠다.

몹시 보고 싶다, 귀엽고 예쁜 준이와 린이!

✲ 2008. 10. 25 토 〈시인과 학자의 DNA〉

아침을 간단히 먹고 독감 예방 주사를 맞으러 갔다. 병원은 상당히 멀리 있었다. GPS를 안내인으로 삼아 주소만 입력하면 어디든 갈 수가 있다.

병원에 바로 도착해서 독감예방 주사를 맞았다. 사람들이 참 많았다. 미국 사람들은 참 부지런하다. 집에 와서 11시 경에 점심을 먹고 메사의 파이오니어 파크Pioneer Park에서 열리는 원주민 모임축제에 갔다. 소라의 이야기로는 이웃 주에서도 오는 파우와우Pow Wow 축제란다. 잔디가 잘 자란 공원에서 하는 축제인데 차량이 참 많았다.

그늘은 먼저 온 사람들이 다 차지하고 우리는 뙤약볕에 양산을 받쳐 들고 춤과 노래의 공연을 보았다. 내 사진기가 고장이 나서 소라의 큰 사진기를 가지고 가서 사진을 찍었다. 오늘은 사진 촬영이 허용되는지 감시하는 사람이 없었다. 오후 공연은 2시가 넘어서 시작했다. 만날 봐도 그게 그거인 축제에 싫증이 났다. 어린애 같은 몸치장이나 춤과 노래가 단조로웠다. 그런데도 소라는 학자적인 관심을 갖고 줄기차게 보고 있었다. 시인과 학자의 DNA가 영 달랐다.

원주민들의 춤과 노래는 전쟁준비의 수단이 아닐까? 노래와 춤으로 극도로 흥분을 시켜놓고 돌격 명령을 내리면 죽음을 불사하고 나가게 하는 그런 방식 같았다. 전쟁은 생존과 직결되기 때문이었다. 부족에게 전쟁만큼 중요한 것은 없었으니까.

너무 더워 물만 마시다가 내가 짜증을 내자 4시 경에 집에 돌아왔다. 정말 짜증이 났다. 한편 소라에게 미안했다.

✲ 2008. 10. 26 일 〈힌두교와 기독교〉

지구촌 교회에 송 목사가 출타중이라, 다른 교회에 한 번 가보기로 했다. 손 세차장 사장이 말한 교회인데 방향이 완전히 달랐다. 내비가 시키는 대로 갔는데 호수가 있고 커다란 농장이 있는 부자동네 같았다. 교회는 조그마했는데 지구촌 교회와는 달리 어른들이 주로였다.

교인들은 무척 친절했다. 점심을 먹고 가라는 것을 뿌리치고 왔다. 집에 와서 떡국을 해먹었다. 시장에 가서 식료품을 좀 사오고 바삐 밥의 교회에 갔다.

설교는 인도 사람이 '힌두교와 기독교와의 관계' 를 이야기 하는 것 같은데 잘 알아들을 수는 없었다. 영어는 미국 사람의 영어보다는 외국인이 하는 영어가 알아듣기에는 좀 더 쉽다. 왜일까? 외국 사람들은 연음을 미국 사람들만큼 매끄럽게 하지 못하기 때문일 것이다. 연음이 듣기의 문제점이다. 참고삼아 힌두교가 무엇인가를 적어 놓았다.

> 힌두교Hinduism: 인도 고유 민족종교. 힌듀교, 브라만교와 명확하게 구별짓기는 어려우나, 대체로 불교에 압도되어 쇠퇴하였던 브라만교가 토착신앙과 습속을 흡수해서 4세기 무렵에 확립되었다. 힌두교의 특징은 영원불멸하고 우주의 근원인 브라만과 인간 내면의 참다운 자아인 아트만의 교설, 창조신 브라마, 유지신 비슈누, 파괴신 시바, 경전인 베다와 브라만 계급, 아힘사[不殺生] 등으로 나타낼 수 있다. 힌두교는 업으로 인해 반복되는 윤회의 속박에서 벗어나는 것이 궁극적 목표이며, 해탈에 이르는 길에는 카르마(행동)의 길, 지냐나(지식)의 길, 신애(박애)의 길 등 3 가지가 있다. 넓은 의미의 힌두교는 베타교 · 브라만교 · 비슈누교 · 시바교 · 탄트리교 · 샤크티교 및 민속 힌두교로 분류할 수 있다.

✲ 2008. 10. 27 월 〈에밀리 디킨슨〉

〈ASU 도서관 입구 〉

〈ASU도서관 건물 〉

오전에는 ASU에 갔다 왔다. 오후에는 밥과 도우미들이 해주는 영어수업을 소라의 권에 못 이겨 들으러 갔다. 밥은 수업을 참 잘 한다. 앞으로 좀 듣기로 했다. 오늘 수업을 들었으니 계속 들어야한다고 소라는 윽박지른다. 소라의 술수에 넘어간 기분이다. 그래 더러 넘어가주자.

사실 소라는 지독한 상처의 외로움과 슬픔을 치유해준 여자이다. 어찌 보면 이 나이의 나에게 사랑을 시작하게 한 여자이다. 그 점을 나도 잘 안다.

집에 와서 밤에 에밀리 디킨스Emily Dickinson(1830-1886)를 읽었다. 그녀는 미국시의 어머니이다. 평생 2,000편 가까운 시를 썼지만 살아생전 익명으로 7편의 시만 발표했다. 그만큼 평가를 받지 못한 시인이었다. 사후에야 그녀가 훌륭한 시인이었음이 밝혀졌다.

> 그 원인은 4가지로 요약할 수 있다고 한다.
>
> 그녀의 시 형태가 달랐다
> 시의 운율이 맞지 않았다.
> 시어가 너무 파격적이었다.
> 시가 너무 급진적인 아이디어다.

Alpha American Literature The Complete Idiot's Guide to Emily Pickinson

알파 미국문학사에 있는 내용이다. 이런 관점을 생각하며 디킨슨의 시를 읽어봐야겠다.

✲ 2008. 10. 28 화 〈문예사진〉

소라는 헤이퍼 교수에게 가서 강의를 들었다. 나는 그 시간에 학교 도서관에 가서 책을 보기로 했다. 책을 3시간은 봐야했다. 3시간은 긴 시간이다. 3시간동안 책을 읽었더니 눈이 잘 보이지 않는다.

소라와 만날 시간이 되어 분수대 있는 곳에 나갔더니 그녀가 벌써 와있었다. 구내식당에 가서 볶음밥과 마름 4개를 사서 2개씩 먹었다. 그리고 북 스토어에 가서 볼펜을 사고 피마어 학교에 갔는데 거리가 막혀 많이 늦었다.

돌아오는 길에 책방에 들려 미술 책을 한 권 샀다. 책값이 쌌다. 문예사전은 글자가 너무 작고 내가 원하는 책이 아닌 것 같아 포기했다.

✲ 2008. 10. 29 수요일 〈스쿠오 피크〉

목사 부인은 송 목사가 오늘 돌아오기 때문에 등산을 하지 못한단다. 미경씨의 집에 갔고, 수지씨도 와서 커피 한잔을 나누고 등산을 하기 위해서 출발했다.

오늘은 캐멀 백에는 가지 않고 바로 옆에 있는 스쿠오 피크Squaw Peak에 가기로 했다. 이 산은 캐멀 백과는 달리 겨울에 인기가 있단다. 캐멀 백이 북쪽 면으로 길이 나있어 여름 산이라면 스쿠오 피크는 햇빛을 받고 올라가기 때문에 추운 겨울에 올라가기 좋고 노을이 아름다워 해질 무렵에 오르는 사람도 많단다. 물론 낙조를 보러 올라갈 때는 필히 손전등을 지참해야한단다. 여름에는 뱀도 조심해야할 것이다.

산은 그렇게 높지는 않았지만 경사가 많이 진 악산이라 길이 지그재그로 되어 있어 힘이 드는 산이었다. 나는 소라의 손을 잡고 올랐기 때문에 힘이 배로 들었다. 소라는 내가 힘이 센 줄 안다.

〈소라와 스코오 피크 등산 길에서〉

〈스코오 피크 정상〉

고구마 한 개 먹고 이 산을 올라갔다 내려와서 빈속으로 집에 까지 가야한다. 미경이 알려준 99센트짜리 마트에 가서 물건을 좀 사왔다. 오후에는 나도 소라도 곯아 떨어졌다. 자고나니 머리가 맑아졌다.

✻ 2008. 11. 1 토 〈케이브 크릭크〉

금년도 2달 밖에 안 남았다. 참 세월은 빠르다. 사실 따지고 보면 정신없이 보낸 한 해이다. 금년에 내 인생에서 대사건이 벌어졌다. 소라를 처음 만난 것은 2005년 늦여름이었다. 그런데 금년 1월부터 그녀와 교제가 이루어졌다.

소라가 오늘 뭐하느냐고 물었다. 그래서 교외에 나가보자고 말했다. 소라는 박물관이 있는 캐이브 크릭크에 가보자고 해서 그렇게 하기로 했다. 사실 나는 뉴즈벨트 호에 가보고 싶었다. 다음 기회로 미루어야한다. 소라는 학자답게 박물관을 무척 좋아한다. 어쨌든 교외에 나오니까 머리가 한결 맑아졌다.

케이브 크릭크의 작은 박물관에서 호호캄의 볼코트 사진을 보았다. 멕시코의 볼코트와는 달랐다. 우선 사막지대인 애리조나 주는 흙으로 만들고 멕시코는 돌로 만드는 방법이었다. 그리고 원주민들은 익카풀 섬유로 옷을 헤 입는 다는 시실도 알았다.

점심은 가지고 간 빵으로 해결했다. 모처럼 리리마켓에서 사온 감을 먹었더니 떫었다. 목이 꽉 막힌다. 죽는 것 같은 고통을 느꼈다. 소라는 약을 잘 못 먹어서 그런 고통을 받은 일이 있단다. 조금 나아지긴 했지만 혼났다. 이러다간 숨을 못 쉬면 죽는 것이다. 복어가시가 목에 걸려 죽은 친구가 생각났다.

땡감을 먹은 데다 사구아로 캔디를 먹었더니 상극의 음식이었던 모양이다.

〈 호호캄 볼 코트〉

〈익카〉

사실 나는 캐이브 크릭크에 있다는 암각화을 기대했는데 그것은 보지 못하고 시만 두어 편 구상해 와서 정리했다.

개벼룩이 옮겨졌는지 간지러워 옷을 전부 벗어 세탁을 하고 샤워를 했더니 좀 좋아졌다.

✻ 2008. 11. 4 화 〈비포장 도로〉

미국 대통령 선거일이다. 누가될지 궁금하다. 이번 민주당 후보는 흑인인 버락 오바마이다. 여론에서는 공화당 후보인 존 매케인 후보보다 오바마가 앞서고 있다. 흑백 대결인데 궁금하다. 아무래도 백인을 뽑지 않을까 생각했다.

투산이나 힐라 강 하류에 있는 암각화를 보러 가기로 했다가 선거일은 공휴일이라 모두 포기하고 루즈벨트 호수를 보러 가기로 했다.

아침 일찍 서둘렀으나 9시에 겨우 떠났다. 점심은 음식점 찾기가 어렵고 시간의 절약도 감안해서 김밥을 싸가지고 다니고 있다. 지도를 보고 88 지방도로 가기로 했는데 이상하게 내비가 87 지방도로로 인도를 하는 것이었다. 잠자코 따라갔다. 올 때 88 도로로 오기로 했다. 87 도로에서 188 지방도로 방향을 틀어 한 참을 달려갔다. 지대가 낮은 곳으로 가는지 자꾸만 내려가는 것 같았다. 드디어 호수가 나타났다. 이곳저곳에 시즌 중에 노는 장소가 나타났다가 사라졌다. 그리고 호수 주변은 나무가 없이 물만 가득했다. 나는 속으로 대청댐보다도 못하다고 생각했다. 대청댐 가에 사는 장덕천 시인 생각이 났다. 그림같은 그의 집필실에 자주 갔다. 뉴즈벨트 호수에 도착했으나 관광객은 젊은 여자 둘만 있다가 우리가 도착하자 이내 떠났다. 그곳에서 88 지방도를 타기로 했다.

댐 옆에 도로표시판이 있었다. 그곳은 22마일이 비포장도로이며 좁고 험하며 위험한 길이라는 문구였다. 우리는 호기심이 많아 그런 길은 일부러 가는 성격이다. 88도로는 바로 우리가 찾던 길이다.

〈 뉴즈벨트 lake 댐〉

〈사구아로 호수〉

도로를 내려가자 캐니언이 이어지고 폭주족들인 남자들이 몇 명 그 협곡을 내려다보고 있었다. 이상하게 무서운 생각이 들어서 빨리 그곳을 떠났다. 조금더 내려가니까 차가 몇 대 올라와 멈추어 서서 보내주고 다시 천천히 내려가니 호수가 또 나타났다. 아파치 호수였다. 호수에 손을 담가보니 소똥 냄새가 나서 기념이 될 만한 돌 하나씩을 줍고 그곳을 벗어났다. 조금 더 내려가니까 호수의 폭이 넓고 깊은 곳에 캠핑장이 있어 다시 호수가로 내려갔다. 그곳에는 캠핑을 하는 사람들이 있었다. 백사장도 넓었다. 호수 가에 가서 점심을 먹고 소라는 백사장에 누워 하늘을 바라보았다. 소라는 호수의 파도 소리를 듣는 것이 좋은가 보다. 주위의 바위들도 웅장하고 아름다웠다. 이곳 서남부 지역에는 아름다운 곳이 너무 많다. 바람이 많이 불어 잠바를 입었는데도 약간 추웠다. 파도 소리를 듣던 소라가 갑자기 시를 읊었다. 그녀는 감수성이 아주 강하다.

바람은 어디서 왔다가 어디로 가는가?
호수에 있는 물은 어디서 왔다가 어디로 가는가?
나는 어디서 왔다가 어디로 가는가?

그리고는 나더러 결말을 지으란다. 나는

모든 것은 한 곳에서 왔다가 한 곳으로 간다.

라고 읊고는 서로가 마주 쳐다보고 웃었다.

소라는 곡이 하나 떠올랐다며 수첩에 적고 길을 떠났다. 지도를 보니까 이 강은 솔트 리버인데 아파치 호수 아래에는 캐니언 호수가 있고 그 아래로는 사구아로 호수로 이어지고 있었다. 커다란 호수가 4개나 연속해서 있는 셈이다.

아파치 호수에서 캐니언 호수까지의 산과 바위의 파노라마가 대단했다. 사구아로 숲도 굉장했다. 협곡과 산경은 로키 산 국립공원과 비슷한 경치였다. 다만 산에 전나무와 가문비나무 숲이 없었다. 깊은 협곡이 이어지더니 앞에 산이 떡 막아섰다. 아직도 도로는 비포장이었다. 길은 이제 일방통행로 같았다. 그 높은 산의 정상을 향해서 차는 오르고 있었다. 오른쪽으로는 아찔한 단애였다. 이런 험한 길을 잘 오르는 우리 '깜장 코'가 한없이 고마웠다.

고개를 다 오르자 한숨이 저절로 나왔다. 이제야 포장도로가 나타났다.

87도로는 88도로를 구경한 후에는 좀 시시해졌다. 88도로가 최고의 시닉도로Scenic route이다.

✲ 2008. 11. 7 금 〈소라의 생일〉

미국에 온지 3개월이 되었다. 미국에 머무는 6개월 중 3개월이 지났다. 그 동안 무엇을 보고 들었는가? 무엇을 보고 들으면서 어떻게 느꼈는가? 미국의 서남부만 놓고 본다면 미국은 신의 축복 받은 나라라고 할 수는 없을 것 같다. 사람이 사는 것은 비슷하다고 생각한다. 애리조나, 뉴멕시코, 네바다, 유타 주. 모두가 척박한 사막지대가 대부분이다. 캘리포니아 주의 남쪽도 사막지대이다. 오늘은 두 곳 마켓과 차에 기름을 넣었더니 돈이 너무 많이 나갔다.

아시아나 마켓에서 53.05불, 리리 마켓에서 45.20불 기름값 30불을 쓰고 보니 무려 128.25불이 들었다. 생활비가 너무 많이 든다. 내가 회계를 맡고 너무 많이 쓰면 안 된다. 절약해야겠다.

ASU에 가서 미술관을 다시 보기로 했다. 넬슨 파인 아츠 센터이다. 대학부속 미술관이지만 중서부의 유명한 건축가인 프랭크 로이드 라이트의 제자인 엔터니 프레덕의 작품이다. 현대적인 감각의 건축물이었다. 대학 미술관답게 컨템퍼래리Contemporary 작가의 작품이 많고 기획전도 심심치 않게 연다.

〈ASU미술관 : 앤터니 프레덕Antoine Predock의 초기 작품〉

오후에는 밥의 영어수업에 갔다. 이제 단어가 한마디씩 들린다.

밤에는 소라의 생일파티를 열었다. 전등을 끄고 촛불을 켜고 포도주를 따랐다. 작은 케익도 하나 사왔다. 우리는 같이 해피 버스 데이를 불렀다.

소라와 미국에 온 것은 수파이에 같이 가주기로 한 것도 이유이지만, 미국이나 유럽에 가보고 싶은 욕망이 있었다. 여행만큼 좋은 여가를 즐기는 것은 없다. 남주씨가 사는 시애틀은 인디언 추장 시애틀을 연상하게 한다. 시애틀 추장은 프랭클린 피어스가 지금의 워싱턴 주의 땅을 팔라는 요청을 받고 보낸 감동적인 편지를 나는 기억하고 있다. 그는 자연을 사랑한 시인이었다.

We are a Part of the Earth and it is a Part of us
—by Chief Seattle
우리는 땅의 일부이고 땅은 우리의 일부이다.

시애틀 추장

How can you buy or sell the sky, the warmth of the land? The idea is strange to us. If we do not own the freshness of the air and the sparkle of the water, how can you buy them?

Every part of the earth is sacred to my people. Every shining pine needle, every sandy shore, every mist in the dark woods, every clearing, and humming insect is holy in the memory and experience of my people. The sap which courses though the trees carries the memories of the red man.

The white man's dead forget the country of their birth when they go to walk among the stars. Our dead never forget this beautiful earth, for it is the mother of the red man. We are a part of the earth and it is a part of us. The perfumed flowers are our sisters; the deer, the horse, the great eagle, these are our brothers. The rocky crests, the juices in the meadows, the body heat of the pony, and the man—all belong to the same family.

하늘과 땅의 난기를 어떻게 사고 팔 수 있습니까? 이해할 수 없습니다. 맑은 공기와 물의 생기를 소유하고 있지 않았는데 어떻게 팔 수 있단 말입니까?

대지의 구석구석은 나의 종족에게는 신성합니다. 반짝이는 솔잎, 모래 해변, 짙은 숲속의 안개, 개척지, 활발한 곤충은 나의 종족의 기억과 경험에서 볼 때 신성시됩니다. 나무속을 흐르는 수액은 인디언들의 기억에 녹아있습니다.

백인의 영혼은 그들이 별들 사이를 걸어갈 때 그들이 태어난 나라를 잊습니다. 우리들의 영혼은 이 아름다운 땅을 결코 잊지 않습니다. 땅은 인디언의 어머니이기 때문입니다. 우리는 땅의 일부이고 땅은 우리의 일부입니다. 향기로운 꽃들은 우리의 자매들입니다. 사슴, 말, 커다란 독수리는 우리의 형제들입니다. 바위 산정, 초원의 활기, 조랑말의 체온, 그리고 인간 모두가 한 가족입니다.

〈중간 생략〉

Even the white man, whose God walks and talks with him as friend to friend, cannot be exempt from the common destiny. We may be brothers after all. We shall see. One thing we know, which the white man may one day discover_ our God is the same God. You may think now that you own Him as you wish to own our land; but you cannot. He is the God of man and his compassion is equal for the red man and the white. The earth is precious to him, and to harm the earth is to hep contempt upon its Creator. The White, too, shall pass; perhaps sooner than all other tribes. Contaminate your bed, and you will one night suffocate in your own waste.

But in your perishing, you will shine brightly, fired by the strength of the God who brought you to this land and for some special purpose gave you dominion over this land and over the red man. That destiny is a mystery to us, for we do not understand when the buffalo are slaughtered, the wild horses are tamed, the secret corners of the forest heavy with the scent of many man and the view of the ripe hills blotted out by talking wires. Where is the thicket? Gone. Where is the eagle? Gone.

하나님이 친구와 친구로서 걸어와 말한다는 백인조차도 보통의 운명으로부터 예외일 수 없습니다. 우리는 결국 형제입니다. 우리는 알게 될 것입니다. 우리가 아는 한 가지 일은 백인도 어느 날 알게 될 거라는 점입니다. 우리의 신도 같은 신입니다. 당신 처럼 당신 자신의 신이 우리의 땅을 소유하기를 원한다고 생각할지도 모릅니다. 그러나 그것은 불가능합니다. 그는 인간의 신이시고 하나님의 은총은 홍인종이나 백인에게 똑 같습니다. 땅은 그에게 소중하고 땅을 헤치는 것은 조물주에게 모욕입니다. 백인도 역시 죽습니다. 아마도 다른 종족보다 더 빨리. 당신의 침대를 더럽히십시오. 그러면 어느 날 밤 자신이 버린 쓰레기 속에서 질식할 것입니다.

그러나 당신이 멸망하면서 당신은 이 땅에 당신들을 인도해서 몇 가지 목적으로 이 땅과 홍인종을 지배하도록 당신에게 준 신의 힘으로 타올라 밝게 빛날 것입니다. 그러한 권위는 우리에게 신비한 것입니다. 왜냐하면 우리는 들소가 언제 살육될지, 야생마가 길들여질지, 사람 냄새가 나는 짙은 숲의 비밀스러운 구석들, 익어가는 언덕의 광경에 철망이 쳐졌는지 알지 못하기 때문입니다. 숲이 어디 있습니까? 없어졌습니다. 독수리가 어디 있습니까? 없어졌습니다.

✲ 2008. 11. 8 토 〈사구아로 국립공원〉

11월 8일이 되었다. 북쪽 지방은 겨울철이다. 지난 10월 10일에 로키산 국립공원에 갔던 것이 기억난다. 그 때 무지하게 추웠다. 아마도 옐로스톤 국립공원Yellowstone National Park은 포기해야할 것 같다. 11월 1일에서 5월 1일까지 대부분의 도로는 폐쇄된다고 한다. 굉장히 추울 것이다.

미국 최초의 국립공원, 아니 세계최초의 국립공원을 가보고 싶은 마음은 절실하지만 피닉스에서 너무 멀고 소라는 이미 가본 곳이라 가자고 말하기가 어려워 우물쭈물하다가 그만 기회를 놓치게 되었다. 후일을 기약할 수밖에.

자료에 의하면 미국의 제 18대 대통령 그랜트Ulysses S. Grant에 의해서 1872년에 국립공원 법이 제정되었고 1세기가 지난 후인 1978년 유네스코 세계자연유산이 된 곳이다.

투산에 있는 록 아트에 가기로 했다. 집에 있으려다가 12월과 1월은 겨울철이라 아무래도 추울 것 같아 조금이라도 날씨가 좋은 계절에 여행을 많이 하기로 했다.

큰 도로로 내비가 시키는 대로 갔다. 특징도 없는 사막의 그런 길이었다. 한 두 시간 달려 사구아로 국립공원Saguaro National Park의 여행 안내소에 도착해서 자료를 구하고 선인장 꿀을 좀 샀다. 선물로 줄 것만 샀더니 소라가 우리 먹을 것도 사라고 해서 2병을 더 샀다. 그리고 그림엽서도 샀다. 손자 손녀에게 줄 것이다. 그리고는 좀 떨어진 박물관을 행했다. 사구아로 국립공원이라 사구아로가 참 많았다. 사구아로 사진을 많이 찍었다.

애리조나 소노라 사막 박물관Arizona Sonora Desert Museum 이 공원 안에 있었다. 사막의 역사와 서식하는 동식물, 광물들을 구경하는 데

13불이란다. 티켓을 사서 잠시 둘러보았다. 자료들이 사막의 박물관답게 특징적이고 풍부했다. 관광객이 초만원이었다.

〈사구아로 꽃〉

〈나선형 암각화〉

아무래도 오늘의 목적은 암각화이다. 여행 안내소에서 알려준 대로 암각화를 찾아갔으나 찾지 못해 몇 번이나 시도하다가, 어떤 관광객의 도움으로 겨우 찾을 수 있었다. 그들은 친절하게 자세히 알려주었다. 암각화가 있는 곳은 비포장 도로였다. 내川옆도 아닌 조그마한 산 정상에 록 아트가 있었다.

암각화가 상당히 많이 있었다. 이 지역은 B. C. 10000~8000경에 사람이 살았으며 호호캄은 A. D. 250~1450년까지 살았고 암각화도 그들이 그린 것이라고 적혀있었다. 방울뱀이 있으니 암각화가 있는 돌무더기 근처에 들어가지 말라는 경구도 써놓았다. 암각화의 모양을 보면 연대를 짐작할 수 있나보다.

우리는 사진을 찍고 올드 투산으로 향했다.

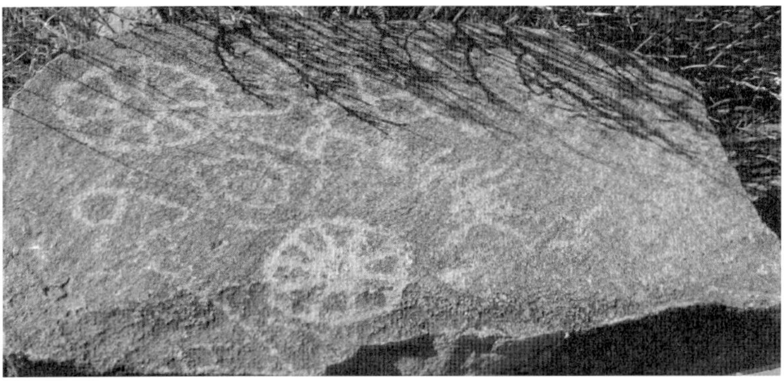

〈암각화 ※바퀴가 아닐까〉

〈암각화 다수〉

그곳은 시즌이 끝나서 그런지 문이 잠겨있었다. 조그마한 선물가게에 들어갔다. 서부활극의 명배우 존 웨인의 커다란 사진이 그곳에도 있었다. 모뉴먼트 밸리의 상점에서 본 사진과 똑 같았다. 물론 상품이다.

피닉스로 올 때는 다른 길로 오고 싶었는데 잘 되지 않았다. 간신히 카사 그란데 루인스 근처로 올 수 있었다. 해가 넘어가고 붉은 노을이더니 어느새 캄캄한 밤하늘이었다. 별들이 총총히 나타났다. 신비스런 사막의 하늘이다.

✲ 2008. 11. 10 월 〈빨간머리 앤(Anne of Green Gables)〉

여행을 하지 않는 월요일은 등산을 했다. 건강에도 좋고 재미가 있었다. 일단 미경의 집에 가서 사람들을 만났다. 벌써 송 목사 부부가 와있었다. 수지도 곧 왔다. 미경이 커피를 주어 한 잔씩 들었다. 고구마와 감자 찐 것도 내놓았다. 변비와 다이어트에 좋다고 말했다.

차에 나누어 타고 길을 떠났다.

10여일 전에 간 스쿠오 피크 squaw(piestewa) peak2,608ft(795m)로 가기로 했다. 스쿠오 피크는 '북미 인디언 여자 또는 아내' 라는 뜻으로 이름이 나빠 다른 이름으로 고쳐서. 로리 앤 피에스티와 Lori Ann Piestewa의 이름을 따서 지었다고 한다. 피에스티와는 이 지방 출신으로 2003년 이라크 전에서 전사한 최초의 인디언 여군이었다.

피에스티와 산은 피닉스 산 공원에 있는 봉우리로 여러 종류의 선인장, 사막의 나무와 꽃들, 동물과 새들이 서식하는 곳이란다.

월요일인데도 등산객이 참 많았다. 피닉스는 11월도 날씨가 따뜻하다. 정상에 오르니까 시내가 한눈에 들어온다. 캐멀 백은 바로 옆에 있고 멀리 남산도 보이고 산 정상의 통신안테나가 숲 같았다.

미경은 여행을 다닐 때 고속도로 휴게소가 위험한 곳이라며 조심하라는 이야기를 해주었다. 강도 사건이 자주 일어난단다. 특히 전대 같은 것을 차고 다니면 안 된단다. 화장실에 갈 때도 둘이 가란다. 또 계곡에는 늑대들이 출몰하니까 조심하란다. 이 말을 들으니 우리가 겁 없이 무모한 짓을 많이도 했다는 생각이 들었다. 일행은 천천히 하산했다.

오후에는 밥의 영어회화에 갔다. 소라는 영어를 잘 하면서도 영어회화를 배우러 열심이다. 요즈음은 루시 모드 몽고메리Lucy Maud Montgomery의 작품 『빨간 머리 앤Anne of Green Gables』을 배운다. 원래 이 작품은 소설인데 영화화 하기 위해서 각색한 것이다. DVD를 보여주고 읽어주는 방법이다. 옛날에 번역본으로 읽었기 때문에 줄거리는 대충 안다.

돌아오는 길에 리리에 들려 포도주와 생선을 사왔다.

✲ 2008. 11. 11 화 〈프레블로 그랜드 뮤지움〉

소라가 프레블로 그랜드 뮤지움에 가자고 해서 갔다. 오늘이 인디언 베테랑 데이Native American Veterans Day라 축제가 있단다. 소라는 전에 가봤다고 한다. 그녀는 축제를 보러가는 것이고 나는 내키지는 않지만 박물관을 보러 가는 것이다. 그곳에 가면 점심도 먹을 수 있단다.

햇볕이 따가울 정도로 강열했다. 주차를 해놓고 들어가자 울긋불긋하게 치장을 한 인디언들이 많이 모였다. 아직 축제가 시작되지 않아 박물관으로 들어갔다. 피닉스의 솔트 강가에 살던 푸에블로 인디언 유적에 대한 자료들이 많았다. 카사 그란데의 관개수로와 비슷했다. 다음과 같은 문구들이 있었다.

TIME TRAVEL
시간 여행

As you move along the trail from the mound to the ballcourt,
you are moving back through time
마운드mound에서 볼코트(ballcourt, 메소아메리칸 문명시대의 경기장)까지 이어진 길을 걷다보면 마치 시간 여행을 하는 것 같다.
Going Back in Time 시간을 거슬러 가기

Classic period A.D. 1150-1450 번영의 시대. 기원 후 1150-1450
Sedentary period A.D. 900-1150 정착의 시대. 기원 후 900-1150
Colonial period A.D. 750-900 식민지의 시대. 기원 후 750-900
Pioneer period A.D. 450-750 탐험의 시대. 기원 후 450-750

록 아트에 대한 간략한 설명도 해놓았다.

IMAGES ON STONE, CALLED ROCK ART ARE FOUND
AROUND THE WORLD
암각화ROCK ART라고 하는 돌 위에 그려진 그림은 전 세계에서 발견된다.

The Mountains of south-central Arizona contain an abundance of rock art sites created by the Hohokam. Most of the images are petroglyphs, made by pecking the surface of a rock to expose the lighter-colored rock underneath. Occasionally, the Hohokam painted designs on rock, called pictograph.

남중부 애리조나 산에는 암각화 유적지가 많이 있는데 이것을 호호캄 Hohokam 문화라 한다. 이러한 암각화 대부분은 바위표면 밑에 있는 밝은빛의 바위가 나타나도록 바위를 쪼아서 만든 페트로글리프petroglyph라는 암면 조각이다. 가끔 바위표면에 채색을 한 것이 보이기도 하는데 이것은 픽토그래프 pictograph라고 한다.

Most Hohokam rock art depicts animals, humans, or geometric designs.
Although the meaning of Hohokam rock art is elusive, several functions have been suggested based on oral traditions and archaeological data.
The images may have been used to mark trails, to symbolize special

events locations or groups, and to mark celestial events. Many may have had spiritual significance for the Hohokam.

호호캄 문화에 나타난 대부분의 암각화는 동물, 사람, 기하학 도형 등이다. 비록 호호캄문화에 나타난 암각화의 의미를 이해하기는 어렵지만, 많은 부분이 구전(口傳)과 고고학 자료를 바탕으로 알려지고 있다.

암각화는 길을 표시하고, 특별한 행사가 열리는 위치와 특별한 사람들을 상징하고, 하늘에서 일어나는 별들의 운동을 표시하기 위해서 사용한 것으로 보이며, 암각화의 많은 부분이 호호캄 인디언들에겐 영적인 의미를 나타내었을 것으로 생각된다.

리리마트에 들려 식료품을 사왔다.

더위에 지쳐 숙소에 와서 샤워를 하고 푹 쉬었다.

✲ 2008. 11. 13 목 〈손님 초대〉

아파트에 손님을 초대하는 날이다. 그 동안 많이 얻어먹어서 갚아야한다. 집이래야 싸구려 아파트이다. 그래도 정성을 다해서 준비를 했다. 이 날을 위해서 소라와 나는 며칠을 들떠있었다.

창문과 방안 벽에 Welcome의 7자를 무지개 색으로 붙였다. 내 시 3편, 소라이 조춘을 시화전이 작품처럼 만들어 벽에 붙였다.

조춘

막 경칩이 지난
깊은산 골짜기,
겨울잠에서 깨어난 개구리들이
짝을 찾는 울음소리는
라선법La旋法의 다성부多聲部

라도도도……
도레미레도 도레미레도……
레미미미 레미미미……

합창단원 백여마리
떼지어 맞선을 보다

화사롭다

땅속의 봄망울들도
저 소리에 눈뜨는지
수줍은 사랑으로

〈우리아파트 풀장〉

〈우리 아파트(왼편 1층)와 승용차〉

주 메뉴는 소갈비 불고기, 잡채, 부침(고구마, 감자, 호박)이었다.

시간이 되자 손님들이 속속 모였다.

송 목사 부부, 미경씨, 수지씨, 이정숙 집사, 이인영 권사와 새로 오신 식당집 안주인 및 헤이퍼 교수가 참석했다. 헤이퍼 교수는 맨 나중에 왔고 자리가 좁아 좀 떨어져 앉았다.

전등을 끄고 촛불을 켜고 기도를 드린 후 포도주를 들며 식사를 했다. 불고기 요리는 내 몫이었다. 부침도 내가했다. 잡채와 밥은 소라가 했다.

밥은 맛나게 지어졌으나 잡채가 조금 매웠다. 모두들 갈비를 많이 들었다. 헤이퍼 교수가 특히 갈비를 좋아했다. 식사를 하면서 재미있는 이야기도 나누었다. 손님들이 음식을 많이 들어주어서 정말로 고마웠다. 식당집 아줌마도 맛있다고 칭찬을 해주었다. 미경과 수지는 다이어트 때문인지 조금씩 들었다.

손님들이 제각기 선물을 가져왔다. 특히 미경은 고급 포도주를 한 박스나 가져왔다. 손이 큰 여자이다.

〈초대 손님〉

〈헤이퍼 교수는 따로〉

식사가 끝나고 소라는 진도 아리랑을 함께 부르자고 제안했다. 소라가 선소리꾼처럼 선창을 하고 모두 후렴을 하는 방식이었다.

꽃은 피어서 화산이 되고
잎은 피어서 청산이로고나

우리는

아리 아리랑 스리 스리랑
아라리가 났네
아리랑 응 응 응
아라리가 났네

소라가

청사초롱에 불 밝혀 들고
잊었던 낭군을 다시 찾아온다.

(후렴)

오동추야, 달은 밝고
임의 생각이, 절로나 난다

(후렴)

너는 죽어서, 화초가 되고
나는 죽어, 나비가 되리라

(후렴)

이역만리 미국에서 듣는 아리랑은 또 다른 감흥을 주었다.

민요에 조예가 깊은 헤이퍼 교수도 퍽 즐거워했다.

손님들이 가고나자 썰물이 빠져나간 것 같이 정막이 감돌았다. 대충 치우고 설거지를 한 후 샤워를 하고 바로 잤다. 소라는 오늘 무척 행복해보였다.

✲ 2008. 11. 14 금 〈옐로스톤국립공원의 DVD〉

어제 찍은 사진을 CVS에 가서 현상을 했다. 일요일에 지구촌 교회에 가서 나누어주려고 한다.

밥 교회에 의자를 가져다주고 군밤과 감을 낸시Nancy와 또 한 백인 여자에게 주었더니 좋아했다.

저녁 무렵 ASU 앞에 있는 밀 스트리트에 있는 책방에 갔다. 옐로스톤에 대한 DVD를 샀다. 옐로스톤 삼부작Yellowstone Trilogy이었다. 전편The Complete YELLOWSTONE, 겨울편Russ Finley's Winter in Yellowstone, 옐로스톤의 화재 YELLOWSTONE AFLAME the Yellowstone fires of 1988! 등이었다. 책을 찾다가 없어서, 미국에도 헌 책방이 있다는 사실을 종업원으로부터 듣고 헌 책방을 찾아갔다. 작은 책방이었다. 소라는 그곳에서 원주민 관련서적 4권을 샀다.

옐로스톤에 대한 DVD를 보기로 했다. 우선 옐로스톤 전편The Complete Yellowstone을 보았다. 소라가 옆에서 설명을 해주었다. 굉장한 곳이었다. 못 간 것이 많이 후회되었다.

자료를 찾아보니, 옐로스톤국립공원의 넓이는 8,983 km^2 이며 남한 넓이의 1/10에 해당한다. 옐로스톤은 화산지대이며 간헐천으로 유명하다.

〈숲과 바이슨〉

〈초원과 사슴〉

〈세계 최대의 간헐천〉

〈마그마 분출도〉

〈Yellowstone 탐방로〉

〈Yellowstone에서 소라〉

일만 여개의 간헐온천이 있다니 대단하지 않는가. 옐로스톤은 호수와 협곡, 강, 산맥으로 이루어져있다. 호수로는 옐로스톤 호, 쇼숀 호가 있고 강으로는 스네이크 강, 옐로스톤 강이 흐른다. 유명한 폭포도 있다.

간헐천은 세계에 이십여 곳 이상이 있다는데, 그 중에서 가장 유명한 곳이 바로 옐로스톤이다.

이 지역은 11,000년 전부터 원주민이 거주한 곳이다. 국립공원이 대부분 다 그렇듯이 옐로스톤은 동식물의 보고이다.

기회가 된다면 언젠가 한 번 꼭 가보고 싶다.

✲ 2008. 11. 15 토 〈피닉스의 겨울 꽃〉

11시에 아침 산책을 나갔다. 산책은 주로 솔트 강변으로 간다. 여기저기에 겨울 꽃이 아름답게 피어있었다.

피닉스는 투산, 유마와 같이 소노란사막 덤불Sonoran Desert Scrub에 속해 크레오소트 부쉬creosote bush, 머스키트mesquite, 초야cholla, 프리클리 페어prickly pear, 브리틀부쉬brittlebush. 팔로 베르디 palo verde, 오크티요ocotillo, 사구아로saguaro 등의 식물이 자란다. 겨울철인데 노란색의 크레오소트부쉬 와 브리틀부쉬 가 피었다. 벌들도 일을 하고 있었다. 한국에서는 이른 해에는 눈이 내릴 시기이다.

솔트 강에는 물새들이 참 많다. 한가롭게 노닐고 있었다. 강변에 아파트를 짓는 모양이었다. 광고전단을 우리도 받았다.

아파트 사무실에서 셔츠와 컵을 공짜로 얻어왔다.

소라는 오후 2시에 추수감사합창연습을 하러 지구촌교회에 갔다. 나도 따라갔다. 송 목사와 나도 그날 한복을 입고 출연하라고 했으나 사양했다.

참가 후 베스트 바이Best Buy에 가서 소라는 캐논카메라를 200불을 지불하고 샀다. 사진기가 있는데도.

✻ 2008. 11. 17 월 〈수지씨의 집〉

오늘 등산은 수지, 미경과 우리 둘만 가기로 했다. 목사부부는 바쁜 일로 빠졌다.

일찍 미경의 집으로 갔다. 커피를 한 잔씩 나누고 노우스마운틴North Mountain Park으로 등산을 떠났다. 노우스마운틴 공원은 피닉스 산 공원 바로 뒤쪽에 있었다.

왜 남산은 순조로운데 북산은 안 되나? 언어는 미묘한 것이다.

공원입구에 주차를 했다. 노우스 마운틴은 하이킹 트래일이 여러 곳 있었다. 피닉스 시의 주변에 있는 봉우리들이 다 그렇듯이 시내를 바라보는 좋은 전망대이었다. 노우스 마운틴의 정상은 쇼우 부트Shaw Butte(덤불 숲의 고립된 산) 라는 산인데 높이가 2,149ft(655m)이다.

4 마일 짜리 고난도의 쇼우 부트 트레일(Trail 306)을 택했다. 모두들 이마에 땀방울이 송송이 돋았다. 피닉스의 하늘은 더할 나위 없이 청명하고 아름다웠다. 과연 가을 하늘이다.

잡목 산이라 여러 가지 종류의 선인장을 포함 많은 나무와 꽃들이 자라고 있었다.

사구아로 선인장은 말할 것도 없고 야카, 팔로베르디Palo verde, 메스퀴토mesquite, 코끼리elephant 나무, 철나무 ironwood 도 눈에 띠었다.

등산 후 미경의 집 뜰에서 세차를 하고 수지 집사 집을 방문했다. 수지의 집은 그녀의 성격답게 깔끔하고 청결했다. 먼지하나 없을 정도로 깨끗했다. 음악을 좋아하고 영화관람을 좋아하는 사람답게 피아노와 스크린이 대형인 TV가 있었다. 남편이 한국에 있고 수지는 미국에 있어 기러기 부부이다.

수지씨는 음식 솜씨가 뛰어나, 분에 넘치는 점심대접을 받고 왔다. 여자가 음식을 잘 한다는 것은 큰 장점이다.

✲ 2008. 11. 18 화 〈샤론과 일본 여자〉

소라는 해이퍼 교수의 수업을 참가하러 ASU에 갔고 나는 아파트에서 책을 읽었다. 오후에는 소라가 피마 어를 공부하러 가서 나도 그녀와 같이 피마 어 학교에 갔다. 그곳에는 훌륭한 도서실이 있었다.

피마 랭귀지 교사는 샤론이다. 그녀에게 내 시집 『Poems of In-Hwan Bae』를 한 권 주었더니 무척 기뻐하며 고맙다고 말했다. 샤론은 외관상 너무 뚱뚱하고 촌스러워서 평범한 사람인줄 알았는데 대학교수이며 무척 재미있는 사람이라고 소라가 말해서 놀랐다. 사람은 외관으로 평가할 일이 아니다. 피마 언어를 배우는 일본인 여자가 있는데 학구적인 여자라고 소라가 말했다. 그녀는 피마 어를 여러 번 들어서 잘 한단다. 고고학과, 인류학 쪽에도 대단한 식견을 갖고 있더란다. 그녀가 피마 어를 배우는 목적이 미국 원주민에 대해서 더 연구를 하기 위해서란다. 그녀는 피닉스에 남편을 따라 왔다는데, 공부를 이렇게 열심히 한다니, 이래서 일본 사람들은 무섭다.

✲ 2008. 11. 19 수 〈애리조나 주의 나무. 새. 꽃〉

사랑하는 손자 소녀, 건하, 산하, 서준, 서린에게 카드를 각각 보냈다. 그 동안 관광지에서 산 그림엽서들이다. 그 애들이 보면 좋아할 것 같아서이다. 미국의 우체국은 국가 기관이 아닌 민간 기업이다. 까다롭고 아니꼽기 까지 한 곳이다.

피닉스 시청 옆 여행 안내소에 가서 자료를 얻어왔다. 등잔 밑이 어둡다고 애리조나 주는 말할 것도 없고 피닉스도 가보지 못한 곳이 많았다. 여행이라는 것이 꼭 가 봐야하나? 느끼면 되는 것이지, 하고 되뇌면서 스스로를 위안했다. 자료에 의해서 다음과 같은 사실을 알았다.

AZ 나무 : palo verde
AZ 새 : cactus wren(굴뚝새)
AZ 꽃 : Saguaro Flower

오후에는 스카치대일 몰Scottsdale Moll에 다시 가서 아이쇼핑을 했다. 스카치대일은 화려한 곳이었다. 사막에 있는 피닉스가 미국의 6대도시임을 실감했다. 견물생심見物生心 이라더니 소라는 갖고싶은 것이 많은것 같았다. 그곳을 얼른 빠져나오고 싶었다. 위기를 면하고 싶어서이다. 돈만 많으면 사랑하는 사람에게 무엇을 못 사준단 말인가?

마음이 쓸쓸했다.

✲ 2008. 11. 20 목 〈AZ의 늦가을, 겨울 꽃들〉

〈멕시칸 딱총나무-엷은 노란색 흰색 〉

〈국화꽃- 노란색〉

〈Ericameria laricifolia8-12 황금색〉

〈Justicia californica일년내 붉은색〉

〈Lantana urticoidesqha7-11-겨울 오린지와 붉은색〉

〈Larrea tridentata 봄-겨울 노랗〉

〈Larrea tridentata 일년내 특히 비온 후 자주 핑크 흰색〉

〈Salvia greggii봄-겨울 붉은 자주 핑크 흰색〉

〈Baileya multiradiata언제나 노란〉

〈Coreopsis lanceolata노랑 가운데 붉은 브라운색〉

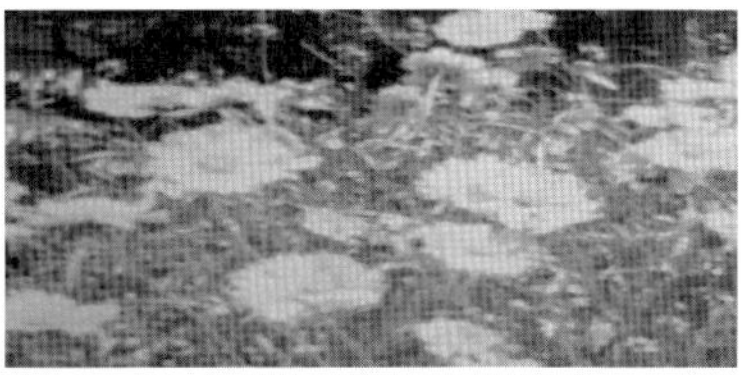
〈Datura wrightii 흰색〉

〈Eriogonum fasciculatum 흰색-핑크〉

〈Linanthus nuttallii흰색〉

〈Melampodium leucanthum노란핵의 흰색〉

〈Nama hispidum핑크 자주 가운데 노랑〉

〈Sphaeralcea ambigua일년내 붉은색 핑크〉

〈Verbesina encelioides노랑〉

〈Viguiera dentata 노랑〉

책을 보고 이 지역에 늦가을과 겨울에 피는 꽃들이 어느 것인가 찾아보았다.

✲ 2008. 11. 21 금요일 〈미국의 추수감사절〉

오늘 오후는 밥의 영어수업을 듣는 날이다. 그런데 오전에 소라의 친구에게서 전화가 왔다. 얼굴이 잘 기억나지 않는 친구란다. 소라의 여고 동창들은 유달리 유대 관계가 깊은 것을 알았다. 샌프란시스코에 사는 친구인데 손녀가 피닉스 무용대회에 참가해서 왔다는 것이었다.

그 친구가 있는 애리조나 그란데 리조트를 내비가 지시하는 대로 따라갔다. 쉽게 찾을 수 있었다. 무용 발표회장을 찾아 들어가서 전화를 했으나 만나지 못했다. 발표장이 4군데라 만나지 못하고 한 행사장으로 불러내서 만날 수 있었다. 소라의 친구는 이경우 인데 귀여운 둥근 얼굴의 조그마한 여자이었다. 소라는 나를 소개하고 그녀의 호텔방으로 안내되어갔다. 호텔은 고급 호텔이었다. 소라와 이경우씨는 근방 친해졌다.

이경우씨는 미국에 이민 온 것이 40년이 넘고 딸 하나가 있는데 사위가 백인이며 예일대 출신이고 잘 생겼다고 말했다.

곧 그들을 소개받았는데 사위, 딸, 손녀 둘, 딸의 시부모들도 소개해주었다. 사위는 영화배우처럼 잘 생겼다. 자랑할 만했다. 딸도 엄마를 닮아서 예뻤다. 모두가 친절하고 좋은 사람들로 즐거운 생활을 하고 있었다.

〈이경우씨와 소라〉

〈이경우씨 딸 손녀들과 소라〉

사위와 딸은 아직 30대 같은데 직장을 쉬고 이렇게 관광을 다닌단다. 손녀들은 쌍둥이인데 홈 스쿨을 한다니 참 재미있는 가족이었다. 그들의 생활방식은 부러운 데가 있다. 이경우씨도 직장을 2군데나 퇴직했는데 다시 직장을 잡아 일을 한다고 했다.

우리는 커피 대접을 받고 영어수업을 들으러 집에 왔다.

다음 주 목요일이 추수감사절이라 밥은 먼저 그 주제를 가지고 설명했다. 밥의 설명은 다음과 같았다.

신대륙을 콜럼버스가 발견한 것이 1492년이고 그는 서인도제도에 도착했고 스페인은 1500년 후반기에 세인트 오거스틴ST. Augustine, 샌 디아고San Diego, 샌타페이SanTafe로 들어왔고 영국은 1607년 버지니아Virginia의 재임스 타운James Town으로 처음 영국배가 들어왔으나 거기에 머물지는 않았다. 1620년에 매사추세츠Massachusetts의 플리머스 록Plymouth Rock에 매이플라워Mayflower호를 타고 들어와 주거를 정한 102명의 영국 청교도단이 조상인 셈이다. 매사추세츠로 들어온 청교도들은 종교에 힘써 대학을 짓고 버지니아로 들어온 사람들은 돈이 목적이라 뉴욕 같은 도시를 만들었다. 이주민들의 첫해는 흉년이 들어 고생을 많이 했고 인디언들의 도움으로 살아남을 수 있었고 다음해에 농사가 잘되어 추수감사절이 생겼단다.

이렇게 미국은 초기부터 신이 둘이라는 것이다. 종교 신과 황금 신. 밥은 지식인답게 이런 재미있는 이야기로 설교를 잘 했다.

오늘도 미국인들이 가장 많이 보았다는 원더풀 라이프Wonderful Life*를 조금 감상했다. 대본을 먼저 나누어주고 읽은 후에 영화를 보여주는 수업이다. 밥 교수의 강의는 참 재미가 있다.

*It's a Wonderful Life is an American Christmas drama film produced and directed by Frank Capra, that was based on the short story "The Greatest Gift", written by Philip Van Doren Stern in 1943, and privately published by the author in 1945. The film is considered one of the most inspirational and best loved movies in American.

원더풀 라이프It's a Wonderful Life는 플랭크 카프라Frank Capra가 제작과 감독을 맡은 미국 크리스마스 영화다. 이 영화는 필립 반 도렌 스턴Philip Van Doren Stern이 1943년에 쓰고 1945년 자비 출판한 『가장 위대한 선물 The Greatest Gift』이라는 소설을 바탕으로 제작되었는데, 미국에서 가장 감동적이고 사랑받는 영화중 하나다.

✲ 2008. 11. 22 토요일 〈사슴골짜기암각화 센터〉

사슴골짜기암각화 센터deer valley rock art canter에 갔다. 그곳은 템피에서 그리 멀지 않았다. 10시 쯤 출발을 해서 바로 도착했다. 록 아트 센터는 스컹크 크리크Skunk Creek 이라는 작은 개울 옆에 있었다. 지금은 물도 흐르지 않는 건천이었다. 이곳 사막지대에는 'wash' 라는 건천이 많다. 박물관 안으로 들어가서 벽에 빽빽이 붙어있는 전시 사진과 모형들을 구경하고 통로를 따라 밖으로 나갔다. 그쪽 낮은 산에 암각화가 있었다. 산은 용암지대라 표면이 검은 돌이 전부였다. 대부분은 큰 바위가 아닌 작은 돌에 암각화가 새겨져있었다. 다른 지역과는 달리 작품이 많았다. 그러나 픽토그래프pictographs(paintings)와 페트로글리프petroglyphs(engravings)의 구분이 어려웠다.

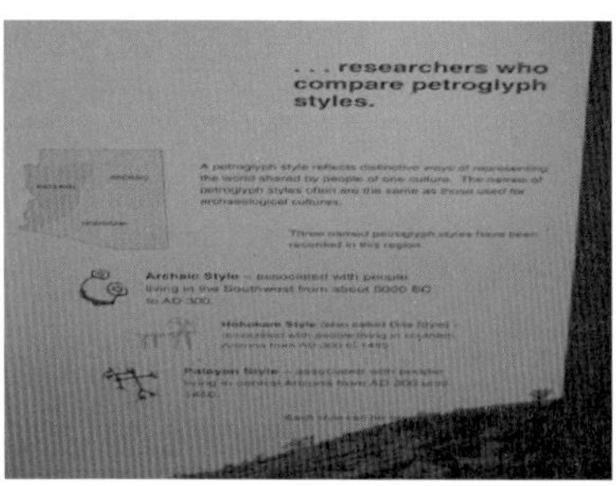

〈페트로그라피 스타일 구분〉

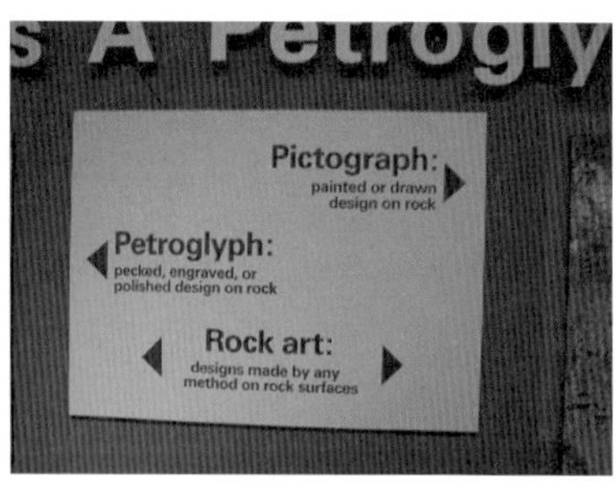

〈록 아트의 구분〉

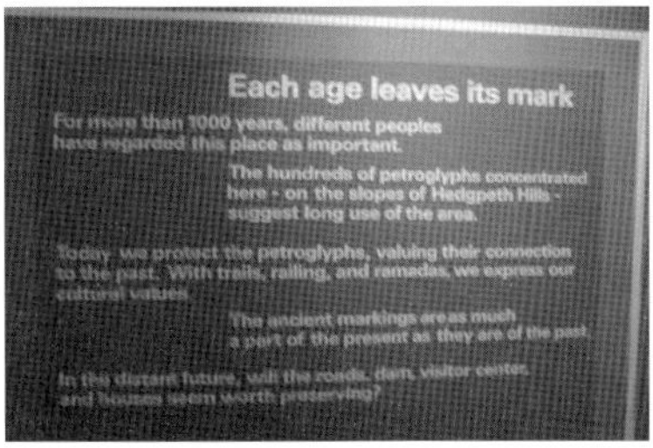

〈시대의 표시〉

〈사슴 골짜기 록 아트의 산〉

〈사슴 암각화〉

〈록 아트〉

〈상징적인 록 아트〉

〈사슴 록 아트〉

〈록 아트〉

〈록 아트 관광객〉

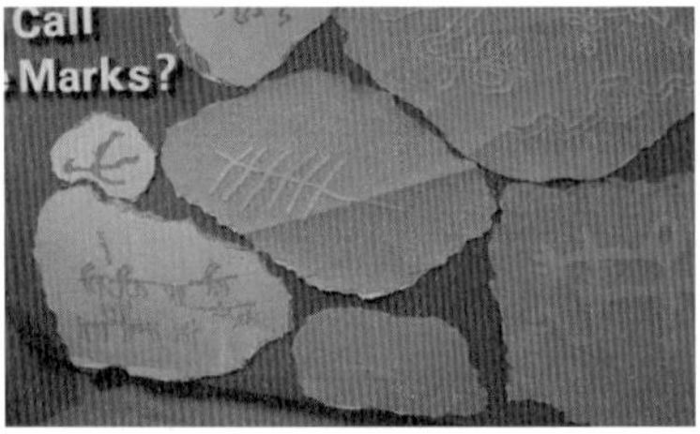

〈록 아트 판매상품〉

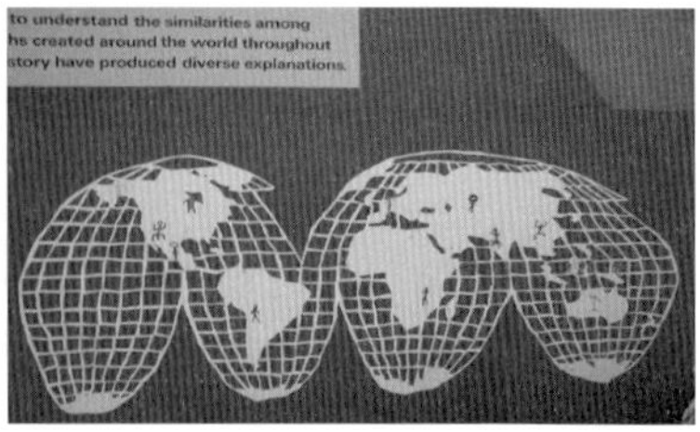

〈록 아트 분포〉

기록에 의하면

Petroglyphs were made by pecking, incising, or abrading to remove the dark-colored surface of the rock and expose the lighter inner stone. Pictographs were made by painting the image onto the rock surface. Paint pigments were derived mostly from minerals: reds and yellows from iron oxide or ochre; whites from clay or crushed gypsum; blacks from manganese oxides and charcoal; and blues or greens (quite rare) from copper oxides. The pigment was mixed with such binders as eggs, urine, animal fats, or plant oils to make paint.

페트로글리프(Petroglyph, 암면조각)는 바위 내부 안쪽의 밝은면이 보이도록 어두운 표면의 바위를 제거하기위해 바위를 쪼고, 파내고, 마찰하여 만들어 졌다. 픽토그래프(Pictograph)는 바위표면에 그림을 채색하여 만들어 졌다. 채색 안료는 대부분 미네랄로 만들어 졌다. 예를 들면 적색과 황색은 산화철과 황토에서, 백색은 점토나 가루로 만든 석고에서, 흑색은 산화망강 혹은 숯으로부터 얻어졌으며, 드물긴 하지만 청색과 녹색은 산화구리로 만들었다. 그림을 그리기 위해 이러한 안료는 계란, 오줌, 동물성 지방, 식물성 기름과 같은 것을 접착제와 섞어 사용했다.

시기는 3 시대로 나누는데 그 내용은 다음과 같다.

아케익 스타일Archaic Style 5000BC-AD300

호호캄 스타일Hohokam Style AD300-1450
파타얀 스타일Patayan Style AD300-1450

인류학자들의 기록에 의하면 여기에 1,571개의 그림문자가 있다고 한다. 길 따라 많은 종류의 암각화가 있었는데 그 중 사슴이 많았다. 그래서 사슴 골짜기 라고 명명한 것 같았다. 커다란 방울뱀 허물도 보았는데 소라는 만져보고 나는 손도 안 댔다. 많은 확돌을 전시해놓았다. 대부분은 밑바닥이 뚫릴 정도의 것들이었다.

✻ 2008. 11. 23 일요일 〈암각화〉

일요일이고 교회에서 이번 주 목요일이 추수감사절이기 때문에 추수감사절 기념 준비로 바빴다. 서둘렀으나 리오 사라도 호수를 중심으로 자전

〈송 목사의 설교〉

〈목장별 장기자랑 노래〉

〈부인들의 장기 자랑〉

〈풍족한 음식〉

〈존 목사 부부〉

〈밥목사 부인과 저자〉

거대회가 열려 도로가 막혀서 늦게 교회에 갔다. 목사는 오늘 신부처럼 가운을 입고 설교를 했다. 그리고 점심은 칠면조 요리를 내놓았는데 맛이 없어 먹을 수 없었다.

2시부터 목장별 장기자랑이 있었는데 재미있었다. 목사부인의 팀이 공연을 하는 것을 보고 집에 왔다. 소라도 그 팀에 속했다. 젊은 사람들이라 잘 놀았다.

집에 와서 바로 바이블 교회에 갔다. 오늘은 설교라기보다는 감사하는 마음을 발표하는 것 같았다. 소라는 우리의 관계를 이야기하고 싶은 모양인데 내가 못하게 했다. 저녁으로 먹은 칠면조는 맛이 있었다. 요리방법이 다른지 칠면조의 종류가 다른지는 잘 모르겠다. 그리고 다른 음식들도 맛이 있었다. 저녁만 먹고 급히 왔다.

인디언들이 그려놓은 암각화는 도처에 많이 있다. 인디언들은 록 아트 이외에는 어느 곳에도 그들의 역사를 기록해 놓지 않았기 때문에 그것이 무엇을 의미하는가를 알아내는 것은 대단히 중요하다. 그러나 연구는 활발하나 베일에 가려있는 형편이다. 어느 책에는 "암각화: 옛날 언어, 비밀의 예술" 이라고 표현해 놓았다.

인디언 할머니나 어머니들도 우리조상들처럼 손자 손녀들에게 이야기를 많이 해주었다. 그러한 이야기들이 요즈음 책으로 발간된 것이 많다. 나와 소라가 가지고 있는 책은 다음과 같다.

Pima Indian Legends/Anna Moore Shaw/1968/The university of Arizona press

A Pima Remembers/George webb/1959/The university of Arizona press

A Pima Past/Anna Moore Shaw/1974/The university of Arizona press

Myths and Tales of the White Mountain Apache/Grenville Goodwin/1994/The university of Arizona press

화이트 산의 신화와 이야기에서 다음과 같은 구절을 찾았다. 사려 깊은 구절이었다.

The richness of our White Mountain Apache culture is reflected in these stories, and the depths of our spiritual beliefs are often hidden in the storyline and actons of the characters. Although many of the deeper meanings in these stories are lost in the translation from Apache to English, you can read these stories and catch a glimpse of how our ancestors observed nature, drew metaphors from everyday observations and happenings, and applied the lessons learned to everyday life. Read them and you will see how harmony with nature and the natural world is the goal of every Apache. Read them and you will see why the stories are eternal and why they set a standard of conduct and behavior that every Apache, every human, must try to reach to achieve the fullness of life.

화이트 마운틴 아파치White Mountain Apache 문화의 다양함은 이러한 이야기에 나타나 있으며, 정신적인 믿음의 깊이는 주인공의 이야기와 행동에 종종 숨겨져 나타난다. 비록 이러한 이야기에 나타난 깊은 의미는 아파치 인디언 언어를 영어로 번역하는 과정에서 사라졌지만, 어떻게 우리의 조상들이 자연을 관조하고, 일상적인 관찰과 사건으로부터 은유를 끌어내어 실생활에 적용했는지를 이러한 이야기를 통해 일부나마 이해 할 수 있게 된다. 이야기를 읽게 되면 '어떻

> 게 자연과 자연계에 조화를 이룰 것인가' 가 결국 아파치 인디언들의 삶의 목표라는 것을 알 수 있게 된다. 또한, 왜 이 이야기가 영원하며, 왜 모든 인간, 모든 아파치 인디언이 삶의 충만을 성취하기위해 노력하고 도달해야만 하는 행위와 행동의 기준을 정해놓았는지 알게 된다.

대부분의 이야기들은 종족의 홈랜드에 있는 살아있는 생물에 대해서 이다. 태평양 북서지방은 갈가마귀, 사막지대는 코요태, 평원은 버팔로, 동부 산림지대는 비버가 중심이 되어있음을 알 수 있었다.

✲ 2008. 11 24 월요일 〈A 마운틴〉

암각화에 대한 관심이 깊어지자 암각화가 있는 곳은 어디든지 가보고 싶었다. 그래서 ASU 켐퍼스에 있는 A 마운틴을 가기로 했다. 대학 경내에 있는 조그마한 산이라 산으로 취급하지도 않았는데 그곳에 암각화가 있다는 것이었다. A마운틴 옆에는 솔트리버가 있다.

점심을 김밥으로 싸고 10시 반에 출발했다. 막상 산 밑에 가서 오르려고 하니 높아보였다. 암각화는 얼마 오르지 않은 산기슭에 있었다. 별로 크지도 않은 바위인데 그곳에 집중되어 있었다. 오늘은 가까운 거리에서 소득을 많이 올렸다. 암각화는 나선형이 많았다. 물론 짐승도 있고 사람도 있

〈추상적인 록 아트〉

〈사람 록 아트〉

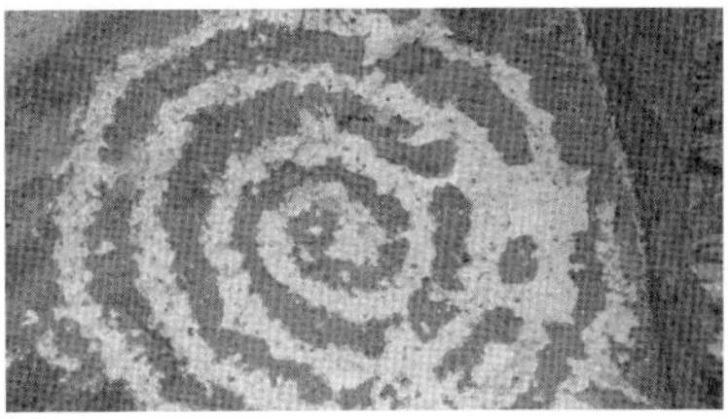

〈나선형 록 아트〉

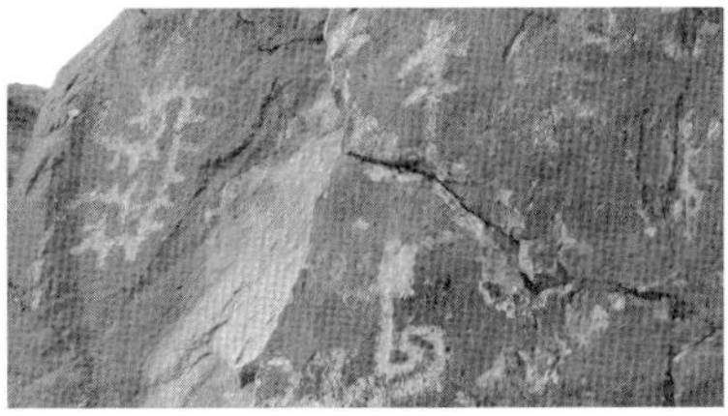

〈사람과 사슴 록 아트〉

었다.

사진을 여러 장 찍고 산의 정상을 향해서 올랐다. 보기보다 많은 사람들이 오르고 있었다. 무슨 연구단체 같은 사람들도 한 떼 지나갔다. 우리는 12시 쯤 정상에 올랐다. 사방이 너무 잘 보였다. 솔트 리버의 작은 댐 물도 보이고 캐멀백과 남산도 보였다. 남산에도 암각화가 있다고 해서 다음 주 쯤 보러갈 예정이다.

A 마운틴 답사를 마치고 돌아오면서 리리 마켓과 아시아나 마켓에 가서 장을 봐왔다. 이제 11월도 얼마 남지 않았다. 금년도 이제 한 달이다. 세

〈솔트 리버와 피닉스 시내〉

〈A마운틴의 록 아트를 배경으로 저자〉

월이 유수다.

✲ 2008. 11. 25 화요일 〈미국의 경찰〉

ASU 도서관에 가서 캘리포니아에 대한 책을 찾았으나 없다. 12월 9일 샌프란시스코에 갈 때 여행 안내소에 가서 가지고 와야겠다. 도서관에서 책을 좀 보는데 세 학생들이 도서관인 것도 잊었는지 어떻게 떠드는지 책을 볼 수가 없어서 밖에 나왔다. 미국대학생들도 젊은이들은 마찬가지다. 예의가 없다. ASU 캠퍼스 사진을 몇 장 찍고 있는데 소라에게서 전화가 왔다. 그녀도 일찍 나와서 함께 식당에 가 중국 음식을 좀 먹고 피마어학교에 갔다. 시간을 넉넉하게 잡고 갔는데 이번 주에는 도서관이 크로스된단다. 아마 내일 모래가 추수감사절이라 놀기 좋아하는 원주민들이 쉬는 모양이다. 시간이 30분 쯤 여유가 있어 드라이브를 했다. 목초를 심어 놓은 밭에 물을 대고 있었는데 그곳에 오리들이 많이 모였다. 먹이를 먹는 것 같았다. 물은 헤엄칠 정도는 아니었다.

도서관을 열지 않아 나는 차에서 잠을 좀 자고 책도 좀 보고 음악도 들었다. 소라가 수업을 마쳐서 곧장 집으로 왔다.

학교로 돌아오는 길에 차량 사고를 보았다. 백인 젊은 여자가 타고 있는 차인데 수로에 쳐박혔다. 사람은 크게 상하지는 않은 것 같았다. 경찰이 10여명이나 현장에 달려와서 사고 처리를 하고 있었다. 미국 경찰은 참 우수한 것 같다.

✲ 2008. 11. 26 수요일 〈낙수물 소리〉

밤에는 비가 내렸다. 낙수 물 소리를 들었다. 땅에 비가 떨어지는 소리가 그렇게 반가울 수가 없었다. 오랜만에 들어보는 비 소리다. 아침에 일어나서 창문을 열고 보니까 비 방울이 땅에 떨어지는 것이 보였다. 이렇게 비 내리는 것을 본 것이 미국에 와서 처음이다. 겨울에 비가 많이 온다더니 정말 그런가 보다.

오늘 남산에 가려다가 너무 피곤하고 비가 내려 하루 집에서 쉬기로 했다. 소라는 오전은 공부하고 오후에 내일 수지 집에 가져갈 과일을 사러 세이프웨이safeway에 걸어서 가자고 했다. 하긴 미국에 와서 차만타고 다녔더니 다리 힘이 현격하게 줄었다.

점심은 어제 사온 중국음식 마름 한 개씩과 빵과 옥수수를 삶아 먹었다.

비가 오고 하늘에 구름이 잔뜩 끼어서 그런지 날씨가 매우 음산하고 추웠다.사람들의 옷도 더욱 두꺼워졌다. 세이프웨이는 대학보다 멀었다. 소라는 작년에 있던 곳이라며 다른 사람의 아파트를 요리저리 비껴서 골목길로 갔다.사과와 우유와 꽃과 아이스크림과 과자를 사가지고 올 때는 오비드 라는 ASU 시내버스를 타고 왔다.

✻ 2008. 11. 27 목요일 〈추수 감사절〉

오늘이 추수감사절이다. 교회에서 하는 추수감사절 행사는 지난 일요일에 마쳐서 오늘은 한가 하다.

잠자리에서 빗소리를 들었다. 홈통을 타고 내리는 빗물 소리가 요란했다. 빗소리를 들으니 고향 생각이 났다.

비가 계속 내리자 소라는 소녀처럼 비 내리는 것을 본다면서 밖에 나가잔다. 바람이 불지 않고 비가 조용히 내렸다. 아파트 경내를 좀 거닐었다. 우산위에 떨어지는 빗소리가 정겨웠다.

오후에는 비가 그쳤다. 점심을 먹고 이번에는 내가 산책을 하자고 해서 가벼운 차림으로 나갔다. 리오 살라도 공원길을 걷기로 했다. 제법 먼 길이었다. 우리는 아파트 정문으로 나가 유니버시티 드라이브 도로를 건너 태양열 발전소 옆을 따라 리오 살라도 쪽으로 갔다. 산책 때 늘 다니는 길이었다. 잔잔한 겨울 꽃들이 물을 머금어 싱싱했다. 물은 생명의 근원이다.

오전에 비가 와서 좀 쌀쌀한 편이었으나 춥지는 않았다. 다시 네거리가 나타나 그 길을 건너 서쪽으로 향했다. 길 양옆으로는 골프장이 있었다. 차를 탔을 때는 가까운 거리로 알았으나 걸어가니까 만만한 길은 아니었다.

골프장이 끝나는 지점에 커다란 웅덩이를 파놓았다. 네 번째 웅덩이가 끝나는 곳에 설명판을 세워놓았는데 바로 리조트를 짓는다고 해놓았다. 강가에 리조트라, 운치가 있을 것 같았다.

우리가 추측한것이 틀린 것을 재미있어하며 강둑으로 갔다. 강둑에는 자갈들이 많았는데 나는 값진 수석을 찾느라고 정신이 팔렸다. 좋은 돌이 있어도 집에 가져갈 수는 없을 것이다. 소라도 나를 따라 탐석을 했다. 그러나 수확은 별로였다.

집에 와서 공부를 좀 하고 이수지 집사 집에 가기로했다. 먼저 허 교수 아파트에 가서 허 교수 부부와 같이 갔다. 허 교수는 한국의 모 대학 영문과 교수인데 안식년이라 피닉스에 온 사람이다. 며칠 전에 송 목사가 교우들에게 소개했다. 대학 교수들은 이렇게 호강을 하니 얼마나 좋으냐.

이수지 집사 집을 못 찾아 헤매다가 간신히 찾아 들어갔다. 집 정리를 기가 막히게 해놓고 음식도 참 잘 장만해놓았다. 술도 한 잔 얻어 마셨다. 갈비찜도 맛이 있었고 빈대떡도 맛이 있었다. 무엇보다도 된장국이 맛이 그만이었다.

음악을 들으며 저녁을 먹고는 이런 저런 이야기를 하다가 9시 반에 집을 나왔다. 밖에 나오니 비가 다시 내렸다.

비가 한번 오더니 자주 온다. 허 교수 부부를 숙소에 태워주었다. 집에 와서 소라와 포도주를 한잔씩 마시고 잤다.

✲ 2008. 11. 28 금요일 〈피닉스의 남산〉

소라와 단 둘이 남산으로 가기로 했다. 그녀는 김밥을 쌌다. 우리는 참 절약해서 돈을 쓴다. 주유소에 가서 기름을 넣었다. 40불 어치를 넣어달라고 했는데 30.08불에 만 탱크가 되었다. 기름 값이 많이 싸졌다.

제법 길이 멀었다. 남산은 우리가 등산한 캐멀 백이나 스쿠오피크나 또 다른 산과는 근본적으로 달랐다. 높지는 않지만 상당히 큰 산괴이었다. 정상에는 방송탑이 대밭처럼 빽빽이 서있었다.

구절양장 같은 길을 천천히 달려 방송탑 아래까지 갔다. 그곳까지 아스팔트가 깔려있었다. 방송탑을 관리하는 직원들이 근무하는 사무실도 있는 것 같았다.

〈남산의 방송탑〉

〈남산의 사구아로〉

산 정상은 해발 2,690ft(820m)(Mount Suppoa)나 됐다. 우리는 방향을 틀어 동쪽으로 향했다. 피닉스 시가지가 한 눈에 보였다. 그러나 캐멀 백에서 보던 것과는 많이 달랐다. 이쪽 시가지는 사치스럽지 않았다.

남산에는 세일 수 없이 많은 트레일 코스가 나있었다. 산악자전거를 타는 사람들이 많았는데 바위투성이인 비탈길을 참 잘도 달렸다. 미국 사람들은 확실히 도전 정신이 강하다.

여자들도 자전거를 타고 잘 달렸다. 차를 정차해 두고 우리는 걷기 시작했다. 한 시간 정도 트레일을 하고 싸가지고 간 김밥을 먹었다. 그리고 차를 타고 오다가 소라가 졸린다고 해서 차에서 30분 정도 자고 산 아래로 내려왔다. 암각화를 찾기 위해서 여러 군데를 기웃거렸다. 경내를 순찰하는 경찰에게 물었더니, 출입구 쪽으로 가보라고 해서 그 곳으로 내려가서 암각화를 몇 개 보았다.

남산은 시민들에게 좋은 휴식처임을 알았다. 앞으로 자주 올 것 같았다. 집에 오니 배가 고파 고구마와 감자 붙임을 해먹었다.

〈철 나무〉

〈힐라 독 도마뱀〉

〈춤추는 록 아트〉

✲ 2008. 11. 29 토요일 〈귤에 대한 명상〉

오전에는 공부를 하고 점심 식사 후 산보 겸 푸드 시티Food City에 들렸다.

귤을 사왔는데 씨가 없었다. 나는 시를 한 편 썼다.

귤에 대한 명상

멕시칸이 운영하는
푸드 시티food city에서 사온 귤은
씨가 많은 것이 특징이다.
씨를 없애는 것이 과학기술의 꽃이라는 시류와는 달리
씨를 없앨 생각이 전혀 없나보다.
제주도에서 생산하는 귤은
온실에서 재배했고
씨가 전혀 없이 달기만하다.
가난한 사람이 즐겨가는 푸드 시티에서 사온 귤은
철없던 젊은 시절의 사랑처럼
새콤달콤한 것이
귤의 본연의 맛을 간직하고 있어
우리는 즐겨 푸드 시티에 간다.
먹기에 성가신 씨가 좀 있어도
우리는 오늘도 이 귤을 먹는다.

✲ 2008. 11 30 일요일 〈전도사의 전근〉

일요일이라 지구촌 교회에 나갔다.

젊은 H전도사가 샌프란시스코 골든게이트Goldengate 신학교로 공부하러 가기 때문에 설교를 한단다. 이별의 설교인 셈이었다. 설교를 무난하게 했다. 교회에서 점심식사를 하고 빌리지 마켓트Village Market에 들렸다.

주인이 바뀌었다.

오후에는 밥 목사의 교회에 갔고 푸드 시티에도 들렸다.

물을 사왔다.

✲ 2008. 12. 2 화요일 〈피닉스의 7봉〉

소라는 헤이퍼 교수 강의를 들으러 갔다.

집에서 책을 읽다가 피닉스의 산봉우리들을 알아보기로 했다. 피닉스는 도시 근교에 7개의 봉우리가 있다. 자료를 찾아 봉우리를 정리해보았다.

1. 낙타등 산Camelback Mountain 2,704ft(824m)
최고의 전망premier view. 가장 험난한 등산
2. 남산South Mountain 2,690ft(820m)(Mount Suppoa) 힐라 강 조망the Gila Lookout
3. 피스티아 봉우리Piestewa Peak(전 이름은 스코오 봉우리formerly named Squaw Peak) 2,608ft(795m). Squaw는 북미 인디언 여자. 처
애리조나 주에서 가장 인기있는 도보여행로the most popular hikes in AZ. 삼백육십도 전망360 degree view
4. 쇼우 뷰트Shaw Butte 2,149ft(665m) 쇼우 뷰트는 고립된 덤불 산
5. 북산North Mo ᄶuntain 2,104ft(641m) 북쪽에 있는 산
6. 조망 산Lookout Mountain 2,054ft(626m)
7. 그림자 산Shadow Mountain 1,928ft(588m)

* North Mountain and South Mountain, Shaw Butte에는 TV안테나가 있음.

✲ 2008 12. 3 수요일 〈사과에 대한 명상〉

소라에게 작은 선물을 했다. 그녀는 퍽 기뻐했다.〈사과에 대한 명상〉 이라는 시를 한 편 섰다. 시는 한가할 때 잘 써진다.

사과에 대한 명상

아침 밥상에 오를 사과를 씻는다.
마트에서 산 사과는
싼 것만 골라서 볼 품 없었는데
나의 연인의 손에서 씻기는 사과는
연인과 닮아서
아침 햇살을 받아 영롱하게 빛난다.

우리는 아침에 사과를 한 알씩 먹는다.
'아침 사과는 영양덩어리' 라고 TV에서 말한 이래로

나는 네 개의 사과를 생각하며
나의 연인이 씻어주는 사과를 오늘도 묵묵히 먹는다.

사과는 나의 몸속으로 순식간에 들어가
반란을 일으킬 것이다.
나는 조용히 그 때를 기다린다.

✲ 2008. 12. 4 목요일 〈밥 목사 부부와 식사〉

소라가 밥 목사 부부와 '호돌이' 식당에서 식사를 하자고 제안해서 그렇게 하기로 했다. 지난 번 교회 신도들을 아파트에 초대할 때 못해서 이렇게 하지는 것이었다.

약속 시간에 밥 부부가 왔다. 두분다 백인이다. 남편은 여윈 편이고 부인이 살이 좀 있는 편이지만 미인이다. 두 분 다 참 선량한 분들이다. 동양인이라고 얕잡아보는 일이 전혀 없다. 미국 사람들은 생선보다 불고기를 좋아한다. 소라는 부산에서 많이 살아서 생선을 좋아한다. 나는 이것저것 가리지 않는다. 그러나 많이는 못 먹는다. 소식인 셈이다.

우리는 불고기와 잡채, 은대구를 시켰다. 미국인들은 식사를 참 맛있게 한다.

〈밥목사의 설교〉

〈밥 목사 교회〉

이렇게 가까이 앉으면 간격이 좁혀진다. 밥은 일리노이 주 출신이다. 그곳은 겨울에 몹시 춥다고 말했다. 내 시가 좋다고도 말했다.

나는 로버트 프로스트의 시를 좋아한다고 말했고 그도 프로스트의 시를 좋아하고, 내 시에도 그의 시와 비슷한 점이 있다고 말했다. 앞으로 열심히 시를 쓰라면서.

그는 내년에 중국의 성도에 갈 거란다. 혼자 가느냐고 물었더니 그렇단다. 자리가 잡히면 부인을 부를 수도 있단다.

성도가 어떤 도시인지 아느냐니까.

촉의 수도라고 말했다. 삼국지를 읽었는지 물었더니 그렇단다. 영어로 번역이 되어있단다. 즐거운 식사시간이었다. 소라는 주로 바브 여사와 이야기를 나누었다.

〈밥 목사 부부〉

〈밥 목사 부부와 식사 〉

✲ 2008. 12. 5 금요일 〈제임스와 도미니코 도움〉

소라는 내년도 미국에 머물 비자와 여러 가지 보험 관계로 바빴다. ASU에서 헤이퍼 교수에게 연락을 한 것 같았다. 오전에 소라는 헤이퍼 교수를 만나러 갔다.

미국은 민주주의가 발달된 나라이고 그 뒷받침이 법이다.

교환교수는 년초에 많은 서류를 제출해야한다. 그 서류의 구비가 외국인에게는 쉽지가 않다. 소라의 이야기로는 몸살을 앓는다고 말했다

소라는 내년도 비자와 보험의 서류문제의 도움을 받으러 체이스 은행에 가서 제임스와 도미니코를 만났다. 자초지종을 들은 그들은 기꺼이 도와주었다. 그들 둘은 경제를 전공한 사람들로 이런 법적인 문제를 잘 해결해 주었다. 소라가 그 은행의 고객이기 때문인 것 같았다. 또 소라는 좋은 사람을 잘 사귄다. 잘 모르지만 서류가 복잡한 것 같았다.

일을 마치고 우리는 마트에 들려 물과 과일을 좀 사왔다.

✲ 2008. 12. 8 월요일 〈피닉스의 남산〉

미경은 남편이 집에 있어서 등산에 불참하고 송 목사 부부는 바빠서 참석을 못하고 우리는 수지 집사와 사우스 마운틴에 등산을 갔다.

사우스 마운틴South Mountain은 65.89km^2 은 자치단체에서 지정한 공원 중에서 북미와 세계에서 가장 큰 공원이라고 한다.

중요 봉우리는 마리코파 피크Maricopa Peak2,523ft(769m), 고오트 힐Goat Hill2,526ft(770m), 마운트 수포아Mount Suppoa(2,690ft(820m)가 있는데, 마운트 수포아는 일명 'TV 탑 봉우리' 라고도 한다. 피닉스의 TV와 라디오 안테나들이 수없이 많이 들어서 있다.

피닉스의 남산은 갓대종 Hagstaff species으로 코끼리나무 라는 브르세라 마이크로필라Bursera Microphylla가 있는데 북부 멕시코가 원산이며 매우 드문 나무로 키는 4~5m쯤되고 약리작용이 풍부해 초힐라Cahuilla 인디언들이 만병통치약으로 사용했다. 또한 꼬리가 당근처럼 생긴 처크와라Chuckwalla 라는 도마뱀의 특이종의 집단서식지이다.

〈산악 자전거 타는 사람〉

〈피닉스 산 방향 표시판 〉

남산은 우리가 그동안 피닉스에서 등산했던 산과는 달리 정상부분까지 차를 타고 올라갈 수 있어 편리했다. TV와 라디오 안테나들을 관리하기 위해서 도로를 개설한 것 같았다. 하긴 록키마운틴 국립공원도 정상까지 도로가 나있었다. 그곳에는 물론 TV와 라디오 안테나는 없었다.

남산은 하이킹 하는 사람도 많고 산악자전거를 타는 사람도 많아 피닉스 시민들에게 가장 사랑을 받는 공원 같았다. 또한 암각화가 도처에 있다. 수지도 점심을 싸와서 우리는 정상 근처에서 점심 식사를 했다. 점심식사를 한 후 등산을 마치고 수지를 승용차로 집에 모셔다드렸다. 수지 집사는 참 좋은 분이다. 대학에서 무용을 전공했으며 서울이 고향이고 젊어서부터 미국회사에서 근무해서 영어를 참 잘 한다.

〈다정한 두 여인〉

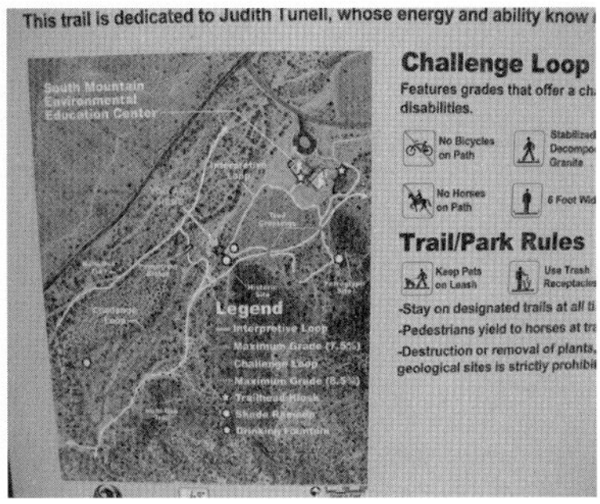

〈남산 지도 〉

✲ 2008년 12. 9일 화요일 〈하루에 650마일〉

인디언 선교에 힘쓰는 박 목사를 만나러 샌프란시스코에 가는 날이다.

새벽 3시부터 서둘러 여행준비를 했다. 국도 된장찌개도 없는 아침을 좀 먹고 차를 몰고 떠난 시간은 새벽 5시였다.

떠나면서부터 소라는 졸기 시작했다. 1분이라도 빨리 가기위해서 I-10을 탔다. 소라는 졸면서 가다가 좀 자면서 그렇게 운전을 했다. 대단히 위험한 방법이지만 잘 견뎠다. 휴게소를 지날 때 미경이 한 말이 기억났다. 휴게소에서 별별 사건이 다 터진다는 이야기. 우리는 조심했다.

콜로라도 강에 도착한 것은 애리조나 시간으로 10시 경이었다. 사진을 차안에서 두어 장 찍었다. 지난 8월에 본 강과 많이 달랐다. 그곳 강 유역에는 농장이 잘 발달되어있었다. 과수원과 목초지가 한 없이 이어졌다.

도로 옆에 desert center가 있어 사막연구소인줄 알고 찾아갔더니 그 지역 이름이란다. 우리는 쓴 웃음을 짓고 돌아왔다.

LA를 빗겨 산타바바라에 도착한 것은 오후 4시, 산호세까지는 250마일, 400마일을 달려왔는데 아직도 250마일, 차선을 수정하지 않을 수 없었다. 원래 우리는 태평양 해안 길을 달리고 싶었다. 밤에 가봤자 소용이 없기 때문에 그 길을 포기하고 그냥 I-10을 탔다. 잠시 바닷길이라서 서운은 면했다. 바닷길이 끝나자 내륙으로 들어가 호수가 옆에 있는 차마시 도로chumash rd를 달렸다. 그 길도 한적한, 꽤 괜찮은 도로이었다.

드디어 산호세에 도착했다. 산호세는 실리 콘 밸리로 유명한 곳이다. 또한 그곳에는 나사가 있다. 저녁을 먹으려고 음식점을 찾았으나 눈에 띄지 않고 여관을 찾기도 어려워 우선 저녁식사부터 6불 주고 사먹었다. 그리고 여관을 찾은 곳이 에이트eight였다.

여관에 들러 늦은 시간이지만 소라는 박 목사에게 전화를 했다. 그는 내일 새벽 6시에 오기로 했다. 너무 피곤해서 세수만 하고 잤다.

〈크린 래이크〉

〈호수가의 마을 〉

✻ 2008. 12. 10 수 〈내파 밸리Napa Valley 주변과 박 목사〉

새벽 6시에 박 목사가 온다고 해서 우리는 5시부터 출발 준비를 했다. 박 목사는 약속한 6시에 여관으로 왔다. 둥근 넓은 얼굴과 스포츠형 머리가 신뢰감을 주었다. 중간키에 어깨가 단단한 건장한 사람이었다. 운전은 박 목사가 했다. 그는 50세 중반인데 태권도로 선교하는 목사였다.

박 목사는 특이한 이력을 갖고 있는 사람이었다. 그는 운명적으로 목사가 됐다고 한다.

I-880으로 가다가 I-80으로, 포도 산지로 유명한 내파 밸리Napa Valley를 지나 29 지방도로를 달렸다. 산호세를 출발하여 북동쪽으로 3시간을 달려 레이크 카운티Lake County에 도착했다. 그곳은 엘렘 토모Elem Tomo 인디언의 보호구역이다. 마을 어귀의 카지노에서 아침식사를 했다. 시골 인디언 마을에 있는 카지노도 라스베이거스의 카지노와 똑 같았다.

호숫가에 있는 짐 부라운의 집에 갔으나 그는 없었다. 그가 사무실에 있다고 부인이 일러주어서 호수 저쪽에 있는 그의 사무실로 향했다.

호수는 크린 레이크Clean Lake 이란다. 호수는 꽤 넓었다. 박 목사는 호수 건너편에 여자의 유방같이 생긴 산 봉오리가 2개 있는데 오른쪽 산에 산사태가 나서 인디언들이 망했다고 짐 부라운은 믿고 있다고 말했다. 짐 부라운은 인디언의 옛 민요뿐 아니라 역사와 문화도 잘 안단다. 인디언치고는 지식인이란다. 박 목사는 호수의 깊은 곳에는 큰물고기가 사는데 밖에 나오면 눈이 먼다는 이야기며, 이 호수는 지하로 동부의 필라델피아까지 연결되어 있다는 등 인디언의 전설도 이야기해주었다.

아침 햇살이 수면에 반사되어 조용한 전원의 풍경을 자아냈다. 짐 부라운은 사무실에 있었다. 우리는 박 목사의 소개로 서로 인사를 나누었다. 그는 박 목사와 동갑인 5십대 중반이며 이목구비가 큼지막한 미남형의 남자였다. 키는 크지 않았지만 비대하지도 않았다. 수건을 머리에 두르고 있어서 인디언 추장을 연상하게 했다. 다만 아래 입술이 윗입술을 덮고 있어 고집스런 인상을 주었다.

소라는 그에게서 인디언 노래를 두곡 채보했고 무슨 의미인지도 대충 알았다. 녹음을 한 후 카지노 식당에 가서 짐 부라운과 박목사와 점심식사를 하고

〈인디언 짐 부라운, 박목사, 소라〉

〈짐 부라운의 노래 녹음〉

호수주위를 잠시 구경했다. 그곳 골동품 가게에 가서 도자기 소품을 4점 샀다.

아슬아슬한 고개 길을 넘어 소노마 카운티Sonoma County에 있는 인디언 출신 병원장을 만나러 갔다. 고개를 넘어 골짜기를 한참이나 빠져나갔다. 이곳은 포도단지가 조성되어 있었다. 포도원은 햇빛이 잘 비치는 왼쪽 남향바지에 조성되었고 오른쪽은 목장이거나 공지였다. 카페에 들려 커피 한잔을 사 마시고 병원으로 갔다. 병원장인 모린 맬리케이Molin Malicay는 호남형의 비대한 사람이었다. 소라는 그에게서 한 곡 또 지하실에 가서 10여명이 연주하는 곡을 녹음기와 비디오 촬영기에 담아 왔다.

모린Molin과 박 목사와 저녁식사를 하고 집에 돌아온 것은 밤 11시가 넘어서였다. 연구의 길은 험난했다.

박 목사는 나름대로 소신을 갖고 사는 사람이었다. 차를 타고 다니면서 그의 인생 유전을 듣는 것도 재미있었다. 그는 부인과 결혼한 이야기, 가족이야기, 태권도 유단자에다 특등 사수로 대통령 경호실에 근무한 이야기, 박대통령시해 사건때 병원에 입원해 있어서 살아난 이야기, 그후 생각한 바가 있어 미국에 왔고 목사가 된 이야기,전도의 어려움 등.

오늘 중북부 캘리포니아 경치를 잘 감상했다. 기온이 따뜻한 지중해성 기후를 보여주었다. 남부 캘리포니아와는 아주 달랐다. 과수원이 참 많았다. 한곳에 서

〈소노마 카운티의 병원장 모린 메리케이와〉

〈모린이 거느리고 있는 인디언 노래 팀〉 〈유흥을 즐기는 원주민들 〉

는 호도 과수원이 끝이 없었다. 미국산 호도가 이곳에서 나는 것을 짐작했다.

✻ 2008년 12월 11일 목 〈조약돌 카페Pebbles Deli Cafe〉

어제는 날씨가 그렇게 좋더니 오늘은 짙은 구름이 끼었다. 샌프란시스코의 미술관의 그림을 보고 라의 여고 동창들을 만나기로 했다. 먼저 기름을 넣고 샌프란시스코에 가서 주차를 하고 샌프란시스코 근대미술관San Francisco Museum of Modern Art에 갔다.

스위스의 건축가 마리오 보타가 설계했다는 건물도 미술관 답고 미국의 추상표현주의 작가, 잭슨 폴록, 클리포드 스틸, 아쉴 고르키, 팝의 교황 앤디 워홀, 색의 마술사 앙리 마티스 등 좋은 작가들의 그림들이 많았다.

산호세에 사는 김영옥씨의 조약돌 카페Pebbles Deli Cafe로 향했다. 내비가 쉽게 찾도록 인도했다. 1시 경에 도착해서 영옥씨를 만났다. 주름 하나 없는 깨끗한 얼굴의 그녀는 우리에게 점심과 커피를 대접해 주어 마시고 있으니까 소라의 다른 여고 동창들이 왔다. 오계숙, 이경우, 그녀의 남편 되는 김창흠씨가 와서 분위기가 어울렸다. 경우는 지난번 피닉스에서 만난 일이 있는데 직장생활을 하면서 틈을 내어, 와주어 더욱 기뻤다. 경우의 남편인 김선생은 사진작가이며 인상이 좋은 사람이었다. 거기서 환담하다가 4시 반경에 아쉬운 작별을 하고 LA로 길을 떠났다. 이번에는 해안도로로 가기로 해서 산 쿠르즈를 향했다. 산림이 울창한 고개를 넘었을 때는 노을이 참 아름다웠다. 소라는 연신 감탄했다. 이어서 몬터레이로 향했다. 몬터레이를 지나자 캐멀하이랜드가 나타났다. 그곳에서 자라고 김 선생이 말했으나 내일 일정관계로 1번 해안도로로 캐이우코스cayucos를 향해서 달렸다. 기름이 바닥이 나서 작은 주유소에서 주유를 했는데 기름 값이 배로 비쌌다. 그곳에서 자는 것도 좋을 것 같아 롯지의 요금을 물었더니 100불이 넘었다. 아름다운 해안길이 어둠으로 아무 것도 볼 수 없었다. 캐이유코스cayucos에 있는 모텔에 여장을 풀었다. 저녁은 영옥이 싸준 음식으로 대신했다.

✲ 2008년 12월 12일 금 〈LA의 현대미술관MOCA〉

모텔에서 아침식사를 하고 7시에 출발했다. 바다를 잠시 보고 계속 남쪽으로 달렸다. 구름이 많이 끼어있어 여행기분이 나지 않았다. 흑토의 채소밭 지대를 달렸다. 그곳은 꼭 한국 같았다. 졸리면 자고 졸리면 잤다. 154 차마시도로chumashrd를 달렸다. 마이클 잭슨이 산다는 산타 바바라에 도착했다. 그가 산다고 해서 자세히 보니 참 좋은 곳이었다. 앞에는 바다 뒤에는 찬 바람을 막아주는 높은 산, 산기슭에 고급주택들이 즐비했다.

산타 바바라에서도 LA는 멀었다. 고속도로에서 앗질 한 순간을 숱하게 경험하면서 다운타운에 도착해서 현대미술관Museum of Contemporary Art(MOCA)는 쉽게 찾았다. 주차장에 주차를 하고 MOCA 별관을 구경하

〈흑토의 채소밭〉

〈MOCA 입구〉

〈루이스 브루주아의 거미Spider 1997〉

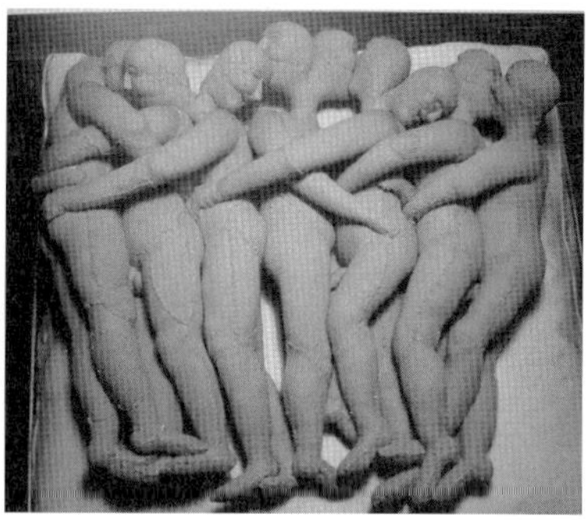

〈루이스 브루주아의 침대의 7인Seven in Bed, 2001〉

고 셔틀버스로 MOCA 본관에 가서 그림을 감상했다.

LA 현대미술관은 1940년 이후의 창작품만을 전시하고 동시대 미술의 각 전문분야별 작가와 작품 등으로 미국뿐만 아니라 전 세계적으로 유명한 미술관이다. 뉴욕의 휘트니 미술관과 구겐하임 미술관 못지않은 미술관이란다. 장르별로 추상표현주의와 팝아트, 후기미니멀, 신표현주의, 하

드에지, 개념미술. 판화, 조각, 사진, 설치미술, 멀티미디어, 비디오 아트, 퍼퍼먼스 등 다양했다.

맨 먼저 눈에 띤 것은 루이스 부르주아Louise Bourgeois의 〈거미Spider 1997〉 〈눈에 눈Eye to Eye〉 〈권적운Cumull 1969〉 〈침대의 7인Seven in Bed, 2001〉등의 작품이고 네덜란드 화가인 마를렌 뒤마Marlene Dumas의 〈네 무덤 측정Measuring Your Own Grave〉, 독일 개념미술가이며 설치미술가인 마틴 키펜베르거Martin Kippenberger의 〈문제의 투시도 The problem Perspective〉. 화가, 조각, 재도, 사진, 비디오, 퍼퍼먼스 등 다 방면의 화가 스털링 루비Sterling Ruby의 〈Supermax 2008〉, 철의 사나이 데이비드 스미스의David Smith's 〈8-foot-tall stainless steel

〈마를렌 뒤마의 네 무덤 측정〉

〈마를렌 뒤마의 문제의 투시도 〉

sculpture Cubi III (1961)〉등 특별한 작품들을 보았다.

또한 개념미술 화가, 조각가, 퍼포먼스, 설치 미술의 크리스 버든Chris Burden의 〈박물관의 설치물 노출Exposing the Foundation of the Museum〉을 소개하고 있었다.

또한 아쉴 고르키, 잭슨 폴록, 드 쿠닝, 로버트 마더웰 등 추상표현주

Abstract Expressionism의 작가와 로버트 라우센버그, 제스퍼 존스, 리히텐슈타인 등의 팝아트, 미니멀리즘Minimalist 화가 든 플래빈, 하드에지

〈스털링 루비의 Supermax 2008〉

〈크리스버튼의 박물관의 설치물 노출 〉

화가 엘스워스 켈리llsworth Kelly, 비구상Non-representational의 Piet Mondrian, 포스트 미니멀리즘 화가, 신 표현주의 화가 등 수많은 작품들을 소장하고 있었다. 향운을 만나러 가려고 차를 주차해둔 주차장을 찾았으나 2시간 이상을 허비하고도 못 찾아 경찰에게 의뢰하기로 하고, 식사를 했다. 식사하면서 처음부터 차근차근 생각해보기로 하고 그렇게 했더니 기억이 되 살아나 바로 찾았다. 주차장은 바로 옆에 있었다. 향운에게 갔을 때는 이미 저녁시간이었다. 그녀에게 저녁을 얻어먹고 그의 남편과 이야기를 나누다가 12시 가까이에 여관에 갔다. 향운의 남편은 좋은 집안 출신으로 경기고 서울문리대 정외과 출신으로 장래가 촉망되는 인물이었으나, 데모바람에 이국에 와서 웅지를 펴지 못하고 현실과 격리되어 산 것 같았다. 그런 사연을 가진 사람이 한 둘이겠는가! 우수한 두뇌들이 외국에 와서 그 기개를 펴지 못하는 것은 국가적으로 막대한 손실일 것이다. 그는 시에 관심이 있는 것 같았으나 변변한 이야기도 나누지 못하고 헤어졌다.

내일 디즈니랜드에 가서 구경을 하고 피닉스에 갈 작정이다.

✲ 2008. 12. 13 토요일 〈LA의 디즈니랜드〉

LA에 마지막으로 왔으니 디즈니랜드를 구경하기로 했다. 디즈니랜드를 구경하려면 아무래도 돈이 모자랄 것 같아 각자 100불씩 더 내기로 했다.

향운이 소개해준 여관에서 7시 반에 출발했다. 내비가 말을 잘 안 들어 한참을 헤매다가 디즈니랜드에 도착했다. 동경 디즈니랜드와 용인의 에버그린에 가본 경험이 있어서 대조가 되었다. 비슷한 점이 많았지만 조금은 달랐다. 동경디즈니랜드가 좀 더 화려한 것 같았다. 캘리포니아 디즈니랜드는 동경 것보다 더 튼튼해보였다.

우선 티켓을 끊었다. 요금이 둘이 134달러였다. 하루 종일 어디든 다 이용할 수 있는 티켓이었다. 미국은 그런 식으로 표를 팔았다.

처음은 서너 가지만 보려고 했는데 차츰 흥미를 느껴 8가지나 보고 경험했다. 소라는 18살의 소녀였다. 인디아나 존스의 모험Indiana Jones Adventure, 카리브의 해적Pirates of the Caribbean, 로저 래빗의 카툰 스핀Roger Rabbit's Car Toon Spin, 마터호른 봅슬레이Matterhorn Bobsleds, 빅 턴더 마운틴 래일로드Big Thunder Mountain Railroad도 두려워하지 않았다. 사실 나도 혼자 갔으면 무서워했을 터인데 소라와 같이 있어 두려움 없이 탈 수 있었다. 그밖에 "It's a small world" holiday와 서부마린 보이즈Submarine Voyage도 재미있었다. 밤에 하는 화려함

〈Frontierland〉

〈출입문 근처 〉

〈넘쳐나는 유모차〉

〈It's a small world〉

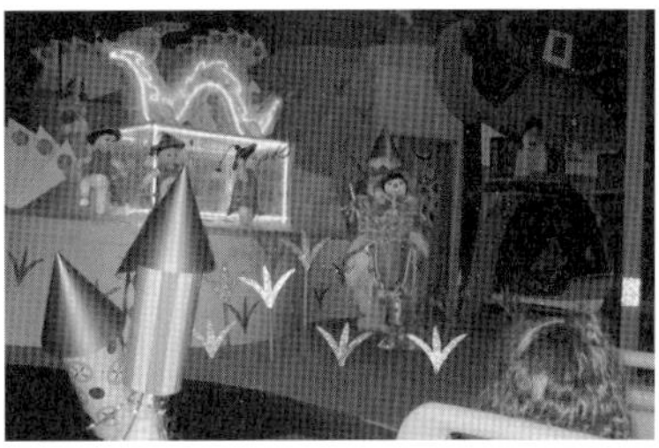

〈It's a small world〉

〈지구 평화〉

〈모험의 나라에서 라와〉

〈'공포의 섬'〉

의 극치를 보이는 빛의 퍼레이드까지 잠깐 보고 피닉스 템피로 향했다. 퍼레이드는 환상 그 자체이었다.

우리는 완전히 10대로 돌아갔었다. 잠시나마 나이를 잊는다는 것은 삶의 활력소이다.

여러 번 차안에서 눈을 붙였다. 소라는 이런 경우에 잘 자는 편이고 나는 전혀 못 자는 스타일이었다.

〈타잔의 집〉

〈골동품의 집〉

〈짐승 뼈로 만든 성〉

〈수많은 인파〉

오다가 도로변에 차를 멈추고 자다가 FBI 순찰대에게 걸려 주의를 듣고 템피에 도착한 것은 이튿날 동틀 무렵이었다. 도중에 자고와도 되는데 왜 이런 무리를 했는지 모르겠다. 일종의 여행의 객기이었다.

이번 여행에서 여러 가지를 보고 경험했다. 그래도 하이라이트는 아무래도 디즈니랜드 같았다. 동화의 세계를 재현해서 어린이에게 꿈을 주고 막대한 고용효과를 가져오고 돈도 버는 것이 가장 미국식 방법이 아닐까.

디즈니랜드의 중요 놀이

Submarine Voyage, Fantasyland, Indian Jones Adventure, Big Thunder Mountain Railroad, Jungle Cruise, Tarzan's Tree House, ect

✻ 2008 12. 14 일요일

이 번 여행은 무리한 점이 없지 않았다. 그만큼 피로가 쌓였다. 푹 쉬기로 하였다. 지구촌 교회에 가지 못하고 오후 늦게까지 잠을 잤다. 오후 6시에 일어나 저녁을 지어 먹고 무사 귀가를 자축하며 포도주를 마셨다.

생각해보면 디즈니랜드의 놀이는 즐겁고 즐거운 놀이 이었다. 우리가 한국에서 그런 곳에 갔다면 꿈도 꾸지 못할 놀이를 즐긴 것이었다. 라는 모교 50회 홈에 디즈니랜드에 갔다 온 글을 자랑삼아 올렸다.

✻ 2008. 12. 15 월요일

소라가 교회에 가자고 해서 오늘이 월요일이라니까 아니라고 우겨서 하는 수 없이 지구촌 교회에 갔다. 그녀의 우기기는 나는 잘 안다. 교인은 아무도 없고 교회문은 다쳐있었다. 라가 일요일인 줄 착각한 것이었다.

체이스 은행으로 발길을 돌려 생활비를 찾았다.

빌리시 마켓에 가서 식료품을 사가지고 왔다.

오후에 푹 쉬었다. 아직도 피로가 가시지 않는다.

✻ 2008. 12 16 화요일

소라의 피마랭귀지 학교 졸업이란다. 오후에 우리는 같이 피마랭귀지 스쿨에 갔다. 교사인 샤론Sharon과 사진을 찍고 여러 가지 찬사를 들었다.

전원에서의 동인지『아름다운 동거』가 도착했다. 양태의 시인이 붙여주었다. 30권을 붙였는데 우편요금이 장난이 아니었다. 소라는 무척 기뻐했다. 소라의 작품이 실렸기 때문이었다.

〈내 시집을 받고 좋아하는 샤론〉

〈피마랭귀지 스쿨직원들과〉

수진이에게 부치라고 말해서 보낸 내 시집 20권이 반환 된 것을 알았다. 우편함을 늦게 열어본 결과이다. 무척 속이 상했다. 세계 일등 국가인 미국의 우편제도가 이 정도란 말인가 어안이 벙벙했다.

한국 집에 연락을 했다. 반송되어도 속상해하지 말고 다시 보내지 말라고 말했다. 수진이가 속상해할 것이다.

✲2008. 12. 17 수요일

이래저래 속이 상해서 소라와 다투었다. 디즈니랜드의 기쁨도 사라졌다. 우체국에 찾아가서 항의를 했다. 그들은 원칙대로 처리했기 때문에 책임이 없다는 것이었다. 사람이 여행을 떠날 수도 있고 한데 쪽지 한 번 써놓고 시간이 되니까 그냥 보낸 점이 마음에 들지 않았다. 쪽지를 우리 현관문에 붙여놓은 것도 아니다. 이 나라에서 인정을 바라는 것은 우물에 가서 숭늉을 찾는 것과 같다. 전화라도 한 번 해야 하는 것이 아닌가.

미국의 우체국은 국영이 아니고 민영이라 까다롭고 요금의 체계도 복잡하다. 우리나라 우체국은 미국우체국에 비해서 월등 좋다.

오후에는 ASU의 컴 센터에 갔다. 샌프란시스코의 박 목사의 CD를 알아보기 위해서이었는데, 알 수가 없었다. 라는 그에게 이메일을 보냈다.

❊ 2008. 12. 18 목요일 동지 〈동지에 소갈비를 먹다〉

오늘이 동지다. 밤이 가장 길고 낮이 가장 짧은 날이다.

AZ Mining & Mineral 박물관을 방문했다. 돌의 종류가 그렇게 많은 것을 처음 알았다. 수석에 관심이 많은 나는 황홀한 감정이었다. 보석이라는 말이 문자 그대로 돌은 돌이되 가치 있는 돌인 것이다. 목걸이 3개를 샀다. 딸 둘과 며느리에게 줄 선물이다.

박물관 앞에 커다란 차바퀴가 있는데 내 키의 두 배 정도이었다. 광산에서 사용하는 짐차의 바퀴란다. 빌리지 마켓에 가서 식료품과 과일을 사가지고 왔다. 소라가 좋아하는 천도복숭아도 샀다. 푸드 시티에 들리고 저녁은 LA 갈비와 잡채를 해먹었다.

〈어마어마한 굴삭기의 크기〉

〈광석〉

〈광물박물관〉

〈기암괴석〉

✲ 2008. 12. 20 토요일 맑음 〈사고〉

〈남산 몰몬트레일 일행(스틱 안내인) 〉

〈추상 암각화〉

약 두 달 전에 사우스 마운틴에 갔다 온 적이 있다. 그 때 공원사무실 근처에서 암각화가 있는 곳을 발견했다. 그곳에는 설명과 동시에 사진을 전시해놓았다. 그 근처 산기슭의 이곳저곳에 사진의 록 아트를 발견할 수 있었으나, 유독 축제의 암각화Dancing Rock Art 1점만 못 찾았다. 그것이 지금까지 본 암각화 중에서 가장 훌륭한 것 같았다. 우리는 아쉬움을 머금고 돌아왔다. 사무실에는 토요일이라 문을 닫아놓아 물어보지 못했었다.

팸플릿에서 사우스 마운틴 록 아트 트레킹이 있는 것을 보고 한 달 전에 소라가 신청해 놓았다. 우리가 가본 곳과는 다른 곳이다. 트레킹 신청요금은 각자 5불이었다.

남산의 몰몬트레일Mormon Trail의 출발지점에서 7시 40분에 만났다. 안내인은 의외로 젊은 사람이었다. 일행은 너무 단출했다. 사오십 대의 백인부부 한 쌍, 60대의 백인 부인, 그리고 우리 둘이었다. 등산객들은 이른 새벽인데도 많은 편이었다.

오늘 트레킹 코스는 몰몬트레일로 올라가서 내쇼날 트레일National

Trail을 거쳐 히든밸리Hidden Valley까지 가서 돌아오는 길이었다. 코스가 녹녹치 않았다. 바위투성이 길을 한 참 올라간 후에 사람의 형상을 한 작은 암각화를 한 점 보았다. 사우스 마운틴의 암각화는 모두가 호호감 종족이 만든것 이라고 말했다. 그리고는 한참 후에야 꼭 이끼 같은 암각화를 또 한 점 보았다. 그것은 전문가나 발견할 수 있는 작은 것이었다. 사진을 몇 장 찍었다.

안내인은 그 다음 코스로 가서는 근처까지만 갔을 뿐 암각화는 찾지 못했다. 내쇼날 트레일을 거쳐 히든밸리까지 갔다. 산의 정상부근이었다. 그런데도 커다란 건천이 있고 넓고 평평한 바위가 천명 이상이 앉을 만했다. 그곳에 몇 점의 암각화가 있었다. 그 중에도 칠판같이 생긴 바위에 어찌보면 축제를 그려놓은 것 같은 암각화가 있었다. 복잡하고 단순하고 희미했다. 그러나 그것 역시 찾고자한 암각화는 아니었다. 이 큰 암각화 이외도 5점이나 더 있었다. 복잡한 것 2점, 단순한 것 3점 이었다. 제사를 지내던 곳이 아닌가 하는 생각을 갖게 했다. 여하튼 사람들이 많이 모여서 무엇인가 한 곳 같았다.

다시 험한 골짜기를 내려갔다. 바위 틈새로 누워서 빠져나가기도 하고 아슬아슬한 비탈을 서로 의지하면서 내려가기도 해서 히든밸리가 끝나는 곳까지 가서 두 점의 작은 암각화를 보았다. 하나는 사슴의 암각화이고 다른 하나는 안내인의 이야기로는 울타리라고 말했다. 그리고 내쇼날 트레일에 다시 와서 두 점을 더 보고 우리는 하산했다.

소라와 나는 여행 안내소에 갔다. 소라는 오늘이 근무 날이라 근무자를 만날 수 있을 것 같다고 말했다. 근무하는 사람이 있어 많은 자료를 얻고 그에게 물어본 결과, 그 댄싱 하는 암각화가 피마 캐니언Pima Canyon에 있다는 사실을 알았다. 그가 주는 지도를 보니까 오늘 간 코스에서 가까운 곳이었다. 아까 그 안내원이 질문을 하라고 했을 때, 질문을 해볼 걸, 질문을 하지 않은 것이 후회가 되었다.

피마 케니언 입구에 주차를 하고 1.5마일을 걷기로 하였다. 길은 아침의 길에 비하면 아주 쉬운 코스였다. 그런데 1.5마일 다 간 지점에서 그만 소라가 바위 위에서 미끄러져 넘어졌다. 그녀는 걷지 못했다. 그렇게 위험한 곳이 아닌데, 손을 잡아줄 걸 후회가 되었다. 내가 부축을 하고 조금 걸었는데 뚝하는 소리가 나더니 더 이상 걷지 못했다. 우리는 911에 전화해서 도움을 청했다. 옆에 가던 사람들이 대신 전화를 해주었다. 컴퓨터 프로그래머라는 젊은 청년은 여러 가지로 배려해주었다. 참 고마웠다. 한 시간 이상 기다린 후에 911대원들이 왔다. 차가 엠브런스 포함 3대 대원10여명이나 왔다. 그 중에는 고위직도 있는 것 같았다. 우리는 그들의 권유로 병원에 갔다. 템피 성 누가병원이었다. 엑스레이X-ray 촬영 결과 고관절 골절이었다. 즉시 입원을 했다.

내일 수술한단다.

미경에게 도움을 청했다. 좀 와달라고 말했다. 수지와 미경이 한 밤에 곧 왔다. 눈물이 날 정도로 고마웠다. 나는 미경의 차로 아파트에 가서 소라의 보험카드와 여권을 가지고 왔다. 그리고 물건도 좀 가지고 왔다.

✲ 2008. 12. 21 일요일 〈소라의 고관절 수술〉

집도의인 닥터 킹이 어제 밤에 와서 오늘 수술하겠다고 말했다. 오늘이 휴일인데 수술을 한단다. 미국의 이런 점이 한국과 달랐다. 소라는 사색이 되었다. 그녀를 위로했다. 그녀는 유서까지 나에게 불러주며 쓰도록 하였다.

내용은 소라가 죽으면 장례와 재산분배에 대한 것이었다. 걱정하지 말라고 달래도 막무가내이었다. 하는 수 없이 부르는 것을 받아썼다. 유서를 한 번도 쓴 일이 없는데다 나도 내정신이 아닌지라 자꾸만 틀렸다. 소라는 유서에 서명을 해서 나에게 주었다.

새벽 같이 수지씨가 닭죽을 끓여가지고 왔다. 따뜻한 마음이 동기간 같았다.

수술은 7시 반부터 시작되었다. 머리는 잡념으로 가득 찼고 마음은 몹시 아프고 근심스러웠다. 세상에 혼자라는 고독이 썰물처럼 밀려왔다. 3시간 걸릴 거라는 수술이 1시간 45분 만에 끝나, 닥터 킹이 액스 레이 필름을 가져와 보여주었고 수술은 완벽하게 되었다고 말했다. 나는 소라를 만나러 가고 싶었으나 갈 수 없었다. 소라는 회복실에 있다고 말했다. 한 시간쯤 후에 소라를 만날 수 있었다. 수술이 완벽하게 끝났다니까, 그녀는 지금 시작하는 줄 알았다고 말했다.

그만해도 다행이었다. 소라는 아픔을 없애주는 약 힘으로 편하게 지낼 수 있었다. 예외 없이 그녀에게 주사바늘이 꽂치고 소변주머니가 채워지고 했다. 고난의 시간이 다가왔다. 그녀의 인내를 절실히 필요로 했다.

오후에는 송 목사와 서병일 전도사와 부인이 위문 차 방문했다.

성경교회에 포도를 가져다 줄 일이 있어 서 전도사에게 부탁을 했다. 그는 나를 그곳에 차로 태워주었다. 밥 목사는 교회에 없었다. 밥 목사에게 편지를 써서 상황을 전했다. 오늘은 크리스마스 디너를 하는 날이라 교인들이 많이 와 있었다.

고맙다고 서 전도사에게 말하고 소라가 입원해 있는 성루가 병원에 갔다.

우리 차는 병원에 쓸쓸히 서있었다. 뉴멕시코의 타오스 여관에 전화해서 예약을 취소했다.

소라는 그날 밤이 고비였다. 잠도 잘 못자고 고통을 호소했다. 나도 역시 힘이 들었다. 마취가 풀리면서 겪는 고통이었다. 그녀가 힘이 들면 나를 자꾸 불러 잠을 잘 수 없었다. 나도 한숨도 못 잤다.

아내가 폐암으로 임종할 때의 쓰라린 기억이 자꾸 떠올라서 미칠 지경이었다. 아! 나는 왜 이리 박복한 남자인가.

✻ 2008. 12. 22 월요일 〈소라의 혈액형〉

오늘 아침에 소라는 걷는 연습을 하였다. 걸음마를 시키기 위하여 두 사람이 왔다. 그리고 입원실 밖까지 걷는 기구에 의지해서 갔다 온 것이다. 어제 수술을 했는데 오늘 걷다니, 놀라운 일이다. 시멘트(기브스)도 하지 않는단다. 퇴원은 크리스마스 날 이란다. 의료수가는 비싸도 환자를 위한 배려가 눈에 띄었다.

의료수가가 비싼 것은 병원에 인원이 참 많아서 인건비 때문에 비쌀 수 밖에 없을 거라는 생각이 들었다.

병원에 입원한 사람들 대부분이 노인들이었다. 그들이 벌어놓은 돈을 의료비로 사회에 환원하게 하는 것이 아닌가 하는 생각이 들었다.

오후에는 밥목사가 왔다. 그는 사람이 참 좋다. 예수의 가르침을 몸소 실천하려고 노력하는 사람으로 보였다. 부인도 금발 미인인데 부창부수였다.

그의 덕택으로 나는 아파트에 갔다. 그가 2시간 뒤에 온다고 해서 나는 밥을 지어 소라에게 가져다 줄 수 있었다. 소라는 뜻밖에 내가 밥을 하고 된장찌개를 끓이고, 김치와 김을 가지고 온 것을 보고 감동했다.

그날 저녁을 맛있게 먹었다. 소라는 수술의 후유증으로 변비가 생겨 고생을 했다. 약을 먹고 치료를 받았다. 그러나 성공하지 못했다. 사람에게 먹고 싸는 것이 얼마나 중요한가는 수술을 한 사람은 다 안다. 그것이 이루어지지 않는다면 아무 것도 할 수가 없다.

소라는 그날 밤도 좀 힘들어했다. 그래도 어제 밤 보다는 잠을 편하게 잤다.

✲ 2008. 12. 23 화요일 〈소라의 병간호〉

닥터 킹이 새벽 같이 입원실에 왔다. 그는 내일 퇴원할 거라고 말했다. 소라는 참 기뻐했다. 물론 나도 기뻤다. 이 병원에는 간호사들이 참 많이 바뀐다.

아침은 병원 음식과 어제 내가 해온 밥과 된장국으로 해결했다. 걷는 연습을 시켜주는 의사와 조수가 왔다. 소라는 어제보다 훨씬 좋아졌다.

걸음 연습을 한 후 의자에 앉는 연습도 했다.

걸음 연습을 한 후 소변 통을 떼어버리고 화장실에 가서 용변을 겨우 성공했다. 시원하게는 아니고 조금 성공했다.

오후에 밥목사가 또 왔다. 고마운 일이다. 소라는 많이 좋아졌다. 나는 퇴원 준비를 하기 위해서 아파트에 가야했다. 밥 목사에게 신세를 질 수 밖에 없었다. 오늘은 할 일이 많아 병원에 가지 않는다고 해서 청소를 하고 밥을 해 가지고 소라에게 6시 경에 갈 수 있었다. 밀에서 오비트를 내려 성누가 병원까지 걸어가다 보니까 병원은 바로 ASU 옆에 있었다.

저녁을 맛있게 먹고 불을 끄고 잠을 잤다.

간호사들은 계속 들락거렸다.

✲ 2008. 12. 24 수요일 〈크리스마스이브〉

닥터 킹은 새벽 같이 와서 이별을 했다. 소라는 한국에서 사온 수저와 젓가락 한 세트와 그가 만든 고양민요 CD를 선물로 주었다. 그는 고마워 했다. 그리고 그의 부인이 음악을 좋아한다고 말했다.

닥터 킹은 내가 기억해 둘만한 사람이다. 그는 시내에 사무실을 갖고 있었다. 일종의 프리랜서인 셈이다. 10일 후에 그를 만나야 한다.

아침은 어제 내가 해간 한국음식으로 먹었다. 아침식사 후에 걷는 연습을 하고 이어서 중국인 간호사가 퇴원수속을 해주었다. 대부분의 약들은 한국처럼 밖에 있는 약국에서 사야했다. 걷는 기구와 화장실용 의자를 사고 우리는 5일 만에 퇴원을 했다.

의료비는 약 5천불인데 보험을 들어서 3천불을 내야하는데 수속을 밟아야하기 때문에 며칠 후에 내야하는 모양이었다. 소라는 수표로 지불하고 퇴원했다.

밥 목사 내외가 와서 우리를 퇴원시켜주고 우리 차를 아파트에 가져다주었다. 밥은 월그린에 가서 내가 약을 사는 것을 도와주었다. 약값이 142불 2센트였다. 이 역시 보험카드를 가지고 가면 깎아준다고 말했다.

미경과 수지, 송 목사와 서병일 전도사에게 전화를 하라고 소라에게 말했다. 그녀는 전화를 했다.

이제 영양섭취를 잘하고 약을 시간 맞춰먹고 운동을 하며 시간을 보내면 다리는 나을 것이다. 좋은 경험을 했다. 소라는 평생 처음 병원에 입원했다고 말했다. 그래서 그런지 겁이 없었다.

낮잠을 한 숨씩 잤다. 이렇게 열흘만 병원에서 지낸다면 내가 몸살이 날 것 같았다.

크리스마스 이브인데도 소라의 부상으로 시내나 가정집에 있는 크리스마스 트리도 못 본 것 같다. 참 마음 조인 크리스마스 시즌이었다.

✲ 2008. 12. 25 목요일

화이트 크리스마스white christmas가 아니라 레이니 크리스마스rainy christmas이다. 한국에 있을 때도 크리스마스에 비가 내린 일이 있다. 우울한 크리스마스를 보낼 수밖에 없었다. 그러나 소라의 밝은 성격은 부자유스러우면서도 명랑했다. 음식을 해먹고 조용한 크리스마스를 보냈다.

푸드 시티에 가서 시장을 봐오려다가 비가 와서 내일 가기로 했다. 소라가 극구 말렸다.

먼저 번 실수로 한국에서 보낸 책을 반송당한 나는 우편함에 자주 간다. 오늘은 둘째 딸에게 카드가 왔다. 봉투를 여니 4통의 카드였다. 전부다 손으로 만든 귀중한 작품이었다.

딸, 사위, 손자 둘, 건하와 산하의 카드였다. 무척 반가웠다.

〈건하의 카드〉

〈산하의 카드〉

딸의 카드- 눈 그림에 아버지께

매 순간 새로움과 만나는 생활속에서
즐거움과 경이로움도 있겠지요.
건하,산하가 할아버지를 많이 존경해요.
멋진 모습 보여주셔서 감사해요.
즐거운 성탄절 연말되세요.
이박사님도 건강하고 행복한 나날이 되세요.
　　　　　　- 지은 올림.

멀리 계신 장인어른께

> 올해도 얼마 남지 않았습니다. 다사다난했던 한해를 돌아보며 다가올 새해에는 소원하시는 모든 일과 웃음이 넘쳐나길 기도드립니다. 물론 이 박사님도 하시는 모든 일에 행운이 함께 하시길 바랍니다. 자주 소식을 전하는 것이 도리이오나 워낙 가을 시간이 학생 생활부에서는 바빠서 연락을 드리지 못했습니다. 앞으로 e-mail을 통해 소식 전하겠습니다. 피닉스 생활 궁금하고요. 소중한 추억이 많이 쌓이기를 간절히 소망해 봅니다. 안녕히 계십시오.
>
> -인천에서 사위가 올립니다.-

소라는 이 박사가 언급되어서 아주 기뻐했다. 나는 그만 소라에게 두 카드를 빼앗기고 말았다. 소라는 카드를 성탄절 작은 츄리에 걸어놓았다. 소라의 얼굴이 오늘 더 환했다.

✲ 2008. 12. 26 금요일 하루 종일 비 〈홈너스home nurse〉

소라가 퇴원하고 내가 할 일은 일종의 홈너스home nurse의 역할이다. 수술부위에 약을 발라주고 운동을 시키고 10시에 혈압을 측정하고 식사를 제공하고 부축해 주는 일이다. 옷을 입혀주고 양말을 신겨주는 것도 포함된다.

소라는 아마 건강이 얼마나 중요한 것인가를 이번 기회에 알았을 것이다.

소라는 회복되는 것이 눈에 띄게 좋아졌다. 자꾸만 운전을 하겠다는 것을 간신히 말렸다.

소라는 평소에 피가 O형이라고 말했다. 그런데 수술을 하면서 B형임이 판명되었다. 그동안 병원에 한 번도 입원한 일이 없어 학창시절에 한 엉터리 혈액형을 믿었다.

나는 자기 혈액형도 모르는 바보라고 놀려댔다. 무식의 극치라고. 그녀도 웃었다.

오후에 푸드 시티에 혼자 갔다 왔다. 물이 꼭 필요해서 큰 통 6개 작은 물병 6개와 자질구레 한 것들을 사왔다.

차가 없는 생활은 얼마나 불편한가! 뼈저리게 느꼈다.

✲ 2008. 12. 28 일요일 〈바이블 쳐치에 가다〉

우편함에 가서 김 선생이 보낸 사진첩을 찾아 왔다. 보낸 사람은 Chang H Kim으로 되어있었다. 경우의 남편인 김창흡씨이었다. 산호세에서 뵈었을 때 사진작가 같다니까 그렇다고 당당하게 말했다. 참 선량해 뵈는 분이었다.

소포는 소포함에 넣어놓고 열쇠를 우편함에 넣어둔다. 우리는 왜 열쇠가 우편함에 들었는지 알지 못했다. 아파트 사무실에서 보낸 메일을 보고 나서야 그 사실을 알았다.

소포를 열자 정성이 담뿍 든 사진 액자가 나왔다. 사진도 잘 나왔다. 김영옥의 카페 파티오의 분위기가 유감없이 재현되었다. 소중한 추억이 될 것 같다.

소라와 나는 서로 자기 일에 바빴다.

오후에는 소라가 바이불 쳐치에 가자고 졸라서 갔다. 물론 운전은 소라가 했다. 밥Bob 목사의 부인인 바브Barb노 조하두저럼 반겨수었다. 많은 사람들이 반겨주었다. 소라는 불행중 행복한 주인공이 되었다. 소라는 앉은 채로 인사말을 했다. 사우스 마운틴에 록 아트 때문에 간 일, 길에서 미끄러져서 뼈가 부러져 수술을 한 일 등 자세히 이야기를 해주었다.

예배가 끝나고 월 그린에 가서 약값의 보험처리를 해달라고 보험 증서를 가져다주었다. 내일 알아보겠다고 말했다. 3시 40분에 나갔는데 어두워서야 돌아왔다.

✲ 2008. 12. 29 월요일 〈갈비 2인분〉

메일을 열어보니까 황지우의 〈눈보라〉가 배달되었다. 참 좋은 시다. 전원 식구들과 수지, 이경우 부부 그리고 지은, 수진, 희정, 남길에게 보냈는데 수지에게 만 메일이 들어가지 않았다. 내일 단독으로 보내야겠다.

밥 목사 내외를 식사에 초대하기로 했다. 전화를 해보았더니 밥 목사는 3시에 오겠단다. 막 차를 타고 나가는데 밥이 와서 우리 차로 호돌이 식당에 가기로 했다. 운전은 소라가 했다. 부인과 같이 오시지 왜 혼자 왔느냐니까, 부인은 바쁜 일이 있단다.

호돌이 식당에 도착해서 쇠갈비와 순두부를 시켰다. 밥은 2그릇이다. 음식이 나오기 전에 소라는 약국의 보험문제를 부탁했고, 그 일이 끝나자 나는 로버트 프로스트의 시 데져트 플레이스Desert Place를 보여주고 모르는 것을 물어보았다. 영어에서 제일 어려운 것이 대명사 이다. 대명사 it가 무엇을 가르치는지 데져트가 인간의 마음인지를 물었다. 그는 자세히 가르쳐주었다. 그리고 시를 번역하고 싶은데 도와주겠느냐고 물었다. 한국에 가면 이메일로 묻겠다고 했다. 그는 그렇게 하겠다고 말했다. 천군만마를 얻은 기분이다.

쇠갈비와 순두부가 나왔다. 쇠갈비는 밥 목사 몫이고 순두부는 소라와 내 몫이다. 점심을 조금 먹고 왔기 때문에 맛이 있었다.

밥 목사의 부인이 안 와서 부인 몫으로 갈비 2인분을 시켜서 포장을 해서 선물로 주었다.

밥 목사를 먼저 보내고 아시아나 마켓에 가서 식료품을 사왔다. 물건을 많이 사서 110불이 넘었다. 거스름돈을 잘 못 받아 8불을 덜 받았다. 외국 마켓 이라면 잊어버리겠는데 한국 마켓이라 잊히지가 않는다.

5시가 조금 넘어서 수지 집사가 송 목사를 모시고 또 닭죽을 끓여가지고 왔다. 형제도 어려운 것을 이렇게 해주신다. 병원에서도 닭죽을 끓여주어 먹었다. 참 고마운 분이다.

드릴 것이 없어서 대접을 못했다. 마음만 드려야겠다.

✲ 2008 12. 31 수요일 〈2008년 마지막 밤〉

2008년, 한 해를 보내는 날이다. 사실 미국에서 2008년 마지막 날을 보내리라고는 생각하지 않았다.

아파트 사무실에 방세를 내려갔으나 오늘은 휴일이라고 문을 잠거 놓았다. 내일 올 수밖에 없다.

외국에서 보내는 쓸쓸함이 더 느껴진다. 우리는 조용히 보냈다. 한국에 있으면 망년회로 바쁠 터인데 이곳에는 그런 것이 없다. 연말에는 술도 어지간히 마셨는데 미국에서는 그런 일은 없다. 적어도 소라와 나는. 그러나 저녁 9시 쯤 포도주를 한 잔 마셨다. 소라는 수술한 몸이라 입만 댔다.

메일을 열어보니까 두 딸과 며느리에게 메일이 왔다. 정다운 글이었다. 혈육이 있다는 것은 정말 좋은 것이다.

혈육이 없는 소라에게 비밀로 해두었다.

소라의 발목이 아프다고 해서 뜨거운 물로 마사지를 해주었다. 좀 좋아진 것 같다. 소라는 후유증으로 어리광이 자꾸만 늘어간다.

자정이 넘자 어디선가 축하의 불꽃놀이를 하는 것 같았다.

잠을 자려고 해도 자꾸만 깨어져서 잘 수가 없었다. 피곤이 가시지 않는다. 부엌에 가서 포도주를 한 컵 가득 따라 벌컥벌컥 마셨다. 그제야 잠들 수 있었다.

✲ 2009. 1. 1 목요일 〈피닉스 사막 식물원〉

오늘이 정월 초하루인데 무의미하게 있느니 피닉스 식물원에 가자고 소라가 말해서 가보았다. 소라는 한 번 가보았기 때문에 별로 흥미를 느끼지 않는 것 같은데 순전히 나 때문에 가는 것 같았다. 다리가 이렇게 아픈데 어딜 가느냐고 말해도 소용이 없었다. 그녀의 고집은 불편한 몸 때문에 더 세졌다. 피닉스 식물원은 아파트에서 멀지 않았다. 식물원 입구에 도착하니 〈사막 식물원 Desert Botanical Garden〉이라는 간판이 있었다. 규모는 145acres의 넓이에 식물은 50,000 plants 라고 안내지에 써있었다. 식물원 부지는 개인소유이었는데 자연으로 자라도록 두었더니 아열대 식물이 차츰차츰 자라 식물원이 됐다고 한다.

소라는 차에서 책을 보고 있겠으니까 혼자 다녀오란다. 그렇게 하라고 하였다. 원하는 대로 하도록 했다.

나는 동물보다는 식물을 좋아하는 편이다. 혼자 다니면 외롭기는 하지만 빨리 볼 수 있고 사진도 많이 찍을 것 같았다.

열대 식물원답게 선인장이 참 많았다. 식물원의 특색은 건조지대 식물들의 쇼우케이스showcase이었다. 이 식물원의 특징은 곳곳에 현란한 유리

〈식물원〉

〈선인장〉

〈선인장〉

〈노천 식당〉

〈유리 공예 작품〉

〈Papago Buttes가 보임〉

공예품이 많다는 것이다. 유명한 사람의 작품이라는데 나는 모르는 사람이었다. 유리작품이 식물과 조화를 이루어서 환상적이었다.

✲ 2009. 1. 3 토요일 〈춤추는 록 아트〉

사우스 마운틴에 다시 도전하기로 하였다. 사우스 마운틴 피마 크릭크에 가서 춤추는 암각화를 보고 오는 것이었다. 소라는 주차장에 있고 나만 가서 사진을 찍어오기로 했다.

밥을 싸가지고 우리는 사우스 마운틴 사무실에 들렀다. 사무원은 댄싱 록 아트의 위치를 자세히 가르쳐주어서 다시 피마 캐니언으로 갔다. 소라는 내가 혼자 가는 것에 대한 걱정이 지나쳐서 미경과 수지를 부른다는 것을 극구 말렸다.

나는 혼자 당당하게 갔다. 혼자 가도 앞에 가는 사람을 따라 갈 수 없었다. 내가 그만큼 노쇠한 것이다. 1.2마일을 가라고 그래서 그 지점이다 싶어, 기름 탱크인지 물탱크인지가 있는 지점에 이르러서 오른 쪽을 보니, 의자가 있고 왼편에는 돌 집 비슷한 것이 있었다.

돌집에 들렸으나, 아무런 설명도 없어 사진만 찍고 내려왔다.

의자에 앉아있는 사람들에게 춤추는 암각화를 물었으나 전혀 모르고 있었다. 그런데 길가에 의자가 있는 곳은 이곳이 처음이라 의자 뒤에 있는 바위 뒤로 돌아 갔더니 와시가 있고 그 바위의 뒷부분에 우리가 그렇게 찾은 '춤추는 록 아트' 가 있었다. 정말로 기뻤다. 사진을 여러 장 찍고 시간을 보니까 벌서 1시간이 지났다. 나는 서둘러 소라에게 돌아왔다. 발걸음이 가벼웠다. 하늘은 점점 구름이 끼고 있었다.

1시간 40분 만에 임무를 마치고 돌아왔다. 소라는 무척 기뻐했다.

〈돌집〉

〈춤추는 록아트 ancing rock art〉

✲ 2009. 1. 4 일 비가 옴 〈은대구 요리〉

교회에 나가 〈전원에서〉 책을 3권 나누어 주었다. 이인영 권사는 나오지 않으셔서 드리지 못하고 다음에 드릴 수밖에 없었다. 지구촌 교회에 나오는 나이가 지긋한 강 씨에게 책을 드렸더니 퍽 기뻐했다. 그 이는 지금은 공항에서 일하며 이민 온지 20년이 넘었는데 한국이 좋다고 여러 번 말하고 한국에 가서 여생을 보내고 싶다는 말도 했다. 미국은 정이 없다는 것이다.

오후에 바이블 처치에 나갔다. 다음 일요일에는 밥 목사가 교회를 존 부목사에게 넘겨준다는 이야기를 해서 인상적이었다.

밥 목사는 아마 내년 쯤 선교하러 중국에 갈 거 같다. 그는 큰 뜻을 품은 사람이다.

비가 그치고 우리는 5시 지나서 호돌이 식당에 갔다. 은대구 요리는 미리 주문을 해서 일찍 나왔다. 간호해 준 것을 감사하는 마음으로 소라가 사주는 저녁이다. 포도주도 한 병 주문해서 들었다.

건배를 하고 서로의 건강을 빌었다.

소라가 잘 먹으니 기분이 좋다. 나도 맛있게 먹었다. 삼각지의 원조 대구탕에 자주 갔었다. 용산에 살 때 자주 들리던 곳이다.

✣ 2009. 1. 5 월 〈내 가족은 소라 가족〉

편지함에 가서 카드를 찾아왔다. 서준이와 서린이의 카드, 희정이와 수진이 카드였다. 서준이와 서린이는 아직 글을 모르니까 카드를 만들 수 없지만 이름은 썼고 그림을 그려놓았다. 삐뚤빼뚤한 글씨. 그게 그렇게 신기하고 자랑스러웠다.

며느리와 큰딸 수진이 카드

아버님께

아버님 크리스마스 좋은 분이랑
좋은 시간 보내세요.
오늘은 서울에 눈이 왔어요.
크리스마스에도 눈이 왔으면 좋겠네요.
새해에는 더 좋은 곳 많이 둘러보시고요.
새해 복 많이 받으세요.

P.S 이박사님께도 크리스마스 인사와
새해 안부 전해주세요.
-희정 올림-

일년의 마지막 달이
어김없이 오네요.
거리에 구세군 남비와 크리스마스 케롤,
크리스마스트리……
참 즐겁고 사랑 가득한 연말이에요.
아빠도
즐겁고 행복한 크리스마스 보내시고요
새해에도 건강하시고 즐거운
여행되세요.

2008 12. 8 서울에서

큰 딸냄이 수진 올림

P.S 이 박사님에게도 인사 대신 전해주세요.

소라에게 자랑을 했더니 그녀도 기뻐했다. 소라는 젊어서 결혼을 하지 않았으니 자녀가 없다. 그녀는 정년퇴직 후까지 독신으로 살았다.

누가 아들 딸이 몇 명이냐고 물으면 당당하게 아들 하나 딸 둘에다, 손자 셋, 손녀 하나라고 말하라고 말해주었다. 사실은 나에 속한 가족이다. 소라가 나와 살고 있으니까 당연하다고 생각했다. 아무도 없다면 다른 사람이 깔본다고 덧붙여 말했더니 그래도 되느냐고 물었다. 당연히 그래야지 하고 나는 힘주어 말했다. 알았다면서 그녀는 기뻐했다.

죽으라고 글이 안 써진다. 왜일까? 너무 바빠서일까?

소라는 많이 회복되었다. 근 5개월간 빌려본 책을 ASU 도서관에 가서 돌려주었다. 대학 서점에 가서 양태의 시인에게 줄 노트와 볼 펜을 사왔다. 값이 14불이다.

양 시인은 내가 없는 사이에 우리 전원에서 라는 문학동인회를 잘 끌어주었다. 보답을 해야 한다.

✲ 2009. 1. 6 화 〈이발〉

머리를 깎았다. 5개월 이상을 기른 머리다. 소라가 머리를 길러보라고 하도 성화를 해서 이발을 하지 않았다. 머리를 길러 뒤로 묶어보라는 것이었다. 시인 태를 내보라는 의미이었다. 상당히 길었지만 뒤로 묶을 정도는 아니었다. 사실 나는 이런 것을 싫어 한다. 이런 튀는 스타일을 정말로 싫어한다.

한국 교포가 운영하는 미장원에 갔다. 요금이 18불이란다. 밥 복사 교회 옆에서는 11불이라고, 거기 가서 깎는다고 말하였더니, 소라가 6불을 지원해주겠다고 자기와 같은 미용실에 가서 하잔다. 자기 멋대로 이다. 소라는 어디든지 나와 같이 가고 싶어 한다. 하는 수 없어 따라갔다.

머리를 깎으니까 깔끔해졌지만 서운한 감도 있었다.

빌리지 마켓에 가서 대파와 떡국 떡 2봉지, 쑥갓 한 단, 구운 오징어 2마리를 사고 템피 시장에 가서 가방과 허리띠를 보고 왔다.

저녁은 떡국을 끓였다. 떡국은 끓이기가 쉽다. 쇠고기가 싸서 많이 넣었다. 소라는 쇠고기는 별로 좋아하지 않는다. 그래도 많이 먹어야한다. 수술한 몸에다 여행 중에 건강은 기본이니까. 나는 쇠고기를 좋아하는 편이다.

✲ 2009. 1. 7 수 〈시내 버스〉

ASU 미술관에 갔다. 소라가 학교까지 태워다 주고 집에는 오비트를 타

〈미술관 앞의 조각〉

〈ASU Art Museum〉

고 가기로 했다.

미술관을 구경하고 책방에도 들릴 작정이다. 미술관Nelson Fine Arts Center는 미국의 유명한 건축가 앤터니 프레덕Antoine Predock의 초기 작품이라고 한다. 미술관은 '원시적인 분위기와 현대적인 느낌을 잘 결합해 신비로운 아름다움' 을 준다고 하는데 솔직히 잘 모르겠다. 다만 미술관 앞에 있는 조각품이 눈길을 끌었다.

미술관은 3층으로 구성되었는데 1층은 인디언 출신 미술가들의 작품이 주로인 것 같았다. 2층은 사진과 현대미술이 전시된 것 같은데 유명한 사람의 그림은 아닌 것 같았다. 3층은 중국작가들의 그림이 있었고 미술해설사가 열심히 해설을 하고 있었다. 백인 노인들이 관람을 많이 했다.

TOO LATE for GOYA를 5불 주고 한 권 사가지고 왔다. 미술가부부인

작은 딸에게 주고 싶은데, 샌타페이에 갔다 온 후에 결정해야겠다.

책방에 들려 애들에게 줄 선물을 고르는데 잘 되지 않아 연필을 사왔다. 연필에다 돈을 붙여주어야겠다.

문제는 문기와 푸코의 선물이다. 마땅한 것이 없다. 더 신경을 써야겠다.

소라에게 전화가 왔다. 곧 가겠다고 말했다. 버스를 기다려도 오지 않는다. 사람들도 나 이외에는 기다리는 사람이 없다. 근 30분 기다리다가 아무래도 이상한 것 같아 걸어서 집에 오려고 하는데 버스 정류장이 옮겨진 것 같아 가보았더니 그곳에 머큐리가 서서 타고 집에 왔다.

✻ 2009. 1. 8 목 〈꼭 기억해야 할 날〉

작년 오늘이 소라와 두 번째 만나 교제가 시작된 날이다. 물론 그녀를 처음 만난 것은 2005년 여름이었다. 사실 기념할 만 한 날이다. 어제 밤에 소라가 그것을 회상하고 나에게 물었다. 나도 그날을 기억하고 있었다.

2007년 12월 초에 소라는 〈전원에서〉에 한번 와보고 싶다고 전화를 했다. 그래서 우리 모임에서 그녀를 초대했다. 우리 문학 모임의 분위기를 보고 소라는 임시 회원으로 7월까지 나오겠다고 약속을 했다. 이렇게 해서 그녀와 자연스럽게 교제가 된것이다.

저녁은 호돌이 식당에 가서 은대구 요리를 사먹기로 했다. 물론 남자인 내가 내는 것이다.

낮에는 닥터 킹을 만나러 갔다. 소라의 수술부위는 이제 어느 정도 회복이 된 것 같다. 닥터 킹의 사무실은 스카치테일 쪽에 있었다. 사무실에 도착해보니 면회를 하러 온 환자들이 많았다. 소라는 수속을 하면서 보험관계로 직원과 다투었다. 서로 언성이 높아졌다. 느낌은 병원 쪽에서 잘 못하는 것 같았다.

결국 우리가 양보해서 닥터 킹을 만나고 왔다. 소라의 수술이 심각했던 것 같다. 뼈를 교체한 수술이었단다. 그러나 어째든 꿰맨 실을 제거해서 홀가분하다.

병원에서 나와 시장에 갔다. 요전에 보고 온 가방과 허리띠를 보았다. 전부가 중국제였다. 가방을 30불에 사가지고 왔다. 싼 것이 비지떡 이라는데.

오후에는 체이스 은행에 갔다. 병원 보험 관계를 알아보기 위해서다. 제임스가 전문가이어서 쉽게 해결해주었다. 병원에서 보험회사에 신청을 해야 된다는 이야기이었다. 병원에도 은행에서 이야기해주어서 잘 해결되었다.

이어서 플라워 샵에 갔다. 그리고 꿀 파는 곳에 갔다. 피닉스에 꿀파는 곳은 딱 한군데이다. 가공업체 같은 곳이었다. 그곳에서 판매도 했다. 로열젤리가 8불이다. 선물로 좋을 것 같아서 10병을 달라고 했더니, 2주 후에 오란다. 더 사고 싶지만 가져가는 것이 문제이다.

호돌이 식당에 가서 은대구를 주문해서 둘이 맛있게 먹었다. 포도주로 축배를 들면서. 둘의 만남을 신에게 감사하면서......

✲ 2009. 1. 9 금 〈힐라 강〉

힐라 강을 보러 갔다 가기 위해서 9시 반쯤 출발했다. 우체국에 가자니까 시간이 없다면서 소라가 말을 안 들어 기분이 안 좋았다. 주유소에서 기름을 20불 주고 가득 넣었다. 소라가 강 같지 않은 wash를 힐라 강 같다고 해서 사람들에게 물어보기로 했다. 물어본 결과 아니라고 해서 이번에는 내비를 이용하기로 하였다.

힐라 강과 솔트 강이 만나는 곳인 Phoenix Intl Raceway를 향해서 떠났다.

드디어 다리가 나타났다. 다리 입구에는 Gila River라는 표시가 있었다. 다리의 길이는 0.5마일이었다. 다리 위에서 바라보는 강은 강이라기보다 짙은 숲이었다. 단풍으로 물든 나무들이 강바닥의 전부를 뒤덮고 있었다. 물소리가 들려 자세히 보니 내를 이루며 흐르고 있었다. 수량이 아주 많은 것은 아니지만 서너 곳으로 나누어져서 흐르고 있었다. 다리를 건너, 돌아오면서 보니 물속에 물고기들이 육안으로도 보였다. 낚시를 하는 사람들도 있었다. 장엄한 광경이었다.

〈힐라 강과 다리〉

〈강바닥이 온통 단풍든 나무〉

이제 힐라를 보았으니 미국을 떠나도 될 것 같다. 가장 가까이 있으면서도 가보지 못한 강이었다.

〈낚시군 두사람〉

힐라 밴드에 가 보려고 다시 길을 떠났다. 버클리 역사 고고학 박물관 Buckeye Historical Archaeological Museum에 가서 물어 본 결과 힐라 밴드는 조그마한 촌락이라고 말 했다. 대신 박물관을 관람했다. 주인이 세밀하게 설명을 해주었다. 작은 박물관 이었으나 소장품이 알찼다. 인디언 유물들도 제법 있었다. 많은 종류의 카메라도 있었다. 손으로 돌리는 축음기와 판도 여러 장 있었다.

힐라 강을 다시 보고 싶어 다른 한 곳을 찾았다. 하류의 다리이다. 이번

〈철지난 다양한 카메라〉

〈옛가구〉

의 힐라 강은 하류인데도 황량해 보였다. 수량도 부족하고 나무도 잘 자라지 않았다. 물의 부족 때문일 것이다.

✼ 2009 1. 10 토
〈베르디캐니언 기차여행Verde Canyon Railroad〉

베르디 캐니언 기차여행Verde Canyon Railroad을 이틀 전에 신청하고 아침 8시 반에 집에서 출발했다. 목적지는 클라크데일Clarkdale이었다. 세도나와 프레스코트 벨리 중간에 있는 작은 광산 도시이다. 87N로 해서 패이슨까지 가서 260으로 바꾸어 타고 10시 반에 클라크데일에 도착했다.

11시 반까지 등록하라고 해서 시간에 맞추어갔더니 많은 사람이 모였다. 출발 시간은 1시경이었다. 등록을 하고 각자 점심을 해결하고 12시 40분에 기차를 타기로 되어있었다.

싸가지고 간 점심을 먹고 소라와 나는 배정 받은 투산 칸으로 갔다. 시간이 되어 긴 기적소리와 함께 기차는 출발하였다. 클라크데일에서 출발해서 펄킨스빌 유령 목장perkinsville ghost ranch까지 갔다 오는 4시간이 소요되는 기차여행이었다.

소라는 잠시나마 운전을 하지 않고 여행하는 것이 좋다고 말했다. 그 말을 들으니 정말 미안했다.

안내인의 이야기가 오른쪽은 강 쪽이고 왼쪽은 캐니언 쪽이란다. 사람들은 거의 강 쪽으로 자리를 잡았다. 조금 있다가 뚜껑이 열린 관광차, Open_air viewing car로 자리를 옮겼다. 별로 춥지 않았다. 사람들은 거의 우리가 있는 곳으로 왔다.

원래 이곳은 구리 광산인데 폐광을 관광자원화 하여 성공한 케이스 이란다.

베르디 골짜기 유람기차는 1990년 11월 23일(금)에 그 운행을 시작했다. 지금의 소유자는 데이비드 엘 더바노David L. Durbano 이다.

철로의 길이는 38마일이며 베르디 강을 따라 쭉 가고 있었다. 전개되는 경치

〈베르디 캐니어 기차여행표시판〉

〈관광열차〉

〈붉은 사암 사이를 달리는 열차〉

〈베르디 강〉

가 애리조나 주의 또 하나의 그랜드 캐니언이라고 할만 했다. 모두들 사진을 찍느라고 바빴다.

베르디 강Verde River은 길이가 160마일이며 힐라 강의 지류이다. 그 근원은 애쉬포크Ashfork 근처에 있는 캐니언의 북서쪽에 있는 자연 샘이며 8개의 중요한 크릭크가 강물로 유입된다고 한다. 그러나 우리나라 기준으로 볼 때는 강이라고 할 수도 없을 것 같은 내 정도이었다. 시나구아 인들의 벼랑 가옥과 교각을 구경하고, 터널도 지났다. 강변이라 나무들이 무성했다. 드디어 유령 목장에 도착했다. 10여 호의 마을은 지금은 유령의 마을이 됐고 1960년 초에 〈서부는 어떻게 승리했는가?〉 라는 영화 촬영소 이란다.

펄킨스빌 유령 목장perkinsville ghost ranch: The hamlet soon

became a ghost town, used in the 1960s as a filming location for scenes in How the West Was Won.

미국에 와서 기차여행도 해봐서 기뻤다.

이제 피닉스로 돌아가야 한다. 올 때와 반대방향으로 길을 잡았다. 89A 도로를 타고 나오는데 교통사고가 났다. 차량 한대가 불타고 있었다. 충돌사고인지 한 대는 도로 밖 골짜기에 빠진 것 같았다. 사람이 다친 것 같았다. 큰 사고가 아니길 바랄 뿐이다. 우리도 조심해야한다.

위켄버그Wickenburg에서 60US 고속도로로 내려왔다.

참고사항

Verde Canyon Railroad 베르디캐니언 철도Verde Canyon Railroad

* 소유자는 David L. Durbano

Verde Canyon Railroad 유람기차는 1990년 11월 23일(금)에 그 운행을 시작했다.

The 38-mile Verde Canyon Railroad from Clarkdale to Drake, financed by Senater Clark and operated by the Santa Fe, Prescott and Phoenix Railroad, was started and completed in one year, from 1911 to 1912

크라크대임에서 드라케까지 38마일의 베르디캐니언 철도는 세내이터 클라크가 투자하여 1911년부터 1912년 까지 1년 만에 완성되었으며, 센터페, 프레스코트, 피닉스 철도에 의해 운영되고 있다..

The 160-mile long Verde River is a very significant river in the southwest. Its origination is a natural spring northwest of the canyon near Ashfork. There are eight major creeks that feed into the river: the Big Chino, near Chino Valley; Sycamore, which we will pass; Oke Creek, north of uptown Sedona; Beaver Creek, West Clear Creek and Fossil Creek, all near Camp Verde; and two near Payson, East Verde and Red Bottom Creeks.

260키로미터(160마일)의 베르디 강Verde River은 서남부에서 매우 중요한 강이다. 강의 원류는 애쉬포크 근처 협곡 북서쪽에 있는 한 샘이다. 강으로 흘러드는 큰 지류는 8개가 있다. 캠프 베르데 근처에는 치노밸리 근처의 빅치노Big Chino, 우리가 보게될 사이카모아Sycamore, 세도나 북쪽의 오크크리크Oke Creek, 비버크리크Beaver Creek, 웨스트 클리어크리크West Clear Creek, 파슬크리크Fossil Creek가 있고 패이슨Payson 근처에는 이스트베르디East Verde와 레드바텀크리크Red Bottom Creeks가 있다.

On the left side of the train, Sinagua cliff dwellings cling to the walls of the canyon, Sinagua, from the Spanish words sin(without) agua(water), is a name given to these pre-Colombian people by archaeologists who first studied them in the dry area north and east of Flagstaff. Sinagua moved into the Verde Valley area between 1100 and 1125 A. D.

기차의 왼편에서, 협곡의 절벽에 있는 시나구아 절벽 거주지를 볼 수 있다. 시나구아Sinagua는 스페인 말인데 '물agua이 없다sin' 는 뜻으로, 플래그스태프의 동북쪽 사막지대에 거주하는 이들을 처음 연구한 고고학자들이 붙여준 이름이다. 시나구아인들은 베르디 계곡Verde Valley 지역으로 AD 1100년에서 1125년 사이에 이주해왔다.

✲ 2009. 1. 12 월 〈성 누가 병원〉

미국에 온 이 번 여행에서 마지막으로 준이 린이 건하 산하에게 카드를 보내기로 하였다. 아이들이 좋아하는 모습이 눈에 선하고 또 상상력의 자극이 될 것 같아서이다. 오전 내내 향운에게 보낼 편지 포함 5장의 카드를 쓰는데 시간을 다 보냈다.

소라는 소화가 안 된다면서 점심을 굶었다. 소라의 소화불량은 아무래도 수술후유증 같아서 설득해서 성 누가 병원에 갔다. 미국의 의료 제도는 참 복잡하다. 소라가 자꾸 인슈린 주사 이야기를 해서 저쪽에서 이상하게 생각하는 것 같아 우리는 진찰만 받으러 왔다고 말하고 내과 수속을 하러 갔는데, 그곳 이야기가 지금 접수하면 2주 후에나 가능하다는 것이었다. 그래서 포기하고 우체국에 카드를 부치러갔다. 요금이 27불 들었다.

위가 나쁜데 기름기 있는 음식은 좋지 않을 것 같아 녹두를 사와서 죽을 끓여주기로 했다. 이것저것 합쳐서 47불 들었다. 그리고 리리 마켓트에 가서 약닭 한 마리와 생선 두 종류를 샀다. 정어리는 튀겨왔다. 저녁식사 전에 생각하니까 오늘이 바이블처치에 영어 공부하러 가는 날이다. 시계를 보니 15분 정도 지났다. 부랴부랴 교회에 가서 30분 정도 공부할 수 있었다. 그래도 알찬 공부이었다. 그리고 집에 와서 녹두죽을 끓이면서 정어리 튀김을 안주삼아 맥주를 한 컵 마셨다. 소라는 눈꼽만큼 마셨다. 이렇게 조용한 시간을 갖는 것도 좋을 것 같았다. 우리는 이런 시간을 자주 가질 것이다.

Travel Arizona 9. 3. 1991
대학도서관에서 빌려온 책이다.

At 113.956 square miles, Arizona is the sixth largest state in the United States.

Grand Canyon:
the canyon is 277 miles long, 600 feet to 18miles wide, and over a mile deep.

Southernwest Arizona

Ramsey Canyon Preserve, a 300-acre natural area famous for its hummingbirds.

Huachuca Mountains, Tombstone
Bisbee, Chiricahua Mountains

San Pedro River Valley
350 bird speies 82 mammds and 47 amhibians and reptiles.
Tombstone

책을 뒤적이며 시간을 보냈다.

✲ 2009. 1. 13 화 〈소라의 울음〉

오늘 체이스 은행원들과 점심 약속을 했는데 그쪽에서 시간이 없다고 해서 내일로 미루었다.

오늘도 소라에게 녹두죽을 해주었다. 아침은 조금 먹고 점심도 조금 먹었다.

내 비행기 표 컨펌confirm을 하는데 잘 되지 않아 수지씨에게 부탁했다. 신문에서 찾은 한인의사에게 진찰받기위해 전화했더니 오후에 볼 수 있단다. 4시에 약속을 하고 학교에 갔다. ASU 도서관에 책을 돌려주고 소라는 헤이퍼 교수의 음반을 복사하겠다고 말했다.

구내 북스토어에 가서 ㅇㅇ시인에게 선물로 줄 노트와 4색 볼펜을 샀다. ㅇㅇ여류시인에게 줄 노트와 4색 볼펜도 샀다. 손자 손녀에게 선물로 줄 4H 연필도 한 다스 씩 샀다.

학교에서 일을 마치고 병원을 향했다. 처음 가는 길이라 내비에 의존해서 갔다.

병원은 피닉스 시를 벗어나 먼 곳에 있었다. 보험 관계 때문에 간호사와 또 옥신각신하다가 그냥 진찰 받기로 했다. 목마른 사람이 우물을 파야한다.

의사는 젊은 한국 사람이었다. 퍽 친절했다.

두 가지 처방을 내 주었다. 별 탈이 없단다. 수술 후 독한 약을 먹어서 위가 좀 부었을 뿐이고 변비약을 먹으란다. 약국에 가서 약을 사왔다.

밤에 소라는 답답하다면서 울었다. 새벽에도 또 울었다. 이런 일은 처음이다. 그녀가 불쌍했다. 몸이 아프면 만사가 귀찮다. 소라의 심정이 이럴 것이다. 아픈 사람의 심정을 이해하며 달래주었다.

마음의 평정을 얻었는지 울음을 그쳤다.

✲ 2009. 1. 14 수 〈20세기 미술책The 20th Century Art Book〉

은행 직원과 점심을 먹으러 갔는데 제임스가 없어서 둘이만 먹었다. 식사 후 책방에 가서 나는 미술책을 샀다. 값이 24.95불 이었다. 한화로 약 3만원 이다. 책 이름은 『20세기 미술책The 20th Century Art Book』 이었다. 503페이지에 부록이 붙어 있다.

모네의 〈수련waterlilies〉 피카소의 〈아비뇽의 아가씨들Les Demoiselles d'Avignon〉 달리의 〈기억의 고집The Persistence of Memory〉 마티스Matisse의 〈춤The Dance〉 지노 세베리니Gino Forms)의 작품 등 가장 혁신적인 동시대 작가들의 대표작이 수록된 책이었다. 비싼 책은 아니었다.

바이블 쳐치의 밥 목사에게 갔다. 그가 있어서 보험 이야기를 했다. 그는 참 진실한 사람이다. 소라가 골치를 썩는 보험관계 서류를 처리해 주었다. 나는 집에 돌아오고 소라는 ASU에 갔다. 집에 와서 허전한 생각이 들어 정어리 튀김을 안주 삼아 맥주를 한 병 마셨다. 속이 좀 시원해졌다. 그리고는 낮잠을 잤다. 오랜만에 낮잠을 푹 잤다.

소라가 와서 노크를 해서 문을 열어주었다. 저녁 지을 시간이 다 된 것이다. 저녁은 오골계 죽을 해먹었다. 음식은 교대로 한다. 내가 소라보다

시간이 많아 청소라던가 쓰레기 버리기는 주로 내가 한다. 소라는 운전을 한다. 그러니 이렇게라도 일을 해야 한다.

짐을 좀 쌌다. 이제 내일이 15일이다. 시간이 왜 이렇게 빨리 가는지 모르겠다. 참 빠르다.

달력을 보니까 1월 26일이 구정이다. 구정도 애리조나에서 샐 것 같다. 10일 정도만 늦어도 한국에 가서 구정을 맞이할 텐데. 아이들에게 미안한 생각이 들었다. 하긴 소라 혼자 피닉스에서 구정을 샌다면 그것도 문제이다.

✲ 2009. 1. 15. 목 〈이별 여행〉

오전 8시에 미경의 집에 모였다. 우리가 제일 먼저 도착했다. 조금 있으니까 수지집사가 오고 목사내외도 곧 도착했다. 목사내외는 두꺼운 잠바를 입고 있었다.

허 교수 부부는 오늘 사정이 있어서 여행을 가지 않는단다. 커피를 한 잔씩 마시고 길을 떠났다.

투산 아래쪽에 있는 시애라 비스타Sierra Vista에 간단다. 미경은 이 여행을 위하여 택사스에서 근무하는 남편에게 이 봉고를 가져오라고 한 모양이다.

오늘 여행은 2월 4일에 피닉스를 떠나는 나를 위한 송별여행인 셈이다. 정말 고마웠다.

겨울이지만 화창한 날씨이었다. 벌써 봄 같았다. I-10을 타고 내려가다가 산세가 범상치 않은 피카코 피크Picacho Peak를 보았다. 미경의 설명으론 남북전쟁 당시 대 혈전이 벌어졌던 곳이란다. 봄에 오면 산기슭에 노란 꽃이 피는데 너무 애잔해서 손수건을 꼭 지참해야한다는 것이었다.

투산을 지나 벤숀Benson까지 계속 가다가 지방도 90으로 바꾸어 달렸다. 차가 드믄 시골 도로를 달리면서 미경은 이 도로가 그렇게 한적해서 좋다고 말했다. 멕시코와의 국경선이 얼마 남지 않았다고 했다. 앞에 톱니 같은 능선이 보였다. 그곳이 시에라 비스타Sierra Vista인 모양이었다. 조그마한 국경도시에 도착한 것은 12시 전이었다.

한국식당에 가서 짬뽕을 시켜먹었다. 점심은 미경이 아는 분이 냈단다. 차에서 너무 많이 먹어서 짬뽕을 반도 못 먹었다. 수지가 해온 김밥이 너무 맛있어서 다들 많이 먹었다. 한 그릇을 둘이 나누어 먹어도 될 뻔했다. 시에라 비스타에는 공군부대가 있었다.

점심을 먹고 미경이 아는 사람을 잠시 만나고 허밍버드로 유명한 람사이 협곡 보존구역Ramsey Canyon Preserve에 갔다. 그곳은 하우추카 산Huachuca Mountains2885m, Arizona에 있었다. 우리나라 산골풍경과 비슷했다. 고목의 시카모아sycamore(플라타나스의 일종), 큰 단풍나무가 많이 눈에 띄었다. 이 지역은 작은 잎의 애리조나 참나무도 많았다. 이 참나무는 낙엽수가 아닌 상록수이다.

다음에 간 곳은 산기슭에 있는 교회이었다. 미경집사의 이야기로는 바코드를 만든 할머니가 돈을 많이 벌어서 사비로 이곳에 교회를 지었다고 한

〈교회〉

〈천사 아래서 소라〉

〈십자가 〉

〈성모 마리아〉

다. 마리아 상이 있는 걸로 봐서 가톨릭 같았다. 교회는 신부도 없어 기도를 목적으로 하는 곳이었다. 교회 뒤쪽으로는 골고다 언덕을 오르는 예수

고난의 과정이 잘 조성되어 있었다.

그 교회를 구경하고 높은 산을 올라갔다. 고개 마루에는 국경을 볼 수 있는 전망대가 있다고 했다. 황량한 들판을 가로지르고 비포장 도로를 한참 오른 후에야 고개 마루에 도착했는데 그곳이 바로 전망대이었다. 높은 곳이라 멀리까지 보였다. 별다른 표시가 없었다. 우리나라의 휴전선과는

〈교회 내부〉

〈국경을 바라보며 일행〉

아주 달랐다. 멕시코에서 잘 사는 미국으로 넘어오는 사람들이 많아 골머리를 앓는다는 기사를 본 일이 있었다.

산을 내려와서 비스비Bisbee로 향했다. 도로는 92 도로였다. 비스비는 구리광산으로 유명한 곳이다. 지금은 예술가들이 많이 산다.

비스비에서 북쪽으로 툼스톤을 향했다. 오늘의 마지막 관광지이다.

국경지방에 있는 조그마한 도시에 들어서자 오케이 목장OK Corral 간판이 눈에 띄었다. 그리고 거리가 좀 살벌한 편이었다. 거리에는 서부활극에서 우리가 본 역마차가 가고 있었다.

100살이 넘는 장미나무를 구경하러 갔다. 조그마한 박물관에 들어갔더니 개인당 5불을 내란다. 25불을 지불하고 5명이 보았다. 우선 박물관을 보았는데 서부개척시대에 무법자들이 쓰던 권총과 소총, 말안장, 모자 허리띠 등이 진열되었다. 그곳에서 그런 물건들을 보니 실감이 났다. 그리고 뒷문을 열고 들어가자 놀라운 광경이 벌어졌다. 시끄러운 새소리와 더불어 굉장히 큰 넝쿨 장미나무가 보였다. 꼭 우리나라 공원이나 교정에 있는 등나무 같았다. 이름이 래디 반크시아Lady Banksia 인 이 넝쿨 장미는 나이가 124살이며 뿌리를 스코트랜드에서 1885년에 가져와서 심겨졌단다. 뿌리부분의 등걸이 하나인데 덮고 있는 땅의 면적이 8,000평방 피트(224.8평)이다. 봄부터 백만 송이의 흰 꽃을 피운다. 그리고 벌레가 많은지 참새 떼들이 가지 사이에서 시끄럽게 지저귀였다. 장미나무를 관리하는 특별한 방법이 있는가 물었더니 물만 정기적으로 준다고 말했다.

다시 시내로 가서 거리구경을 하다가 어느 상점에 들어가 문기와 현진이

〈역마차〉

〈여러 종류의 화패〉

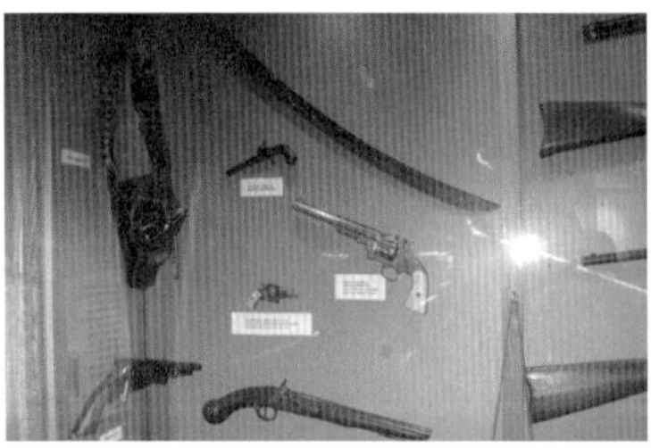

〈총가류 〉

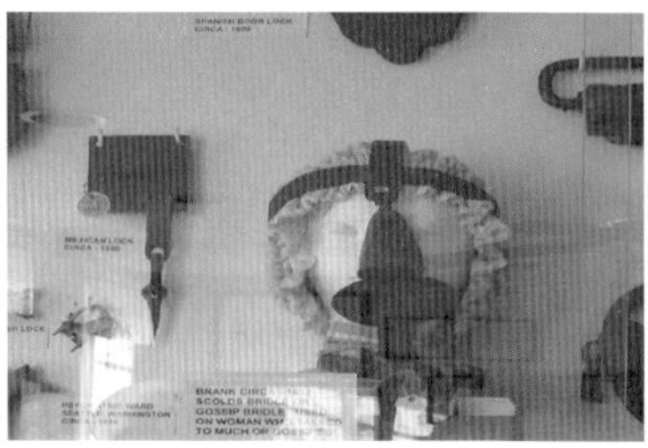

〈여러 종류의 화패〉

에게 줄 가죽 허리띠를 샀다. 짝퉁 같은데 2개 20달러이었다.

부트힐 묘지Boothill Cemetery에 갔다. 여러 개의 돌무덤이 있었다. 무덤들에는 조그마한 비석이 있는데, 그곳에 죽은 자의 이름과 태어난 연대와 죽은 해와 사망 원인을 적어 놓았는데, 사망 원인이 기구했다. 변사, 횡사, 급사, 교수형, 총살, 자살 등이었다. 무덤위에는 돌을 쌓아놓았다. 그래서 이곳을 툼스톤Tombstone 이라고 하는 것 같았다. 무덤 옆에 기념품 상이 있었다.

툼스톤이 역사적으로 위대한 인물의 무덤과 비석이 있는 것으로 상상했는데 완전히 빗나갔다.

돌아오는 도중에 국경지대라 경찰들이 검문을 하고 있었다. 나는 passport를 지참하지 못했다. 나는 가만히 있고 다른 사람들은 전부 증명서를 내보여 다행히도 통과되었다. 걸리면 외수가 없단다. 몽키 하우스에서 하루 밤을 고생할 뻔했다. 다음부터는 꼭 여권을 가지고 다녀야겠다.

〈툼스톤 정경 〉

〈무덤들〉

송 목사는 돌아오는 길에 나에게 전도를 했다. 난처한 일이지만 거절했다. 저녁을 사드리고 싶었는데 모두 사양해서 감사하다는 인사만 하고 아파트로 돌아왔다.

✲ 2009. 1. 16 금 〈124살의 넝쿨 장미〉

내일 여행관계로 하루 종일 집에서 쉬었다. 소라가 어제 짬뽕을 먹었기 때문에 위가 안 좋아 죽을 해먹었다. 점심까지 죽이었다.

오전에는 모처럼 낮잠을 잤다. 식사 후에는 이것저것 정리했다. 옷가지를 버리고 여행안내자료도 정리했다.

밥의 영어수업에 갔다 왔다. 푸드 시티에 가서 사과와 빵을 사왔다.

툼스톤에 갔다 와서 시를 한편 썼다.

〈인디언들의 이상향으로 추측 〉

〈유물들〉

〈도자기류 〉

〈둥구미〉

✲ 2009. 1. 17 토 〈국경을 넘다〉

유마Yuma에 가보기로 했다. 콜로라도 강과 힐라 강이 만나는 것이 보고 싶었고 소라는 피마 인디언들의 옛 소금 길을 답습해 보고 싶어서였다. 오늘 가는 길이 소금 길이란다.

버클리 박물관이 있는 곳으로 일단 갔다. 너무 이른 시간이라 문을 열어놓지 않았다. 버클리를 조금 지나가니까 힐라 벤드 간판이 나왔다. 힐라 벤드 인디언 보호구역 이었다. 여행 안내소에 가서 정보도 얻고 사진도 찍어왔다. 힐라 강변 도로를 타고 가고 싶었으나 도로가 없었다. 몇 번이나 시도를 했으나 허탕을 쳤다. 강을 따라 간 길이 소금길 이기 때문이었다. 페인티드 록댐 Painted Rock Dam 아래로 다리를 두 번 건넜는데 힐라 강은 물 하나 없이 말랐다. 강바닥의 나무들도 피닉스 근교의 힐라 다리에서 보던 것과는 판이하게 달랐다. 나무가 작고 듬성듬성했다. 수분의 공급이 부족하다는 증거이다.

〈광활한 농경지 〉

그러나 힐라 강변의 토지는 비옥하고 수로에는 물이 가득해서 농사가 잘 되었다. 넓고 푸른 밭이 끝없이 전개되었다. 농부들 대부분은 멕시칸 같았다.

그러니까 강물은 댐으로 모아져서 수로로 흐르고 강바닥은 말라버린 것

〈먼지에 쌓인 힐라 강 다리〉

〈양떼들 〉 〈멕시칸들이 미국에 와서 일하는 모습〉

이었다. 이렇게 마른 강바닥에 콜로라도 강물이 거꾸로 흘러든다고 한다.

되도록 강 가까이 소로로 갔다.

아무래도 오늘의 목적은 빗나갈 것 같았다. 목적을 이루기 위해서는 걸어야 되는 데 그것은 무리이다.

유마에 가서도 I-8을 타고 강이 나올 때까지 갔다. 시내를 벗어날 즈음 큰 다리가 나타났다. 직감적으로 콜로라도 강 같았다. 직감이 맞았다. 그

런데 큰 강을 기대했는데 수량이 너무 작았다. 다리만 클 뿐 강은 내 정도 밖에 안 되었다. 사다리 댐으로 수량을 다 퍼주고 남은 게 없는 처지였다. 이런 강을 보는 순간 한국의 부모생각이 떠올랐다. 자식들에게 가진것을 다 주는 부모!

국경을 넘기 전에 콜로라도 강은 마지막 미국 댐인 임페리얼 댐 Imperial Dam이 기다리고 있었다.

지칠 줄 모르는 호기심은 이 늙은 강을 포용해 줄 캘리포니아 만이 보고 싶었다.

국경을 넘기로 했다. 국경 도시 산 루이스San Luis로 향했다. 콜로라도 강이 이룬 비옥한 삼각주 평야에 농작물이 가득했다. 국경에는 미국에서 일을 마치고 집으로 돌아가는 멕시칸들의 긴 줄이 있었다.

검문소의 경찰에게 멕시코에 갔다 와도 되느냐고 물어보았다. 그들은 그러라고 했다. 기분 좋게 국경을 넘었다.

국경 하나를 두고 이쪽과 저쪽이 너무나도 달랐다. 이쪽이 부자 나라라면 저쪽은 거지 나라였다.

그쪽은 모든 것이 올 스톱 이었다. 말이 통하지 않고 내비가 먹통이고

〈 콜로라도 강 철교 〉

〈강둑으로 난 고속도로〉

도로 표시를 읽을 수 없었다. 사람들에게 물어봐도 영어를 알지 못했다.

〈콜로라도 강 하류〉

우리는 두어 시간을 헤매다가 그냥 돌아왔다.

갈 때는 편했는데 올 때는 검문을 철저히 했다.

✻ 2009. 1. 19. 월 〈나에게도 꿈이 있습니다〉

차에 기름을 넣고 위장약 훼스탈을 사러 한국 마트에 갔다. 소화가 잘 되지 않았다. 미국은 약방이 아니라도 간단한 상비약은 마트에서도 판다.

오후에 영어수업에 가서 킹 목사(1929-1968)의 유명한 연설을 듣고 왔다. 그는 너무나도 유명한 흑인 인권운동가 겸 흑인 권리신장운동가이다.

1964년 노벨평화상을 받았으며 1968년 한 백인에게 암살당했다.

1963. 8. 28일 워싱턴 D.C. 링컨기념관 앞에서 한 연설 〈나에게도 꿈이 있습니다〉는 케네디 대통령의 취임 연설과 함께 20세기의 명연설로 남아있다. 가장 감명 깊은 일부만 소개한다.

I have a dream this evening

that one day we will recognize the words of Jefferson that all men are created equal, that they are endowed by their creator with some inalienable rights and among these are life, liberty and the pursuit of happiness.

나는 오늘 밤 꿈이 있습니다.

어느 날 모든 인간은 평등하게 태어났고 창조주로부터 양도할 수 없는 권리가 있다는 제퍼슨의 명언을 인식할 거라는 꿈입니다. 이런 권리는 생명, 자유, 행복 추구권입니다.

생략

And when this happens, when we allow freedom ring, when we let it ring from every village and every hamlet, from every state and every city, we will be able to speed up that day when all of God's children, black men and white men, Jews and Gentiles, Protestants and Catholics, will be able to join hands and sing in the words of the old Negro spiritual:

Free at last! Free at last!

그리고 이런 일이 일어날 때, 우리가 자유의 종을 울릴 때, 우리가 모든 마을과 작은 촌락, 모든 주와 모든 도시에서 자유의 종을 울릴 때, 우리는 새로운 날을 만들어 낼 수 있습니다.

신의 모든 아이들, 검둥이든 흰둥이든, 유태인이든 아니든, 개신교이든 가톨릭이든 손을 잡고 흑인 영가를 부를 수 있는 날을 말입니다.

〈드디어 자유다! 마침내 자유다!〉

✲ 2009. 1. 20 화 〈최초로 흑인 대통령〉

미국 44대 대통령 취임식 날이다. 모처럼 뉴스방송을 들었다. 흑인대통령의 취임이다. 열광하는 흑인들. 이임식은 없고 취임식만 있는 날이다. 아버지 부시 대통령 내외, 클린턴 대통령 내외, 카터 대통령도 나왔다는데 방송은 그들의 얼굴은 비쳐주지 않는다. 외국 사절 원수들이 많이 왔을 터인데 그들도 역시 한 번도 비쳐주지 않는다. 우리나라와 판이하게 다른 방송이다.

축가, 대통령 수락 연설, 국가 연주가 있었다. 엄숙하고 장엄하다. 앞으로 4년간 미국의 번영은 물론 세계평화가 그의 어깨에 있다. 똑똑한 오바마니까 잘 할 것이다. 최초로 흑인 대통령이 된 오바마는 모든 점으로 뛰어났겠지만 연설도 잘한다. 그의 수락 연설은 굉장히 길다. 두어 군데만 인용해 본다.

(앞부분 생략)

It grew strength from the not-so-young people who braved the bitter cold

and scorching heat to knock on doors of perfect strangers,

and from the millions of Americans who volunteered and organized and proved

that more than two centuries later a government of the people, by the people,

and for the people has not perished from the Earth.

매서운 추위와 사나운 더위를 이겨내며 전혀 알지 못하는 사람들의 집 문을 두드렸던 장년의 사람들과, 자발적으로 조직을 구성해서 2세기가 훨씬 지난 후에, 국민의 국민에 의한 국민을 위하는 정부가 지구상에서 사라지지 않았다는 것을 증명한 수백만의 미국인으로부터 미국의 힘이 나옵니다.

This is your victory.

이것은 여러분의 승리입니다

(중간 생략)

To those – to those who would tear the world down: We will defeat you.

To those who seek peace and security: We support you.

And to all those who have wondered if America's beacon still burns as bright:

Tonight we proved once more that the true strength of our nation comes not from the might of our arms

or the scale of our wealth, but from the enduring power of our ideals: democracy, liberty, opportunity

and unyielding hope.

우리의 세상을 짓밟는 자들을 굴복시킬 것이며, 평화와 안정을 지향하는 이들을 지원할 것입니다.

그리고 미국의 봉화가 아직도 여전히 밝게 빛나고 있는지 의문을 가지시는 분들께도 한 말씀 올립니다.

오늘 밤 우리는 우리나라의 진정한 힘이 강력한 군사력이나 거대한 경제력이 아니라, 이상적 가치의 원천인 민주, 자유, 기회와 불굴의 희망에서 나온다는 것을 다시 한 번 증명했습니다.

케네디 대통령의 취임 연설의 감명 깊은 일부를 소개한다.

And so, my fellow Americans: ask not what your country can do for you–ask what you can do for your country.

My fellow citizens of the world: ask not what America will do for you, but what together we can do for the freedom of man.

Finally, whether you are citizens of America or citizens of the world, ask of us here the same high standards of strength and sacrifice which we ask of you. With a good conscience our only sure reward, with history the final judge of our deeds, let us go forth to lead the land we love, asking His blessing and His help, but knowing that here on earth God' s work must truly be our own.

그래서, 존경하는 미국국민 여러분! 국가가 여러분에게 무엇을 해 줄 것인가 묻지 말고, 여러분이 국가를 위해 무엇을 할 수 있는가를 물어 보십시오.

존경하는 세계 시민 여러분, 미국이 여러분에게 무엇을 해 줄 것인가 묻지 말고, 인간의 자유를 위해 무엇을 함께 할 수 있는가를 물어 보십시오.

> 마지막으로, 여러분이 미국 국민이든 세계 시민이든, 제가 이 자리에서 여러분에게 요구했던 똑같은 수준의 높은 힘과 희생을 저에게 요구하십시오. 선한 양심을 우리의 하나뿐이고 확실한 보상으로 삼고, 역사를 우리 행동의 최종 심판자로 하여, 하느님의 축복과 도움을 구하고, 하지만 이 지구에서 하나님의 작품이 진실로 우리의 것이 될 것이라는 믿음으로, 우리가 사랑하는 이 땅을 이끌고 전진합시다.

✲ 2009. 1. 21 수 〈솔트 리버 캐니언과 화이트 산〉

차 점검을 했다. 장거리 여행을 앞두고 한 점검이다. 한국인이 운영하는 정비소에 갔다. 친절하게 해주었다.

소라의 화장실 장애인용 의자를 기증했다. CVS에 가서 선물용 비타민을 샀다. 형제들에게 나누어 줄 비타민이다. 8기가 메모리 1개를 샀다. 사진을 담을 예정이다.

내일 석화림국립공원Petrified Forest Nat'l Park에 가기로 했다. 가는 도중에 솔트리버 캐니언Salt River Canyon과 화이트 산White Mountains의 볼디 피크Baldy Peak3475m를 보고 싶다. 그러려면 화이트 리버Whiteriver까지 가야한다.

석화림국립공원은 US-60으로 캐리조Carrizo까지, 73번으로 아파치 요새Fort Apache와 화이트 강을 거쳐 소우 로우Show Low까지, 그곳에서 61지방도로로 찬코Concho까지, 그곳에서 US-180으로 해서 갈 것이다.

6개월 동안 체류의 마지막 여행이 될 이번 여행 준비를 많이 했다. 서둘렀으나 7시 15분에 아파트를 출발했다.

앞쪽 왼편으로 거대한 산이 나타났다. 이른 시간인데도 차량이 많았다. 우리가 처음 내비에 입력한 도시는 Glove이었다. 아파치 정숀 Apache Junction(고속도로 교차점)에 가서야 US-60 도로 진입로가 나타났다.

US-60E 도로에는 여호수아Joshua 숲이 있다. 그 기대를 갖고 떠났다. 그러나 여호수아 숲은 나타나지 않았다. 숲은 다른 도로에 있는 것 같았다. 기억은 믿을수 없다. 60 도로는 지도에 스테이트 시닉State Scenic이라고 되어 있었는데 곧 진수가 보였다. 처음에는 밋밋했으나 차츰 거대한 암산이 나타났다. 글로브Globe는 구리 광산의 도시이었다. 여기저기에 큰 광산과 재련소가 있었다. 차는 고개를 오르기 시작했다.

애리조나 주는 미국에서 구리가 가장 많이 생산되는 주이다.

유다 주 솔트 레이크 시 외곽에 있는 칠레의 추키카마타에 이어 세계에서 두 세번 째 큰 노천 구리 광산인 빙엄Bingham 광산이 있고 애리조나 주에는 모런시Morenci를 비롯하여 아조Ajo, 바그다드Bagdad, 제로미Jerome, 글로브Globe, 래이 마인Ray mine, 비스비Bisbee, 시에라 마인Sierrita mine 등의 구리광산이 유명하다. 비스비는 구리이외에 납, 아연, 망강, 금, 은이 다량으로 생산되는 광산의 도시이다.

60 도로는 과연 시닉 루트 Scenic route이었다. 산과 도로가 조용해졌다. 큰 재를 오르더니 내려가기 시작했다. 꼭 땅속으로 가라앉는 기분이었다. 장관이었다. 계곡에 강이 보였다. 솔트 리버 캐니언 이었다. 소라는 조

〈솔트리버 캐니언의 다리 〉

〈솔트리버캐니언강〉

〈소금 강 협곡〉

〈협곡의 기암괴석 〉

심해서 차를 몰았다. 거대한 협곡이 볼만했다. 강에는 철다리가 있었다. 다리 아래는 시퍼런 물이 소용돌이를 치며 흘러갔다. 주차장 주변에는 원주민들이 기념품을 팔고 있었다.

〈White River East Fork〉

〈인디언추장 제로니모〉

〈계곡〉

〈메사〉

〈기묘한 봉우리〉

〈험준한 고개〉

다리를 건너 고개를 오르기 시작했다. 길가에 십자가를 세워놓은 곳이 여럿 있었다. 전에 교통사고가 난 자리 같았다. 솔트리버 캐니언은 작은 그랜드캐니언을 보는 듯했다.

화이트 마운틴은 포르트 아파치 족의 성산이다. 이 산은 솔트 강과 리틀 콜로라도 강의 원류이며 수많은 작은 개울이 흐르고 있어 어족이 풍부하고 산기슭에 나무가 많아 과일이 지천이고 동물의 번식이 왕성해서 수렵에 최적지라 할 수 있다. 이래서 역사적인 유적지가 많으며 인디언의 전설적인 전쟁 영웅 제로니모의 고향이기도 하다.

화이트 산에 관한 다음의 글은 재미가 있다.

If you're allowing two days for this tour, you could have time for one more mountain expedition–into the upper reaches of 10,713 feet mount Graham, near Safford. Though nearly a thousand feet shy of being as high as the highest of the White Mountains, Mount Baldy (11,403ft), Graham is more spectacular in two respects:

1) it stands alone, surging up from the desert floor like a mountains sky island;
2) it is the loftiest place in Arizona where you can handily drive your car.

The road nears 10,000feet. Enjoy the convenience of a recreation area, campgrounds, and an 11–acre lake at Riggs Flat.

이번 여행에서 이틀정도 시간을 낼 수 있다면, 새포드 근처에 있는 3,265m의 그라함 산 정상부근을 탐험할 수 있다. 비록 화이트 산맥에서 가장높은 발디산(3475m)에 약간 못미치는 높이지만, 그라함 산은 다음 두가지 점에서 보다 장엄하다.

1) 사막으로부터 우뚝 솟은 그라함 산은 다른 산들과 떨어져 있어 마치 하늘위에 떠있는 섬같다.
2) 그라함 산은 애리조나 주에서 자동차로 접근할 수 있는 가장 높은 산이다. 자동차를 이용하면 3,048m높이까지 갈 수 있다. 휴양지와 캠핑사이트 그리고 릭스 플랫 호수도 쉽게 이용할 수 있다.

✲ 2009. 1. 22 목 〈석화림 국립공원Petrified Forest Nat'l Park〉

석화림국립공원은 US–60으로 캐리조Carrizo까지, 73번으로 포르트 아파치Fort Apache와 화이트리버White river를 지나 또 강이 있어 가까워졌을 때 다리를 건너면서 보니까 작은 콜로라도 강 이었다. 퍽 반가웠다.

이윽고 목적지에 도착했다. 나무 한그루 없는 숲 이었다. 나무가 돌이 된

〈석화석 〉

〈석화석〉

〈석화석 공원 표시판 〉

〈거대한 석화석 나무〉

〈무지개 산림박물관 〉

〈버섯모양의 바위〉

공원이었다. 돌은 여러 가지 색이었다. 붉은색, 귤색, 푸른색, 자주색, 진한 검은색, 회색 등이었다. 강도가 높은 보석이었다. 석화림국립공원은 표고 1,657m, 넓이 380km² 의 공원이며 년 간 60여만 명의 관광객이 방문하는 곳이었다. 돌은 흙이 변해서 되는 것이 상식인데, 나무가 돌이 된 것은 상상할 수 없는데, 눈앞에 그 사실이 나타난 것이었다. 무수히 많은 돌이 된 나뭇등걸을 구경했다. 돌로 지은 전시실인 무지개 산림바물관 Rainbow Forest Museum에는 이곳 돌로 가공한 물건들이 참말로 많았다. 그 중에서 제일 탐나는 것은 돌을 송판처럼 켜서 만든 고가의 테이블이었다. 꼭 느티나무 탁자 같은 모형이었다. 원고를 쓰는 책상으로 서재에 놓고 싶은 생각이 굴뚝같았다. 그러나 그림의 떡이다. 이곳은 미국이다.

나무가 돌이 되는 지질학적인 글을 살펴보기로 하자.

Geology지질학적 면

Petrified Forest National Park is known for its fossils, especially of fallen trees that lived in the Late Triassic period of the Mesozoic era, about 225 million years ago. During this period, the region that is now the park was near the equator on the southwestern edge of the supercontinent Pangaea, and its climate was humid and sub-tropical. What later became northeastern Arizona was a low plain flanked by mountains to the south and southeast and a sea to the west. Streams flowing across the plain from the highlands deposited inorganic sediment and organic matter, including trees as well as other plants and animals that had entered or fallen into the water. Although most organic matter decays rapidly or is eaten by other organisms, some is buried so quickly that it remains intact and may become fossilized. Within the park, the sediments containing the fossil logs for which the park is named are part of the Chinle Formation.

석화림 국립공원Petrified Forest National Park은 석화으로 잘 알려져 있는데, 약 2억 2500만년전 중생대 트라이아스기 후기에 살았던 쓰러진 나무의 화석으로 특히 유명하다. 이 시기동안 공원이었던 지역은 적도근처에 있었으며 초거대 대륙인 팡게아의 남서쪽 끝에 위치해있었다. 당시 날씨는 아열대 기후로 습도가 높았다. 이후 애리조나주의 북동쪽 부분이 된 것은 낮은 평원 이었는데, 이 평원의 남쪽과 남동쪽은 산에 동쪽은 바다에 접해있었다. 고지대에서 평원을 가로질러 흐르는 냇물은 물속에 흘러들어온 식물-나무를 포함하여-이나 동물 같은 유기물과 무기물을 바닥에 침전시켰다. 비록 대부분의 유기체가 빨리 부패하거나 미생물에 의해 분해되었지만, 어떤 것들은 손상되지 않고 재빨리 땅속에 묻혀 화석이 될 수 있었다. 공원에는 석화이 된 통나무-이것에서 공원의 이름이 유래되었다-가 발견되는 퇴적층이 있는데, 이것을 친리층Chinle Formation이라 부른다.

The colorful Chinle, which appears on the surface in many parts of the southwestern United States and from which the Painted Desert gets its name, is up to 800 feet (240 m) thick in the park. It consists of a variety of sedimentary rocks including beds of soft, fine-grained mudstone, siltstone, and claystone—much of which is bentonite—as well as harder sandstone and conglomerate, and limestone. Exposed to wind and water, the Chinle usually erodes differentially into badlands made up of cliffs, gullies, mesas, buttes, and rounded hills. Its bentonite clay, which swells when wet and shrinks while drying, causes surface movement and cracking that discourages plant growth. Lack of plant cover makes the Chinle especially susceptible to weathering.

화려한 색상의 친리층—여기에서 오색사막Painted Desert이라는 이름이 생겼다—은 미국 남동쪽의 많은 부분에서 발견되는데 공원내에 있는 것은 두께가 최대 240m까지 이른다. 이 친리층은 대부분이 부드럽고 고운입자로 되어있는 벤토나이트 성분의 이암mudstone, 실트암siltstone, 그리고 점토암claystone과 이보다 경도가 높은 응괴사암sandstone conglomerate, 석회암limestone으로 이루어진 다양한 퇴적암sedimentary rock들로 구성되어있다. 비바람에 노출된 친리층은 여러 형태로 풍화되어 계곡과 우곡雨谷, gully 빗물의 침식작용에 의해 형성되는 골짜기모양의 지형, 메사(mesas:꼭대기는 평평하고 등성이는 벼랑으로 된 언덕. 미국 남서부 지역에 흔함)와 뷰트(butts, 작은 메사) 그리고 언덕을 만든다. 벤토나이트는 수분을 포함하면 부피가 커지고 마르게 되면 부피가 감소하는데, 이러한 성질로 인한 지표면의 이동과 갈라짐이 식물의 성장을 불가능 하게 했다. 식물의 보호 작용이 사라지게 되어 친리층은 특히 풍화에 취약하게 된 것이다.

About 60 million years ago, tectonic movements of Earth' s crust began to uplift the Colorado Plateau, of which the Painted Desert is part. Eventually parts of the plateau rose to 10,000 feet (3,000 m) above sea level. This warping of Earth' s surface led to the gradual and continuing destruction of the plateau by erosion. An unconformity (break in the rock record) of about 200 million years occurs within the park, where erosion has removed all the rock layers above the Chinle except geologically recent ones. The Bidahochi Formation, laid down only 8 to 4 million years ago, rests directly atop the Chinle, and rocks laid down in the Jurassic, Cretaceous, and much of the Tertiary are absent.

약 6천만년전 지구 표면의 지반운동으로 인하여 오색 사막Painted Desert이 있는 콜로라도 고원이 융기되었다. 고원의 일부는 해발 10,000 피트(약 3,000 m)까지 융기되었다. 이러한 지구표면의 융기는 침식에 의해 서서히 조금씩 깎여 나간다. 공원내에는 침식작용으로 인해 지질학적으로 비교적 최근의 것만을 남긴채 친리층위의 암석이 모두 침식받은 부정합도 볼 수 있는데 이것은 약 2억년의 시간 간격이 있음을 보여준다. 8백만년에서 4백만년전에 형성된 바이다호치층Bidahochi Formation은 친리층 바로위에 놓여있는데, 쥐라기와 백악기에 형성된 것으로 보이며 신생대 3기의 모습은 거의 보이지 않는다.

During the period of the Bidahochi deposition, a large lake basin covered much of northeastern Arizona. The older (lower) layers of the formation consist of fluvial and lacustrine (lake–related) deposits of silt, sand, and clay. The younger (upper) Bidahochi contains ash and lava from volcanoes that erupted nearby and as far away as southwestern Nevada. Although much of the Bidahochi has since eroded, a small part of it outcrops in the northern part of the park–on Pilot Rock in the park' s wilderness section and along the rim of the Painted Desert between Pintado and Tawa points. Exposed by erosion of the Bidahochi are volcanic landforms called maars (flat–bottomed, roughly circular volcanic craters of explosive origin). A maar vent can be seen from the Pintado Point lookout.

바이다호치Bidahochi층이 이루어질 시기에, 애리조나주의 북동쪽 대부분은 거대한 호수분지가 차지하고 있었다. 가장 오래된(아래의)층은 실트, 모래, 점토의 침전물인 하성층河成層,fluvial과 호성층湖成層,lacustrine으로 되어있다. 바이다호치 층의 윗부분은 남서쪽의 네바다주나 근처에 있던 화산에서 분출된 화산재와 용암으로 되어있다. 비록 바이다호치층의 상당부분이 그후 침식을 당했지만, 핀타도Pintado와 타와 포인트Tawa Point 사이에 있는 파일럿 락Pilot Rock과 공원의 북쪽 부분에 오색사막의 가장자리를 따라 일부분이 노출되어있다. 바이다호치층의 침식에 의해 노출된 부분은 마르(maar, 한 번의 폭발로 생긴 둥글고 평평한 분화구)라고 하는 화산에 의해 형성된 지형이다. 마르벤트maar vent는 핀타도 포인트Pintado Point에서도 볼 수 있다.

During the Quaternary Period (1.8 million years ago up to today), deposits of windblown sand and alluvium covered much of the Chinle and Bidahochi. Older dunes range in age from 500,000 years at higher elevations in the northern part of the park to about 10,000 years in sandy drainage areas such as Lithodendron Wash. Stabilized by grasses and other vegetation, young dunes of about 1,000 years old are found throughout the park.

신생대 4기(180만년전부터 현재까지)동안 바람에 날려온 모래와 충적토가 침전을 이뤄 친리층과 바이다호치층을 덮었다. 비교적 오래전에 만들어진 사구砂丘에는 50만년전에 형성된 공원 북쪽의 높은지대나 1만년전 모래 유역流域에 형성된 리쏘덴드론 워시Lithodendron Wash와 같은 것이있다. 이보다 최근에 만들어진 사구砂丘는 풀이나 다른 식물에 의해 안정화가 이루어진 것으로 약 1천년전에 형성된 것이며 공원 전역에서 볼 수 있다.

Fossils

During the Late Triassic, downed trees accumulating in river channels in what became the park were buried periodically by sediment containing volcanic ash. Groundwater dissolved silica (silicon dioxide) from the ash and carried it into the logs, where it formed quartz crystals that gradually replaced the organic matter. Traces of iron oxide and other substances combined with the silica to create varied colors in the petrified wood.

〈석화〉

트라이아스기 후기에는 강을 따라 물속에 잠겨 쌓여진 나무들-이것으로 인해 공원이 되었다-이 화산재가 포함된 침전물에 의해 주기적으로 묻히게 되었다. 지하수는 화산재로부터 실리카(이산화규소)를 용해시켜 조금씩 나무의 유기물질을 수정quartz crystal으로 바꾸어 나갔다. 실리카와 결합한 미량의 산화철과 다른 물질들로 인해 석화된 나무는 다양한 색을 가질 수 있었다.

In Petrified Forest National Park, most of the logs in the park retained their original external form during petrification but lost their internal structure. However, a small fraction of the logs and most of the park’s petrified animal bones have cells and other spaces that are mineralfilled but still retain much of their original organic structure. With these permineralized fossils, it is possible to study the cellular make-up of the original organisms with the aid of a microscope. Other organic matter-typically leaves, seeds, cones, pollen grains, spores, small stems, and fish, insect, and animal remains-have been preserved in the park as compression fossils, flattened by the weight of the sediments above until only a thin film remains in the rock.

석화림 국립공원Petrified Forest National Park에서, 대부분의 죽은 나무들이 석화되는 과정에서 외형의 원래 모습은 유지하지만 내부 구조는 변하게 된다. 하지만, 나무의 특정 부분과 석화 된 동물뼈의 대부분은 광물질로 채워졌음에도 여전히 원래의 유기 구조를 갖는 세포나 공간을 갖고 있다. 이러한 석화 과정을 거친 화석을 현미경을 통해 관찰하게 되면 원래 유기체의 세포구조를 알 수 있다. 나뭇잎, 씨앗, 옥수수, 꽃가루, 포자, 작은 줄기와 물고기, 곤충 및 동물의 유해와 같은 다른 유기물질은 압축화석compression fossil의 형태로 보존되었는데, 이것은 석화위에 쌓이는 침전물로 인한 압축으로 얇은 필름 형태로 석화 되는 것을 말한다.

Much of the park' s petrified wood is from Araucarioxylon arizonicum trees, while some found in the northern part of the park is from Woodworthia arizonica and Schilderia adamanica trees. At least nine species of fossil trees from the park have been identified; all are extinct. The park has many other kinds of fossils besides trees. The Chinle, considered one of the richest Late Triassic fossil-plant deposits in the world, contains more than 200 fossil plant taxa. Plant groups represented in the park include lycopods, ferns, cycads, conifers, ginkgoes, as well as unclassified forms. The park has also produced many fossil vertebrates-(including giant crocodile-like reptiles called phytosaurs, large salamander-like amphibians called Buettneria, and early dinosaurs-) and invertebrates, including freshwater snails and clams.

공원에 있는 규화목硅化木, petrified wood의 대부분은 아라우카리옥실론 애리조니컴Araucarioxylon arizonicum trees이지만, 공원의 북쪽에는 우드

> 워시아 애리조니카Woodworthia arizonica와 쉴더리아 아다마니카Schilderia adamanica로 이루어진 규화목이 조금 있다. 최소 9종의 석화된 나무종이 발견되었지만, 이들 모두는 멸종되었다. 공원에서는 규화목뿐 아니라 다른 종류의 화석도 많이 발견되었다. 친리층은 세계에서 가장많은 화석이 발견되는 트라이아스기 후기 지층에 속하는데 200종 이상의 식물화석이 발견되고 있다. 석송lycopods, 양치류ferns, 소철류cycads, 침엽수conifers, 은행나무ginkgoes와 분류할 수 없는 형태의 식물화석을 볼 수 있다. 또한 공원에서는 파이토사우루스Phytosaurs라고 불렸던 자이언트 악어 같은 파충류, 부에트네리아Buettneria라는 커다란 도룡뇽과 같은 양서류, 초기 공룡과 같은 척추동물의 화석과 민물달팽이와 조개 같은 무척추동물의 화석을 볼 수 있다.

반대편 출구로 나가기 위해 사막지대를 달렸다. 데저트 비스타Desert Vista가 있어 구경을 했다. 공원을 빠져나가 조그마한 도시에서 잤다.

✲ 2009. 1. 23 금 〈일데폰소 푸에블로San Ildefonso Pueblo〉

산타페이 바로 위에 있는 산 일데폰소 푸에블로San Ildefonso Pueblo 축제를 구경하러 갔다. 요즈음 소라는 마음의 동요를 일으키는지 여행을 자꾸 하자고 한다. 나의 귀국에 대한 마음의 동요가 있는 것일까? 마음의 평정을 얻기 위한 방편인가?

석화림국립공원에 I-40가 통과해서 그 도로로 앨버커키까지 가서 I-25로 샌타페이에 갔다. 샌타페이를 둘러싸고 있는 높은 산들은 눈을 이고 있었다. 들에도 잔설들이 있었다. 피닉스보다 높은 지대라 훨씬 추운 곳이다.

샌타페이에서 일데폰소 푸에블로 인디언 마을은 가까웠다. 마을앞, 리오그란데 강가에 단풍으로 물든 참나무 숲이 인상적이었다. 마을로 차를 몰았다. 축제는 다른 마을의 그것과 대동소이했다. 치장하고 노래하고 춤추고 하며 먹고 마시고.

마을에 커다란 나무가 있었다. 우리나라 시골 동네에 서있는 둥구나무 같았다. 나무의 종류는 알 수 없었다.

그리고 땅에 냉이가 난 것을 보고는 깜짝 놀랬다. 아! 이곳에도 냉이가 있구나. 이곳 인디언들도 냉이를 먹을까? 하는 생각이 들었다.

오후에 축제를 보다가 지루해서 로스앨러모스Los Alamos에 가기로 했다. 로스앨러모스는 맨해튼 계획에 의해 세계 최초로 원자폭탄이 만들어진 곳이다. 여기서 만들어진 원자탄이 일본에 투하되어 제2차세계대전을 종식시켰고 우리나라는 광복을 찾은 곳이다.

예술의 도시 샌타페이 가까이에 이런 무시무시한 도시가 있으리라고는 꿈에도 생각하지 못했다.

〈일레폰소 푸에블로 마을 입구 〉

〈로스앨러머스 아트 센터〉

〈카운티 국립박물관〉

〈한가한 시내〉

조그마한 다리를 건너자 차는 메사쪽으로 올라갔다. 해발 2,231m에 있는

〈조지아 오키프 미술관〉

〈산타페 거푸집〉

네 개의 메사에 도시가 건설되었다. 한가하고 조용한 작은 도시이었다.

원자탄을 만든 로스앨러모스국립연구소가 어디인가 주민들에게 물어보지도 못하고(간첩으로 오해받을까봐) 브레드버리과학박물관에서 리틀보이 모형을 구경하고 돌아왔다.

아름답고 한가해 뵈는 도시이었지만 어쩐지 소름이 돋는 곳이었다.

샌타페이에서 투숙했다.

✲ 2009. 1. 24 토 〈조지아 오키프Georgia O'keeffe Museum of Santa Fe〉

소라의 여고동창 중에 화가들도 있고 미술을 좋아하는 사람이 많은데, 그들이 조지아 오키프Georgia O'keeffe Museum of Santa Fe에 대해서 이야기를 해서 오늘은 그곳에 갔다.

아침 10시 개관인데 10분 전에 나갔더니 우리보다 빨리 온 관람객이 2

명이나 있었다. 어도비로 지은 아담한 2층 건물이었다. 입장료는 시니어가 $7이었다.

오키프Georgia O' keeffe (1887 ~ 1986)는 위스콘신 주에서 성장을 했고 시카고와 뉴욕에서 미술공부를 한 미국의 여류 모더니즘 작가이다. 37세 때인 1924년 23세 연상이며 그녀의 후원자이며 사진작가인 알프레드 스티글리츠Alfred Stieglitz와 결혼했다. 스티글리츠는 뉴욕에 전시실을 여러 개 가지고 있었고 그의 전시실은 아방가르드 예술가들의 집합지였다고 한다. 그는 미술 사조 중에서도 최신 경향에 민감한 뛰어난 사진작가였다. 오키프 역시 예술의 자유를 주창한 매우 독창적인 화가였다.

오키프는 스티글리츠가 죽은 후인 1929년부터 샌타페이 근교에서 생활하였다. 카마Rio Cama강가 아비케우Abiquiu에 오키프의 하우스가 있다.

그녀의 전시실은 샌타페이 시내에 있는데 그녀의 유명한 그림-사막의 꽃, 해골과 꽃의 대치, 사막의 독특한 석양, 바위 벼랑 등의 그림과 스티글리츠의 사진이 전시되어있었다.

그녀의 그림은 지금까지 본 다른 화가들의 그림과 많이 달랐다. 그녀 스스로도 아무도 손대지 않은 미개척 분야를 개발하겠다고 말 한바 있다.

미술관 앞에서 소라와 사진을 찍었다.

오키프와 스티글리츠Alfred Stieglitz의 결혼생활은 순탄하지 않았던 것 같다. 서로는 서로의 애인도 있었다고 한다. 희대의 천재들의 사랑은 천당과 지옥을 넘나든다. 잭슨 폴록과 리 크레이스너의 사랑도 그렇다. 까미유 끌로델과 로댕의 사랑도 마찬가지다. 르 사로메와 니체, 사로메와 릴케의 사랑도 순탄치는 않았다.

세상 지성인들에게 부러움을 산 장 폴 사르트르와 시몬느 보부아의 계약결혼도 역시 고통과 분노는 있었다고 한다.

〈아비케우Abiquiu에 있는 오키프 하우스〉

〈작품을 전시하는 오키프〉

소라와의 사랑도 역시 그럴까? 그럴지도 모른다. 미래는 불확실 하니까 오늘따라 불안이 엄습해 온다.

〈오키프의 무덤〉

✲ 2009. 1. 25 일 〈타오스〉

샌타페이 북쪽 110km 지점에 작은 샌타페이 타오스가 있다. 소라가 지난 12월에 고관절 부상으로 가보지 못한 곳이다. 승용차로 잠깐 들리기로 했다.

인구 4,000이 좀 넘는 작은 도시이지만 예술의 도시, 미술의 도시이다. 표고가 2,124m의 도시인만큼 겨울에는 눈이 내려 주위에 스키장이 여럿 있다. 스키장은 주로 상그레 더 크리스토 산맥Sangre de Cristo Range쪽에 있고 그곳에는 뉴멕시코 주에서 가장 높은 휠러 피크Wheeler Pk13,161ft(4,011m)가 있다.

19세기 말과 20세기 초에 걸쳐 미술가들이 모여들어 예술가 마을Art Colony이 형성되었다고 한다.

그 중심에 미국역사기념물로 지정된 매블 다지 루한Mabel Dodge

Luhan의 집이 있다. 매블 다지 루한은 여류작가이면서 예술가들을 많이 후원했다. 뉴욕에 살 때부터 많은 저명인사들과 교류했는데 타오스에 정착해 살면서 그들을 초대했다고 한다.

초대에 응한 사람 중에 다음과 같은 인사들이 있다. 영국 소설가 로렌스D.H. Lawrence와 헉슬리Aldous Leonard Huxley, 심리학자 카를 융Carl Gustav Jung, 화가로는 조지아 오키프Georgia O'keeffe, 러시아 출신 미술가 니코라이 페친Nicolai Fechin, 사진작가 안셀 애덤스Ansel Adams 등 이다.

서울시립미술관 천경자 전시실에 타오스 그림이 있는 것을 보면 그곳을 방문한 것 같다.

박물관도 3곳이나 있다. 하우드미술박물관, 타오스미술박물관, 밀리센트롸저스박물관은 가볼만한 곳이다. 타오스를 아는데 많은 도움이 될 것이다.

시간이 늦어 리오그란데 고지 다리Rio Grande Gorge(협곡) Bridge도 구경하지 못하고 피닉스로 돌아왔다.

돌아오면서 Petroglyph National Monument에 들려보았다. 그곳은 2만개 이상의 암각화가 있다. 제인 영 박사는 주니Zuni에 대한 그녀의 저서에서 다음과 같은 사실을 알아냈다.

> In her work with the Zuni, Dr. Jane Young found many parallels between their stories and petroglyphs. In both, words and images, which hold deep associations for the members of that society, are arranged to evoke a sense of awe and reverence for life.
>
> 쥬니족(Zuni, 아리조나 주(州) 북동부에 거주하는 아메리칸 인디언)에 대한 연구에서 제인 영 박사(Dr. Jane Young)는 이들의 이야기와 페트로글리프(petroglyph, 암면조각) 사이에 많은 유사점이 있다는 것을 밝혀냈다.

〈표시판〉

〈사무실〉

〈산과 새, 여러 모형〉

〈새와 다른 모형〉

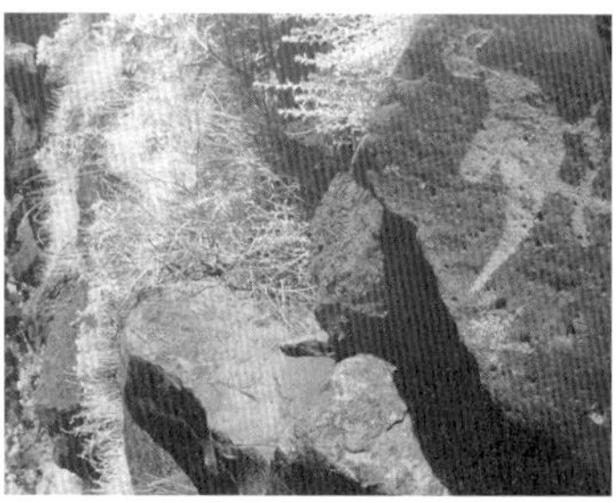

〈새〉

〈사람 발〉

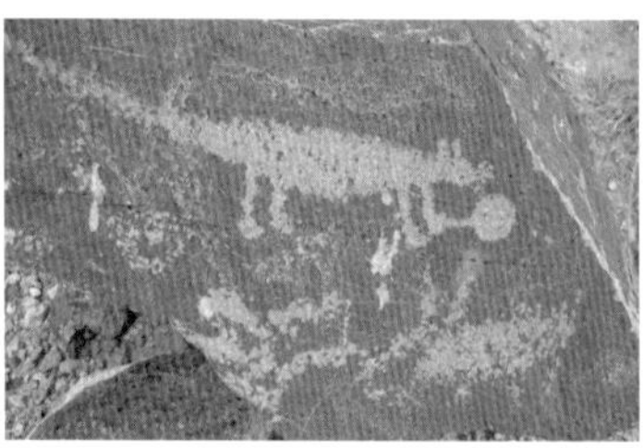

〈짐승〉

〈추상적인 것〉

〈사람〉

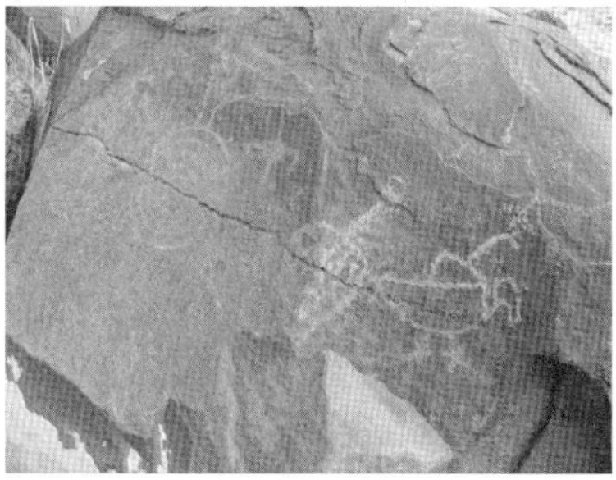

〈새와 다른 상징물〉

〈사람과 추상적인 것〉

〈손〉

그 사회의 구성원들과 깊은 연관을 갖고 있는 언어와 이미지. 이 둘은 '경외감'과 '생명에 대한 숭배'가 나타나도록 구성되어 있다.

✲ 2009. 1. 27 화 〈지독한 미국인의 셈법〉

소라는 헤이퍼 교수의 수업을 들으러 갔다. 나는 청소를 하고 책을 봤다.

아파트 오피스에서 아파트 세를 더 내라는 연락이 왔다. 내용인즉 지난 연말연초에 일어난 사건이었다. 월말에 관리비를 내야하는데 현금을 가지고 내려갔더니 사무실에는 아무도 없었다. 그래서 낼 수가 없어서 그냥 왔다. 1월 1일에도 오피스에 갔다. 미국도 1월 1일 설이 있는지 휴무이었다. 그래서 못 내고 그 후에 냈는데 이자를 내라는 것이었다.

2번이나 내려갔는데 아무도 없어서 못 냈다고 항의했더니 사람은 없었지만 창구 안으로 던져놓고 가라고 써놓았다는 것이었다. 못 봤다니까, 분명히 써놓았고 다른 사람들은 다 그렇게 했다고 말했다. 그렇게 했을 경우에 누가 훔쳐갔으면 어떻게 하느냐 라고 말해도 막무가내다. 나는 사실 그 글씨를 못 봤다. 미국인들의 그런 방법은 상상을 초월하는 방법이기 때문이었다. 그곳에 던져 놓은 돈에 이자가 붙나? 우리는 우리의 잘 못이 없기에 버텼다.

미국사람과 영어로 싸우기는 피곤한 일이었다. 부아가 나서 한국말로 건방진 이라 욕을 해댔다. 내가 못 알아 듣는 것과 지가 못 알아듣는 것은 쌔임쌔임이다. 소라가 돌아와서 상의했다. 소라는 얼마 되지 않는데 지불해버리자고 말했다. 나는 내 잘못이 있어 미안했다.

❀ 2009. 1. 29 목 〈이인영 권사〉

이인영 권사 댁에서 점심초대가 있어서 과일을 한 상자 사가지고 찾아갔다. 이 권사 댁은 세번 째 가는 셈이다.

참석 인원은 목사 부부와 수지집사, 우리 둘이었다.

이혼을 하고 혼자 사는 딸을 위해서 아이들을 보면서 이 어려운 초대를 해주셔서 가족처럼 고마웠다.

적포도주를 따라 건배를 하며 나의 무사귀국을 축원해주셨다. 맛있는 음식을 푸짐하게 내놓으셨지만 배가 너무 불러 조금밖에 못 먹었다. 소재는 나의 귀국에 대한 이야기이었다. 우리 둘이 좋은 인연을 맺었으니 잘 간직해서 오래오래 행복하게 살라는 말씀이었다. 인생 선배로서 가르침을 주셔서 고마웠다. 누님이 동생에게 충고해주는 것 같았다. 목사님 내외와 수지집사 다 너무 고마운 분들이다. 이분들의 고마움을 보답할 수 있을지 모르겠다.

우리는 기념사진을 찍고 미국식으로 서로 포옹하면서 헤어졌다. 목사님

〈이인영 권사댁〉

〈기도하는 일행〉

〈아파트 옆 태양열 발전소〉

〈화력발선소〉

내외, 수지집사와도 헤어졌다.

오후에 소라는 자동차 보험을 갱신했다. 그리고 미국 운전면허를 따야겠다고 말했다. 당장 실행에 옮겨 운전면허 필기시험에 합격했다. 실기시험은 다음에 본다.

우리아파트 앞 도로 건너편에는 태양열 발전소와 화력 발전소가 있다.

화력 발전소에서 늘 연기가 난다. 대도시에 이런 발전시설이 있다는 것은 이해가 되지 않는다. 그런데 이전해야 된다는 데모도 없다.

✻ 2009. 1. 30 금 〈산타로사〉

소라가 바보퀴바리 산Baboquivari Pk7,734ft(2,356m)에 가보고싶다고 말해서 9시에 출발했다. 이 산은 인디언의 성산이란다. 가는 도중에 산타로사Santa Rosa도 구경한다고 말했다. 산타 로사는 제사를 지내면서 어린이를 제물로 바친 곳이란다. 세상에 그런 곳도 있단 말인가?

이 번 여행이 피닉스에서 마지막 여행이 될 것이다.

처음부터 I-10으로 가지 않고 우리의 취향대로 347 지방도로를 타고 내려가다가, 84 지방도로로 해서 스탠필드Stanfield까지, 스탠필드에서 남쪽으로 뻗은 소로로 산타로사에 도착했다.

〈박물관〉

이곳은 토호노 오담 내이션Tohono O'odham Nation지역이며 소노란 사막지역이다. 황량한 사막이 전개되었다. 수로에는 물 한 방울 없었다. 작지만 법상치 않은 산봉우리가 있어 라에게 바보퀴바리 산인가 물었더니 아니란다. 바보퀴바리산은 남쪽으로 더내려간단다.

산타로사는 사오백명이 사는 토호노 오담 인디언지역의 제법 큰 마을인데, 그곳에 가서 어린이 영지Children's Shrine가 어디인지 여러 사람들에게 물었으나 가르쳐주기를 꺼렸다.

교육을 받은 듯한 여자가 나타나 물었더니 가르쳐주었다. 차를 몰고 설명해준 곳으로 갔더니 모래벌판이 나타났다. 햇볕은 뜨겁게 내리쪼이고 까마귀가 여러 마리 날고 있었다. 개 한 마리가 어슬렁거렸다. 나뭇가지로 울타리를 한 곳에 도착했다. 그 안이 어린이 영지 지역이었다.

어린애들의 돌무덤 주위에도 껍질을 벗긴 오코티요Ocotillo 가지로 울타리가 쳐졌고 예쁜 인형들이 어지럽게 놓여있었다. 이런 무덤들이 4개는 되었고 울타리가 쳐지지 않은 무덤들이 십여 개가 더 있었다.

역사학자 알랜 막크티라Allan J McIntyre는 이곳을 다음과 같이 설명하고 있다.

> 바닷물이 땅구멍으로 쏟아져나와 세상이 홍수의 위협이 있었을 때 그 범람을 멈추기 위해서 추장은 지체 높은 그룹의 남녀 어린이 2명씩을 희생양으로 결정했고 구멍에 그 어린이들을 던짐으로 물을 진정시켰으며, 산타로사의 어린이 영지의 어린이들은 땅 밑에서 살아있어 제사를 올리지 않으면 홍수가 다시 난다는 믿음이 전해 내려와 지금도 매년 제사를 지낸다고 했다.

이 사막지대에서 가뭄에 비를 오도록 한 것이 아니고 홍수를 진정시킨 것이라니 의외이었다. 이 밖에도 몇 가지 민간 이야기가 있는 것 같았다.

구경을 하고 남쪽으로 향했을 때 근처에 넓디넓은 건천이 나타났다. 이 건천과 묘지와 관계가 있지 않을까 하는 생각이 들었다.

소로를 달려 86 지방도로로 해서 셀스Sells에 도착 셀스박물관을 구경했다. 그곳에 어린이 영지에 관한 자료가 있나 보았으나 없었고 대신 바보퀴바리 성산을 소개해 놓았다. 내일 그곳에 가기로 하고 그 근처는 잘 곳이 없어 투산으로 나와서 여관에 투숙했다.

✻ 2009. 1. 31 토 〈바보퀴바리 산〉

아침식사는 여관에서 주는 빵과 오트밀 커피로 해결하고 바보퀴바리를 찾아갔다. 셀스에 가니까 어제 본 산봉우리가 보였다. 그곳을 향해서 출발했다. 길을 잘 못 들어 키트피크 국립천문대Kitt Peak National Observatory쪽으로 갔

〈카트피크국립천문대〉

〈독특한 바위〉

〈바보 퀴바리 산〉

〈가까이서 본 바보 퀴바리〉

〈바보 퀴바리 능선〉

다. 호기심이 발동해서 정상까지 가보았다. 대단한 시설을 갖춘 천문대 같았다.

어제 밤에 와볼 걸 하고 후회가 되었다. 2,096m의 정상에 있는 세계적인 천문대를 못 알아보고 정문까지 갔으면서도 들어가 보지도 못했다. 남미의 칠레에 갔을 때 이 천문대의 명성을 알았다. 다시 산을 내려와 바보퀴바리를 찾아갔다.

기묘한 봉우리가 가까워지자 뚜렷하게 보였다. 산정상의 바위가 꼭 인디언 추장의 얼굴 같았다. 그래서 토호노 오담 인디언들의 성산이 된 모양이었다.

2,356m의 그렇게 높은 산은 아니지만 산이 신비하게 생겨서, 영토가 12,000km² 로 미국에서 두 번째로 큰 토호노 오담 인디언 보호구역인, 이 종족의 성산이 된 것이다. 그 산은 토호노 오담 인디언 우주관의 중심이며 창조주이신 이토이I'itoi의 집이라고 믿고 있단다. 이들 부족의 전설에 의하면 이토이는 이 산기슭에 있는 동굴에 살고 있다고 한다. 이 산은 세계의 배꼽으로 간주된다. 오담어로 Waw Kiwulik이다. 인디언들은 땅이 열리고 커다란 홍수 후에 사람이 출현했다고 믿는다. 이 산에서 다양한 동식물의 종이 발견됐다. 최근에 제규어의 출현이 목격되었다고 한다.

또 하나의 전설은 스페인 정복 시기에 어떤 스페인 장교가 부하들과 같이 이 산으로 들어가는 길을 탐구했을 때 갑자기 땅이 갈라져 그들을 삼켜버렸다고 한다.

더 가까이 산기슭까지 가고 싶어 차를 몰았다. 가는 도중에 작은 내를 만났다. 내를 건너자 비포장 도로 이었다. 표를 파는 정문에 이르러 사람을 찾았다. 한 사람이 나타나서 지금은 클로스 되있다고 말했고 우리도 두려워서 차를 돌렸다.

돌아오는 길에 소라의 차가 요동을 쳤다. 이상한 일이었다.

소라는 '그것이 이토이의 짓이 아닌가?' 라고 말해서 나는 웃었다.

✻ 2009. 2. 1 일 〈지구촌 교회 마지막 날〉

〈아파트 경내의 꽃〉

〈아파트 경내의 꽃〉

〈 아파트 경내의 꽃〉

〈아파트 경내의 꽃〉

마지막으로 지구촌 교회 예배에 참석했다. 송 목사가 내가 2월 4일 귀국한다는 사실을 교인들에게 말해주었다. 나를 일어나라더니 귀국을 축하해주었다. 예배 시간이 끝나고 식당에 갔다.

소라와 나는 목사부부와 같은 탁자에서 식사를 했다. 이인영 권사도 같은 탁자에 앉았다.

등산클럽인 수지 집사와 미영 집사도 같이 식사를 했다. 특히 고마운 분들이다. 피닉스와 함께 잊을 수 없는 분들이다.

소라를 잘 부탁한다고 말씀을 드렸다. 식사가 끝나자 젊은 목사 부부가 찾아와 인사를 했다. 소라가 고관절을 다쳤을 때 문병을 와주고 여러 가지로 애써준 이들이다. 이렇게 지구촌 교회와 이별을 했다.

〈산책길의 꽃〉

〈산책길의 꽃〉

〈귤나무〉

〈시내에 나무가 무성하다〉

〈피닉스시내의 낮은 건물〉

〈차와 나무〉

오후에 강변으로 산책을 나갔다. 잔디밭이나 울타리 밑에 봄기운이 솟아나고 있었다. 풀뿐만 아니라 꽃도 피었다. 노란 민들레가 피었다. 강물 빛도 따뜻해졌다. 물새들의 비상이 활발해졌다. 구애의 몸짓도 노골화돼갔다. 희망의 계절 봄이다.

〈한가한 시가〉

〈노란꽃〉

그러나 나나 소라는 마음의 겨울이 오고 있었다.

우리는 서로 말이 없었다. 미국법이 그러니 어쩔 수 없는 이별인 것이다.

날씨가 쌀쌀해지자 숙소로 돌아왔다. 저녁을 해먹고 마주앉아 와인을 들었다. 밤이 깊어갔다.

✲ 2009. 2. 2 화 〈남주씨의 별장〉

소라는 템피 면허시험장 실기시험에 또 낙방을 했다. 먼저 번 만큼은 속상해하지 않았다. 포기하지 말고 또 도전해보라고 격려해주었다.

점심을 먹고 남주씨의 집에 갔다. 빌려온 살림을 몇 개만 빼놓고 대부분 가져다주었다. 소라가 여러 번 말한 부부들이었다. 남주 부부는 씨에틀에 사는데 겨울별장이 피닉스에 있다. 그러니까 상류층인 셈이다. 겨울이 다 지나가는 지금까지 피닉스에 못 온것은 남주씨가 몸이 아파 병원에 다니기 때문이라고 말했다.

어떤 분들인가 호기심이 갔다. 내외가 짝을 잃은 사람들인데 재혼을 해서 잘 살고 있다고 소라로부터 여러 번 들었다. 실은 남주 부부의 사는 모습을 보고 소라가 남자가 있으면 좋겠다고 생각하고 나를 후보로 생각했다는 것이었다.

스콧츠데일Scottsdale에 있는 남주 집에 도착했다. 먼저 와 봐서 쉽게 찾을 수 있었다. 초인종을 누르니 안주인이 나타났다. 후덕해 보이는 귀부인이었다. 소라와 반갑게 인사를 했다. 나도 '안녕하세요' 라고 인사를 했다. 내 사진이 소라의 여고 50회 홈페이지에 여러 번 올라서 이미 알고 있었다.

안으로 인도되었다. 고 선생과 인사를 했다. 건장하고 잘생긴 인물이었다. 한국에 있다면 한 자리했을 법한 사람이라는 인상을 받았다.

고 선생은 시인이 온다고 소주 한 상자를 사다 놓았단다. 술을 참 좋아하는 분이었다. 나는 감기로 기침을 해서 술을 마실 수 없는 형편이었다. 그러나 자리가 자리인 만큼 마시지 않을 수가 없었다.

고 선생과 십년지기처럼 금방 친해졌다. 좋은 안주도 술을 마시게 했다. 주기가 돌자 고 선생은 한국 노래를 틀었다. 모두들 합창을 하며 노래를 불렀고 춤도 추었다.

남주씨가 꼬리곰탕을 끓여주었다. 저녁을 먹고 인사를 하고 헤어졌다. 처음 만난 사람에게 그처럼 진심으로 대접해주신 고 선생 부부에게 책을 통해서나마 감사드린다.

✲ 2009. 2. 3 수 〈이별의 밤〉

오전에는 최종적으로 짐을 꾸리고 오후에 ASU에 가서 헤이펴 교수에게 귀국 인사를 했다. 그는 연구실에 나와 있었다. 또 만나자고 말했다. 좋은 시를 쓰라고도 말했다. 체이스 은행의 제임스와 도미니코에게도 인사를 했다.

소라는 자동차 실기시험을 치러 갔다. 그녀는 두 번째 도전에 또 실패했다. 운전 경력 20년의 베테랑이 낙방을 한 것이다. 외국인에게는 더 엄격한 율을 적용하는 것 같았다. 소라는 기분이 많이 상했다. 나는 소라를 달랠 겸 호돌이 식당에 가서 저녁을 사주었다. 그리고 식당 주인에게 귀국인사를 했다. 참 좋은 분들인데 언제 다시 볼지 모르겠다.

리리, 아시아나 마켓에 들려서 반찬을 사고 술가게에 가서 와인을 1병 샀다. 내일 이별을 위하여 밤에 와인을 들기로 했다.

아파트에 돌아와서 샤워를 하고 촛불을 켜고 와인 잔에 술을 가득 따랐다. 소라는 오늘 따라 말이 없었다. 그녀는 "9월에 꼭 올 거지요" 하고 다짐했다.

나는 99%는 올 거라고 대답했다. 1%는 나는 모르고 신만이 알거라고 말했다.

소라의 눈에 이슬이 맺혔다. 나는 그녀를 꼭 안아주었다.

✲ 2009. 2. 4 목 〈귀국〉

소라와 헤어져 홀로 귀국하는 날이다. 6개월간의 미국 생활과 여행은 즐겁기도 하고 힘도 든 시기이었다. 미국의 서남부를 두루 구경할 수 있는 좋은 기회이었다. 6개월 후에 다시 미국에 와서 소라를 만날 것이다.

소라가 아니면 꿈도 꿀 수 없는 여행이었다. 그녀를 만난 것은 어쩌면 운명이었다. 이번 여행은 내가 글을 쓰는데 많은 도움을 줄 거라고 확신한다. 미국을 좀 더 체험으로 알게 되었다.

아침을 먹고 소라가 비행장까지 태워다주어 무사히 도착했다. 짐을 부치는데 30파운드가 오버되어 20불을 더 내고 통과되었다. 소라와 포옹도 못하고 헤어졌다. 참 어설픈 이별이었다. 비행기는 곧 이륙했다. 다리가 좋지 않은 소라를 두고 혼자 떠나는 마음이 아팠다.

지난 6개월이 보람이 있었던가? 생각해보았다. 참 바쁘게 지나간 1년이었다. 꼭 무엇엔가 홀린 것 같은 한해이었다.

우리가 헤어질 때, 소라는 울지 않았다.

북중남미여행일기1

피닉스

2015년 4월 20일 인쇄
2015년 4월 24일 발행

지 은 이 배인환
발 행 인 정해석
디 자 인 오다영

펴 낸 곳 애드파워
출판등록 2007년 9월 18일 [제 25 호]
주 소 대전시 유성구 대학로 227
전자우편 addoffice@addpower.co.kr

대표전화 042-862-9607
팩 스 042-862-4510

값 15,000원